普通话水平测试

细解与培训

主　编　周晓静

副主编　陈　燕　冯　晶

编　者　陈　燕　冯　晶

　　　　孟　林　张　静

　　　　郑丽娜　周晓静

山东教育出版社

·济南·

图书在版编目(CIP)数据

普通话水平测试细解与培训 / 周晓静主编 . — 2 版 . — 济南：山东教育出版社，2019.8 (2022.7 重印)

ISBN 978-7-5328-7392-0

Ⅰ. ①普… Ⅱ. ①周… Ⅲ. ①普通话－水平考试－自学参考资料 Ⅳ. ①H102

中国版本图书馆 CIP 数据核字（2019）第 148515 号

PUTONGHUA SHUIPING CESHI XIJIE YU PEIXUN

普通话水平测试细解与培训

主编　周晓静

主管单位：山东出版传媒股份有限公司

出版发行：山东教育出版社

地址：济南市市中区二环南路 2066 号 4 区 1 号　　邮编：250003

电话：(0531)82092660　　网址：www.sjs.com.cn

印　　刷：济南万方盛景印刷有限公司

版　　次：2012 年 8 月第 1 版　2019 年 8 月第 2 版

印　　次：2022 年 7 月第 7 次印刷

开　　本：787 mm × 1092 mm　1/16

印　　张：20

字　　数：324 千

书　　号：ISBN 978-7-5328-7392-0

定　　价：29.00 元

目　录

第一章　普通话水平测试概说 ……………………………… 1

第一节　普通话的规范标准 ………………………………… 1

一、普通话语音的标准 …………………………………… 1

二、普通话词汇的标准 …………………………………… 2

三、普通话语法的标准 …………………………………… 2

第二节　普通话水平测试 …………………………………… 3

一、普通话水平测试的性质 ……………………………… 3

二、普通话水平测试的方式与内容 ……………………… 4

三、普通话水平测试评分标准 …………………………… 4

四、普通话水平测试等级标准(试行) …………………… 5

五、有关行业人员普通话合格标准 ……………………… 6

六、计算机辅助普通话水平测试应注意的问题 ………… 7

附录:普通话水平测试样卷 ……………………………… 9

第二章　单音节字词部分细解与训练 …………………… 11

第一节　普通话的发音 …………………………………… 12

一、语音的物理特征和普通话的关系 ………………… 12

二、适合普通话水平测试的吐字发音 ………………… 14

第二节　普通话的声母 …………………………………… 15

一、声母的分类 ………………………………………… 16

二、声母的发音 ………………………………………… 18

三、声母中的难点音及突破技巧 ……………………… 24

四、声母训练 …………………………………………… 29

附录一:zh、ch、sh 和 z、c、s 对照辨音字表 ………… 39

附录二:zh、ch、sh 和 z、c、s 声母字偏旁类推表 ·············· 43

附录三:3500 个常用字中的 55 个 r 声母字 ·············· 48

附录四:f、h 声母字偏旁类推表 ·············· 49

附录五:n、l 声母字偏旁类推表 ·············· 51

第三节 普通话的韵母 ·············· 53

一、韵母的分类 ·············· 53

二、韵母的发音 ·············· 55

三、韵母中的难点音及突破技巧 ·············· 69

四、韵母训练 ·············· 75

附录一:eng、ong 辨音字表 ·············· 78

附录二:ing、iong 辨音字表 ·············· 80

第四节 普通话的声调 ·············· 81

一、普通话的调值和调类 ·············· 81

二、普通话声调的发音要领 ·············· 82

三、声调中的难点音及突破技巧 ·············· 83

四、声调训练 ·············· 87

附录:常用古入声字普通话声调归类表 ·············· 91

第五节 单音节字词部分测试指导 ·············· 92

一、声、韵、调要标准 ·············· 92

二、读单音节字词不存在音变现象 ·············· 94

三、不要误读形近字 ·············· 95

四、要保持字与字之间的间隙 ·············· 95

五、读音要清晰响亮 ·············· 95

六、读单音节字词要从左至右横读 ·············· 95

第六节 单音节字词综合训练材料 ·············· 96

一、普通话测试用词语表中常用平翘舌单音节字 ·············· 96

二、普通话测试用词语表中 j、q、x 声母字 ·············· 102

三、普通话测试用词语表中易读错的字 ·············· 106

四、普通话测试用词语表中形近字辨读 ·············· 109

五、单音节字词自测 ·············· 111

第三章　多音节词语部分细解与训练 ·············· 115

第一节　普通话的语流音变 ·············· 116

一、变调 ·············· 116

二、轻声 ·············· 123

三、儿化 ·············· 128

四、词的轻重格式 ·············· 132

第二节　多音节词语部分测试指导 ·············· 135

一、注意连读变调 ·············· 136

二、重视多音节词语中末尾音节的声调发音 ·············· 136

三、注意轻声、儿化等音变现象 ·············· 136

四、注意词的轻重格式 ·············· 137

五、正确处理多音字的发音 ·············· 137

第三节　多音节词语综合训练材料 ·············· 138

一、普通话测试用词语表中含有平翘舌的词语训练 ·············· 138

二、普通话测试用词语表中含有 j、q、x 声母的词语训练 ·········· 169

三、普通话测试用词语表中含有多音字的词语训练 ·············· 172

四、普通话测试用词语表中容易误读的词语训练 ·············· 173

五、普通话测试用词语表中上声连读词语 ·············· 174

六、试题自测 ·············· 177

附录一:普通话水平测试用儿化词语表 ·············· 180

附录二:普通话水平测试用必读轻声词语表 ·············· 185

附录三:常见的多音字 ·············· 195

附录四:普通话异读词审音表 ·············· 205

第四章　朗读部分细解与训练 ·············· 230

第一节　普通话水平测试对短文朗读的要求 ·············· 231

一、什么是朗读 ·············· 231

二、"清晰、响亮、流畅"是普通话水平测试对短文朗读的基本要求

·············· 231

三、"生动传情"是普通话水平测试对短文朗读的最高要求 ·········· 232

第二节　朗读的基本技巧 ·············· 234

一、重音 ·············· 234

二、停顿 ·············· 237

　　　三、语速 ·················· 239

　　　四、语调 ·················· 242

　　第三节　朗读部分测试指导 ·················· 243

　　　一、朗读要准确规范 ·················· 244

　　　二、朗读要自然流畅 ·················· 246

　　　三、朗读要加强针对性训练 ·················· 248

　　　四、朗读训练 ·················· 249

　　　附录：普通话水平测试用朗读作品50篇及语音提示 ·················· 259

第五章　命题说话部分细解与测试指导 ·················· 307

　第一节　普通话水平测试命题说话的特点 ·················· 308

　第二节　命题说话部分测试指导 ·················· 309

　　　一、注意语音面貌 ·················· 309

　　　二、符合口语表达的特点 ·················· 310

　　　三、说话内容的准备技巧——三段法 ·················· 311

主要参考书目 ·················· 314

后　　记 ·················· 315

第一章　普通话水平测试概说

第一节　普通话的规范标准

《中华人民共和国通用语言文字法》规定,普通话为国家通用语言。那么,什么是普通话呢? 在 1955 年的全国文字改革会议和现代汉语规范问题学术会议上,与会学者明确了普通话的定义,那就是:"以北京语音为标准音,以北方话为基础方言,以典范的现代白话文著作为语法规范的现代汉民族共同语。"这个定义从语音、词汇、语法三方面概括了普通话的规范标准。

一、普通话语音的标准

普通话"以北京语音为标准音",即普通话采用的是北京语音体系。这并不等于说北京话的任何一个语音都是标准的。北京话中有许多土音,例如:把连词"和 hé"说成"hàn",把"暂时 zàn shí"说成"zǎn shí",把"蝴蝶 hú dié"说成"hú diér"等等。北京话里还有相当多的异读音现象,例如:"侵略",有人读作"qīn lüè",也有人读作"qǐn lüè";"附近",有人读作"fù jìn",还有人读作"fǔ jìn"。另外,北京话中的轻声和儿化太多,其中不乏不能起区别词性、词义作用和语法作用的。滥用轻声和儿化,使得北京话音节界限和音值音量弱化,语流快且过于柔和,口语含混不清。从 1956 年开始,国家对北京土话的字音进行了多次审订,制定了普通话的标准读音。因此,普通话的语音标准,当前应该以 1985 年公布的《普通话异读词审音表》以及 2012 年第六版《现代汉语词典》为规范。

二、普通话词汇的标准

普通话"以北方话为基础方言",即普通话的词汇大多来源于北方方言区。民族共同语一定要以某种方言为基础,这种作为共同语基础的方言,我们称之为"基础方言"。北方方言因其具有适用范围最广(占全国地域的四分之三)、使用人口最多(占70%强)、内部一致性较强等特点而成为汉民族共同语的基础方言,构成了普通话的词汇基础。但是,这也并不等于说北方话的所有词汇都是标准的,都可以进入普通话词汇系统,只有那些生命力强、适用范围广、有代表性、比较通用的词语才具备普通话词汇的资格,而那些各方言区所特有的土俗生僻的词语就要摒弃掉。例如:"太阳"一词,北京及河北部分地区称为"老爷儿"、"爷爷儿",沈阳、西安、山东等地称为"日头",太原、呼和浩特叫"阳婆",普通话词汇选择了"太阳"。

除了以北方话作为词汇的主要来源渠道,普通话也吸收了其他语言(包括方言)中有特点的、能补充并且丰富普通话表现力的词语。如从南方方言中吸收了"搞、垃圾、尴尬、晓得、噱头、名堂、炒鱿鱼、买单、风生水起"等词语;从港台地区吸收了"按揭、布艺、廉租、面膜、取向、警匪片"等;从古汉语中吸收了大量的古语词,如"夫人、垂范、诞辰、福祉、若干、如此"等等。随着改革开放,中国和世界的接触日益密切,普通话中的外来词语也越来越多了,如"克隆、丁克、爱滋病、秀、酷、蓝牙"等等。大批的行业语如"腐蚀、麻痹、消化、进军、入世、生态、下课、置换、转轨"等等也进入了普通话。最近几年,大众传媒对语言的影响越来越大,许多新词语随着各种传媒进入到全国老百姓的口中,如"反恐、和谐社会、幸福指数、跑官、裸官、双规、扫黄、打假、社保、低保、地沟油、醉驾、超载"等等,这部分词语因为能及时、准确、形象地反映当前的政治生活、经济生活、日常生活,使用频率高,而且较稳定,也被吸收到了普通话中。可以这样说,只要是在语义和色彩上对普通话起到补充作用的词,并且全民能接受,就可以进入到普通话词汇中来。

三、普通话语法的标准

普通话"以典范的现代白话文著作为语法规范"。"著作"是相对于口语而言的。书面语是在口语的基础上形成的,是经过提炼、加工过的语言,与口语相比较,书面语更加严谨、周密。"现代白话文"是相对于古白话而言的,古白话与现代白话文在词汇的选择和语法规则上都有一定的差异。"典范"是指具有广泛代表性、在遣词造句行文方面堪称楷模的、可以师法的、与口语相一致的作品。

第二节　普通话水平测试

一、普通话水平测试的性质

国家《普通话水平测试大纲》规定:普通话水平测试(PUTONGHUA SHUIP-ING CESHI,缩写为 PSC)测查应试人的普通话规范程度、熟练程度,认定其普通话水平等级,属于标准参照性考试。

对于这个规定,我们可以作如下的解释:

(一)普通话水平测试是一种国家级的资格认证考试

普通话水平测试是在教育部、国家语言文字工作委员会领导下,根据统一的标准和要求,在全国范围开展的一项测试,是一种国家级的考试。它以普通话为参照标准,对应试人员运用普通话所达到的标准程度进行检测,评定应试人的普通话水平等级,是一种标准参照性考试。目前,教师、播音员、节目主持人、演员等行业人员已经开始执行持普通话等级证书上岗的制度,国家公务员以及相关行业也正在逐步实行持证上岗,所以普通话水平测试还是一种资格认证考试。

(二)普通话水平测试不是文化水平的考核

普通话水平测试只是对应试人掌握和运用普通话的规范程度、熟练程度进行检测和评定,对应试人的文化水平没有太高的要求。普通话水平测试所涉及到的 3500 个常用字,对于具有中等以上文化水平的人来说没有什么难度,只要能够标准地、规范地、熟练地读出来就可以了。很多人对说话部分有着错误的认识,认为"说话"就是"口头作文",从而对测试有了惧怕心理。其实,普通话水平测试说话部分的测试目的是测查应试人运用普通话进行口语表达的能力,这一方面指的是说话时声韵调及连读音变、语调等方面是否符合普通话语音规范;另一方面也包含了应试人能否用普通话流畅地进行表达,并不强调有多好的文采。所以,说话部分和文化水平也没有必然的联系。

二、普通话水平测试的方式与内容

普通话水平测试的方式是口试,包括有文字凭借的客观题和无文字凭借的主观题,具体为:一、读单音节字词;二、读多音节词语;三、朗读短文;四、命题说话。前三项为客观题,第四项为主观题,总分 100 分。测试内容涉及到普通话口语表达的各要素,主要包括普通话的规范标准以及朗读和说话等语言表达能力各方面。

三、普通话水平测试评分标准

《普通话水平测试大纲》对测试中的各项题目较为详细地规定了评分标准,下面将北方方言区通用的评分系统列出:

普通话水平测试《大纲》评分系统(四项测试)

测试题			评分	评分规则
题型	题量	分值		
读单音节字词	100 个单节	10 分	语音错误	0.1 分/音节
			语音缺陷	0.05 分/音节
			超时	0.5 分(1 分钟以内);1 分(1 分钟以上)(含 1 分钟)
读多音节词语	100 个音节	20 分	语音错误	0.2 分/音节
			语音缺陷	0.1 分/音节
			超时	0.5 分(1 分钟以内);1 分(1 分钟以上)(含 1 分钟)
朗读短文	1 篇(400 音节)	30 分	音节错误(漏读、增读)	0.1 分/音节
			声母或韵母系统性缺陷	视程度扣 0.5 分、1 分
			语调偏误	视程度扣 0.5 分、1 分、2 分
			停连不当	视程度扣 0.5 分、1 分、2 分
			朗读不流畅	视程度扣 0.5 分、1 分、2 分
			超时	扣 1 分

测试题			评分	评分规则	
题型	题量	分值			
命题说话	1个话题（3分钟，不足3分钟酌情扣分）	40分	25分	语音标准程度	一档　扣0分、1分、2分
					二档　扣3分、4分
					三档　扣5分、6分
					四档　扣7分、8分
					五档　扣9分、10分、11分
					六档　扣12分、13分、14分
			10分	词汇语法程度	一档　扣0分
					二档　扣1分、2分
					三档　扣3分、4分
			5分	自然流畅程度	一档　扣0分
					二档　扣0.5分、1分
					三档　扣2分、3分

四、普通话水平测试等级标准（试行）

1997年12月，国家语委正式颁布《普通话水平测试等级标准（试行）》。按照这个等级标准，普通话水平划分为三个级别，每个级别内再划分为两个等次，即一级甲等、一级乙等；二级甲等、二级乙等；三级甲等、三级乙等。每个等级的要求如下：

一级甲等（97分以上）：

朗读和自由交谈时，语音标准，词语、语法正确无误，语调自然，表达流畅。

一级乙等（92分~96.9分）：

朗读和自由交谈时，语音标准，词语、语法正确无误，语调自然，表达流畅。偶然有字音、字调失误。

二级甲等（87分~91.9分）：

朗读和自由交谈时，声韵调发音基本标准，语调自然，表达流畅。少数难点音（平翘舌音、前后鼻尾音、边鼻音等）有时出现失误。词语、语法极少有误。

二级乙等(80 分~86.9 分):

朗读和自由交谈时,个别调值不准,声韵调发音有不到位现象。难点音(平翘舌音、前后鼻尾音、边鼻音、送不送气音、fu-hu、j-z、i-ü 不分,保留浊塞擦音,丢介音,复韵母单音化等)失误较多。方言语调不明显。有使用方言词、方言语法的情况。

三级甲等(70 分~79.9 分):

朗读和自由交谈时,声韵母发音失误较多,难点音超出常见范围,调值多不准。方言语调较明显。词语、语法有失误。

三级乙等(60 分~69.9 分):

朗读和自由交谈时,声韵调发音失误多,方音特征突出。方言语调明显。词语、语法失误较多。外地人听其谈话有听不懂的情况。

五、有关行业人员普通话合格标准

现阶段有关行业对从业人员的普通话等级要求如下:

小学及幼儿园、校外教育单位的教师,普通话水平不低于二级,其中语文教师不低于二级甲等,普通话语音教师不低于一级。

高等学校的教师,普通话水平不低于三级甲等,其中现代汉语教师不低于二级甲等,普通话语音教师不低于一级。

对外汉语教学教师,普通话水平不低于二级甲等。

报考中小学、幼儿园教师资格的人员,普通话水平不低于二级。

师范类专业以及各级职业学校的与口语表达密切相关专业的学生,普通话水平不低于二级,其中师范类中文系学生不低于二级甲等。

国家公务员,普通话水平不低于三级甲等。

国家级和省级广播电台、电视台的播音员、节目主持人,普通话水平应达到一级甲等;其他广播电台、电视台的播音员、节目主持人的普通话达标要求按国家广播电影电视总局的规定执行。

话剧、电影、电视剧、广播剧等表演、配音演员,播音、主持专业和影视表演专业的教师、学生,普通话水平不低于一级。

公共服务行业的特定岗位人员(如广播员、解说员、话务员等),普通话水平不低于二级甲等。

普通话水平达标人员的年龄上限以有关行业的文件为准。

六、计算机辅助普通话水平测试应注意的问题

近几年,普通话水平测试基本上采用了计算机辅助的形式,即前三项题目由计算机打分,最后一项"说话"部分,由测评员听录音打分。这种考试方式最大的优点是应试人不用面对考官,心情较为放松,能正常地发挥自己的水平。同时,这种考试方式也保证了测试的公平与公正,增强了考试的信度。考试之前,一般都会有一个考前培训,交代有关操作计算机的问题,但就测试本身来说应试人还需要注意以下几个问题:

1. 准备时间和准备的方法

计算机辅助测试和人工测试一样,有 10 分钟的备考时间,应试人可以充分利用这 10 分钟做好测试的准备。方法是:从前往后快速浏览试卷,遇有拿不准的读音或者不认识的字可以查字典,但不能在卷面上标注,有必要的话可以写好"说话"的提纲,再在脑海中过一遍。快速浏览还可以使应试人对所朗读的短文有所了解,从而奠定朗读的感情基调,并且避免因不了解文意而读破句子。

2. 测试时的音量

测试时应采用中等音量,从试音到整个考试过程应保持基本一致。常见的问题是应试人的声音太小,影响计算机辨音。

3. 测试时的语速

测试时应该保持适当的语速,第一项要以字为单位,声韵调读到位;第二项要以词为单位,注意语流音变;朗读要以句子为单位,一句话一句话地读出来,注意标点符号,要有语流感;说话时吐字要清楚,表达自然、流畅。测试中常见的问题是读得太快,字与字界限模糊,每个音节都读不到位,这样计算机就会判为有缺陷而扣分。当然也不能读得太慢,过于夸张的读法同样会影响整个音节的音色。速度太慢也会导致超时而扣分。

4. 漏读

测试时,前三项如果有漏读现象要按字扣分,所以要注意避免漏读,即使有不认识的字,也应该揣摩一下试着读出来。计算机辅助测试中,由于面对的是电脑屏幕,应试人不方便用手指着认读,换行时有可能发生漏行的现象,所以,在读第一项单音节字词和第二项多音节词语时,换行处要稍微放慢语速,看清楚后再读;朗读时也要注意语义连贯,不要漏行。

5. 重复读

第一项和第二项的测试中,应试人因为个别字词错读而重复读一遍,计算机评分时会自动识别,不会因为一个字的重复读而影响整体评分。但是要注意,朗读时不能出现重复读的情况。在朗读中,这种重复读的现象属于"回读",计算机评分时会根据评分标准扣分。

6. 时间的把握

每项题目的下方都有时间滚动条提示时间。一般来说,前三项的时间很充裕,每项读完都有剩余时间,这时,应试人可以不必等时间,直接点击右下方的"下一题"按钮,系统便会进入下一项测试。但是对于"说话"这一项,应试人一定要说满三分钟,否则会按规定扣分。

7. 环境影响

计算机测试一般安排在面积较大的语音室或实验室进行,各个机位保持2米左右的距离,考试时难免能听到别人的声音。应试人要注意调整自己的状态,专注于自己的考试,尽量不受他人的影响。测试选用的话筒能屏蔽别处的声音,应试人不必担心别人的声音录进自己的计算机影响成绩。

附录：

普通话水平测试样卷

一、读单音节字词(100 个音节,共 10 分,限时 3.5 分钟)

昼	八	迷	先	毡	皮	幕	美	彻	飞
鸣	破	捶	风	豆	蹲	霞	掉	桃	定
宫	铁	翁	念	劳	天	旬	沟	狼	口
靴	娘	嫩	机	蕊	家	跪	绝	趣	全
瓜	穷	屡	知	狂	正	裘	中	恒	社
槐	事	轰	竹	掠	茶	肩	常	概	虫
皇	水	君	人	伙	自	滑	早	绢	足
炒	次	渴	酸	勤	鱼	筛	院	腔	爱
鳌	袖	滨	竖	搏	刷	瞟	帆	彩	愤
司	滕	寸	峦	岸	勒	歪	尔	熊	妥

二、读多音节词语(100 个音节,共 20 分,限时 2.5 分钟)

防御	分析	衰落	混淆	板凳儿	儿童	阳台	取得
加油	扭转	塑料	光环	便宜	此外	管理	沙丘
森林	抢劫	策略	手指	科学	女士	挖潜	队伍
炽热	紧张	日用	干净	没准儿	港口	模特儿	侨眷
生字	应当	财富	窗户	快乐	沉醉	名牌儿	群众
奔跑	晚上	卑劣	包装	洒脱	现代化	委员会	轻而易举

三、朗读短文(400 个音节,共 30 分,限时 4 分钟)

享受幸福是需要学习的,当它即将来临的时刻需要提醒。人可以自然而然地学会感官的享乐,却无法天生地掌握幸福的韵律。灵魂的快意同器官的舒适像一对孪生兄弟,时而相傍相依,时而南辕北辙。

幸福是一种心灵的震颤。它像会倾听音乐的耳朵一样,需要不断地训练。

简而言之,幸福就是没有痛苦的时刻。它出现的频率并不像我们想像的那样少。人们常常只是在幸福的金马车已经驶过去很远时，才拣起地上的金鬃毛说，原来我见过它。

人们喜爱回味幸福的标本，却忽略它披着露水散发清香的时刻。那时候我们往往步履匆匆，瞻前顾后不知在忙着什么。

世上有预报台风的，有预报蝗灾的，有预报瘟疫的，有预报地震的。没有人预报幸福。

其实幸福和世界万物一样，有它的征兆。

幸福常常是朦胧的，很有节制地向我们喷洒甘霖。你不要总希望轰轰烈烈的幸福，它多半只是悄悄地扑面而来。你也不要企图把水龙头拧得更大，那样它会很快地流失。你需要静静地以平和之心，体验它的真谛。

幸福绝大多数是朴素的。它不会像信号弹似的，在很高的天际闪烁红色的光芒。它披着本色的外衣，亲//切温暖地包裹起我们。

幸福不喜欢喧嚣浮华，它常常在暗淡中降临。贫困中相濡以沫的一块糕饼，患难中心心相印的一个眼神，父亲一次粗糙的抚摸，女友一张温馨的字条……这都是千金难买的幸福啊。像一粒粒缀在旧绸子上的红宝石，在凄凉中愈发熠熠夺目。

（普通话水平测试用朗读作品 40 号　节选自毕淑敏《提醒幸福》）

四、命题说话（请在下列话题中任选一个，共 40 分，限时 3 分钟）

1. 我的业余生活
2. 我熟悉的地方

第二章　单音节字词部分细解与训练

　　简单地说,音节就是一个字的读音,包括声母、韵母和声调。读单音节字词就是读一个一个的字。

　　读单音节字词是普通话水平测试的第一项,共 100 个音节,其中不含轻声、儿化音节,限时 3.5 分钟,共 10 分。

　　测试目的:

　　测查应试人声母、韵母、声调的标准程度。

　　试卷构成:

　　100 个单音节的选择全面均匀地反映普通话的声韵系统,每个声母出现次数一般不少于 3 次,每个韵母出现次数一般不少于 2 次,4 个声调出现次数大致均衡。

　　评分标准:

　　1. 语音错误,每个音节扣 0.1 分。语音错误指音节读音中有一个或一个以上的音节成分(声、韵、调)读错,包括单字的漏读。

　　2. 语音缺陷,每个音节扣 0.05 分。语音缺陷指音节读音中有一个或一个以上的音节成分发音没有完全达到标准程度,听感性质明显不符。一类声调缺陷最多扣 0.5 分。

　　3. 一个音节允许应试人即时改读一次,以改读后的读音为准,隔字词改读无效。

　　4. 超时,1 分钟以内扣 0.5 分,超时 1 分钟以上(含 1 分钟),扣 1 分。

第一节　普通话的发音

一、语音的物理特征和普通话的关系

语音是由人的发音器官发出的表示一定意义的声音。语音同自然界的其他声音一样是通过物理振动产生的，具有声音的高、低、长、短、强、弱等物理特征，具体概括为音高、音强、音长和音色。

（一）音高

音高指的是声音的高低或者说是声调的高低。语音的音高和声带的厚薄、长短、粗细、松紧有关。一般说来，成年男子的声带较厚、较长，而成年女子和儿童的声带较薄、较短，所以女人和儿童的声音比男人偏高、偏尖一些。同一个人的声音可以通过自觉或不自觉地控制、调节声带的松紧而发出不同音高的声音。普通话阴、阳、上、去四声的变化，主要是由音高决定的，并且有区别词义的作用。如 mā má mǎ mà 四个音节，声母、韵母相同，只是声调不同，就可以分别表示"妈、麻、马、骂"四种意义。每个汉字都有声调，声调读错就会产生歧义。

（二）音强

音强指的是声音的强弱。语音的强弱是由发音时呼出的气流的强弱决定的。用力大，呼出的气流就多，声音就强；反之则弱。普通话词汇的轻重格式、语句的重音和语气等感情表达所需的音量变化都和音强有关。轻重格式还可以区别词的性质和意义。如：

地道 dì dào 名词，地下通道。

地道 dì dao 形容词，真正的、纯粹的。

音强在发生学上被认为是"响度"的代名词。响度给人的感觉是既有高度又有宽度，声音的圆润与否和响度有着密切的关系。普通话水平测试中，声音的响度会增强听感效果。

（三）音长

音长指的是声音的长短，即声音的时值。音长和声带颤动时间的长短有关。声带颤动的时间长，声音就长；反之则短。普通话语音中，音长没有区分意义的作用，但是每个音节的发声，音高、音强和音色都需要在一定的音长中展现，每个音节都有一定的时值，不能过快也不能过慢。普通话的音节长度一般均等，大约每个音节长 0.2～0.4 秒。对一个音节来说，声调对音长的影响较明显，其中上声音长最长，去声最短。在语流中，音长还是构成不同语调的要素之一，成为表情达意的重要手段。语流中需要特别强调的音节、处在语句重音位置的音节、最集中体现语句目的的音节，都在音长上有所延长，而不仅仅是加大音量的问题。

（四）音色

音色指的是声音的个性和特色，即声音的本质属性，也叫做"音质"，是一个声音区别于另一个声音的基本特征。音色可以分为"绝对音色"和"相对音色"两类。绝对音色是由发音体的不同造成的。例如同一个人用手拍打桌子和拍打墙面的声音是不同的，就是因为发生振动的物体——发音体不同：一个发音体是桌子，一个发音体是墙面。我们每个人的声音不同，也主要是因为每个人的发音体——声带的长短、厚薄、宽窄、松紧不同造成音色的不同而导致的。而在普通话学习中，我们提到的音色是相对音色，是真正区别意义的要素。普通话 32 个音素都有各自的相对音色。造成这种不同音色的原因有两个方面：

1. 发音方法不同。例如，同一张桌子，用手掌拍打和用手指敲的声音是不同的，这就是发音方法的区别。例如普通话中鼻音 n 和边音 l 的发音部位相同，音色之所以不同，从发音方法看，是因为前者是通过鼻腔发音，而后者是从舌头的两边或一边发音。

2. 共鸣腔的形状不同。例如，用舌头弹自己的上腭，同时变换口腔的形状，会发出不同的声音，这是因为共鸣腔的形状不同而造成的。人的共鸣腔主要是口腔、鼻腔、咽腔和喉腔，其中最容易调控的是口腔。口腔的任何一点不同，任何一点变化，都会形成不同共鸣腔形状而发出不同的音色，在语言中就会表现为不同的音素。例如普通话中 a 和 i 这两个音的差别，就是由于口腔的形状不同造成的。

每个人的绝对音色是固有的，除非通过外部强硬手段，如手术，一般不会发生变化，因此，声音也就和指纹、虹膜等一样成了一个人的区别性特征。不过，我们可以通过改变发音方法和共鸣腔形状来改善自己的相对音色，从而使得自己的声音标准、好听。这就要求我们在学习普通话时，要注意每个音素的发音方法、发音部位和共鸣腔的形状，从而为说好普通话打好基础。

二、适合普通话水平测试的吐字发音

普通话的语音以北京语音为标准语音,它清脆、响亮、圆润、饱满、富有音乐色彩和节奏感,这是一般方言所不具备的。不过,语音是在人的发音器官上"做"出来的,发音器官决定着语音的性质,它的每一个极其精微的变化和不同都能产生不同的语音。所以,尽管方言和普通话在发音方法上有诸多的不同,我们依然可以在了解了发音器官的基础上,有意识地调节发音部位、发音方法和共鸣腔的形状来"做"出普通话的语音。

(一)咬字器官

人类的发音器官大致由三部分组成:呼吸器官、发声器官和共鸣器官。呼吸器官包括肺和气管,提供发音的动力;发声器官包括喉头和声带,声带是最主要的发音体;共鸣器官包括口腔、鼻腔和咽腔,其中最主要的共鸣腔是口腔,也是决定发音标准与否的关键腔体。口腔内有各种对声音起节制作用的部位,叫做咬字器官。包括上下唇、舌,舌又分为舌尖、舌叶、舌面和舌根,以及上下齿、上下齿龈、上腭(包括硬腭、软腭)和下腭。其中上下唇和舌在形成字音的过程中动作最积极,起的作用最大。

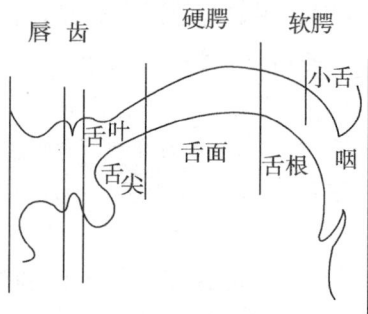

咬字器官

由于口腔中各咬字器官的活动,使口腔能灵活地变换形状和容积,造成不同的元音音色,而它们对呼出的气流构成的各种阻碍又形成了不同的辅音。

咬字器官是一个协调动作的整体,各部位互相关联,但它们之间又各有分工,在吐字过程中起着不同的作用。

(二)吐字发音

普通话水平测试是对普通话标准程度的检测,语音面貌等听感因素对测试结果有很大的影响。因此测试时应试人员要力求吐字发音做到"字正腔圆",具体可以概括为准确、清晰、圆润、集中、流畅。

1. 准确,指的是字音准确、规范,即"字正"。要严格按照普通话的语音规范吐字发音。

2. 清晰,指的是字音清晰,让人听得清楚。如果吐字不清晰,就很难让人听清所要表达的内容。

3. 圆润,指的是在一个字的发声过程中,音节成分之间的过渡、衔接所表现出的自如性和润滑度,使语音悦耳动听,也就是实现"腔圆"的要求。

4. 集中,指的是声音集中、不松散。声音集中是一种审美要求,声音集中了才能圆润,才能获得较为丰富的泛音共鸣,才能悦耳动听。发音时应该感觉字音是沿着上腭的中纵线"挂"在硬腭前部的,并且由口腔上部透出口腔,而不是从下巴"铲"出,即"声挂前腭",这样的发音声音集中,共鸣好,音色明亮、润泽、穿透力强。

5. 流畅,指的是我们发出的每一个字音都是融汇在语流当中的,因此吐字发音要灵活自如,轻快流畅。测试中经常出现把读多音节词、朗读甚至说话处理成了说字、念字的现象,或者把单字音咬得过死,吐字呆滞,听起来吃力不自然,这些现象都没有达到"流畅"的要求。

要达到以上的要求,让自己的声音圆润、动听、有感染力,就需要努力学习、模仿普通话的发音,另一方面还要有意识地克服方言发音"懒"、"松散"的毛病,例如开口度打不开的问题,圆唇音懒得圆的问题,复韵母、鼻韵母缺少动程的问题、归音不到位的问题、单韵母尾音松懈的问题等等,这些都需要在学习的过程中特别注意,使自己养成良好的发音习惯。

第二节 普通话的声母

普通话一共有 22 个声母。声母位于音节前段,主要由辅音构成。如"shēng"(声)这个音节中的辅音 sh 就是它的声母。普通话声母中有 21 个是辅音声母。此外,有的音节不以辅音开头,如"é"(鹅)、"ài"(爱)、"ōu"(欧)、"yè"(夜)、"wàn"(万)等,元音前头那部分是零,习惯上叫做"零声母"。

一、声母的分类

辅音声母的发音特点是气流要受到发音器官不同部位、不同方式的阻碍。发音时,气流受到阻碍的位置叫做发音部位。发音时,喉头、口腔和鼻腔节制气流的方式和状态叫发音方法。我们可以根据辅音声母的发音部位和发音方法对 21 个辅音声母进行分类。

(一) 按发音部位分类

普通话辅音声母按发音部位可以分为七类:

(1) 双唇音:由上唇和下唇闭合构成阻碍。普通话共有 3 个双唇音:b、p、m。

(2) 唇齿音:由下唇和上齿靠拢构成阻碍。普通话只有 1 个唇齿音:f。

(3) 舌尖前音:也叫"平舌音",由舌尖和齿背接触或接近构成阻碍。普通话共有 3 个舌尖前音:z、c、s。

(4) 舌尖中音:由舌尖和上齿龈接触构成阻碍。普通话共有 4 个舌尖中音:d、t、n、l。

(5) 舌尖后音:也叫"翘舌音",由舌尖和硬腭前部接触或接近构成阻碍。普通话共有 4 个舌尖后音:zh、ch、sh、r。

(6) 舌面前音:由舌面前部和硬腭前部接触或接近构成阻碍。普通话共有 3 个舌面前音:j、q、x。

(7) 舌面后音:也叫"舌根音",由舌面后部和软腭接触或接近构成阻碍。普通话共有 3 个舌面后音:g、k、h。

(二) 按发音方法分类

普通话辅音声母的发音方法可以从阻碍的方式、声带是否颤动、气流的强弱等三个方面来观察。

1. 阻碍的方式

根据形成阻碍和解除阻碍的不同方式可以将辅音声母分为五类:

(1) 塞音:发音时,发音部位完全闭塞,软腭上升,关闭鼻腔通路,气流在口腔中积蓄,并集中于发音部位,然后这两个发音部位猛然分开,气流冲破阻碍,爆破成声。普通话共有 6 个塞音:b、p、d、t、g、k。

(2) 擦音:发音时,发音部位接近,中间留有窄窄的缝隙,软腭上升,关闭鼻腔通路,气流从缝隙中挤出,摩擦成声。普通话共有 6 个擦音:f、h、x、sh、r、s。

(3) 塞擦音:发音时,发音部位先完全闭塞,软腭上升,关闭鼻腔通路,然后气流冲击发音部位并打开一条缝隙,气流从缝隙中挤出,摩擦成声。塞擦音是同一部位的"塞音"与"擦音"两种发音方法的组合,先阻塞后摩擦,是一个结合紧密的发音过程。普通话共有 6 个塞擦音:j、q、zh、ch、z、c。

（4）鼻音:发音时,口腔中的发音部位完全闭塞,软腭下垂,打开鼻腔通路,气流颤动声带,从鼻腔通过发音。由于鼻腔的形状不可调节,所以鼻音是在口腔的不同共鸣状态下形成的。普通话共有 2 个鼻音声母:m、n。

（5）边音:发音时,舌尖与上齿龈接触,使口腔中间的通道阻塞,但舌头的两边仍留有空隙,软腭上升,关闭鼻腔通道,气流颤动声带,从舌头两边与两颊内侧形成的空隙通过成声。普通话只有 1 个边音:l。

2. 声带是否颤动

根据声带是否颤动可以把 21 个辅音声母分为两类:

（1）清音:发音时,声带不颤动。普通话共有 17 个清音:b、p、f、d、t、g、k、h、j、q、x、zh、ch、sh、z、c、s。

（2）浊音:发音时,声带颤动。普通话共有 4 个浊音:m、n、l、r。

3. 气流的强弱

普通话只有塞音和塞擦音区别送气音和不送气音,其区别是气流的强弱:

（1）送气音:发音时,肺部呼出的气流较强。普通话有 6 个送气音:p、t、k、q、ch、c。

（2）不送气音:发音时,肺部呼出的气流较弱。普通话有 6 个不送气音:b、d、g、j、zh、z。

普通话辅音声母总表

发音部位	塞音		塞擦音		擦音		鼻音	边音
	清音		清音		清音	浊音	浊音	浊音
	不送气	送气	不送气	送气				
双唇音	b	p					m	
唇齿音					f			
舌尖前音			z	c	s			
舌尖中音	d	t					n	l
舌尖后音			zh	ch	sh	r		
舌面前音			j	q	x			
舌面后音	g	k			h			

二、声母的发音

（一）辅音声母的发音要领

b[p] 双唇、不送气、清、塞音

发音要领：发音时，双唇闭合，软腭上升，关闭鼻腔通路，声带不颤动，气流蓄积在上下唇的中央部分，猛然冲破双唇的阻碍，迸裂而出，爆破成声。

发音例字：

bā	bái	bāo	bǔ	báo	bèi	běn	bēng
扒	白	胞	捕	薄	钡	本	崩

bì	biǎn	bìn	biǎo	bō	bǐng	biē	bàng
币	扁	鬓	表	钵	柄	鳖	棒

p[p'] 双唇、送气、清、塞音

发音要领：发音的情况和 b 基本相同，只是呼出的气流较强。

发音例字：

piāo	pà	péi	pāng	pò	pī	pǐn	pēng
剽	怕	陪	乓	破	坯	品	抨

pàn	pái	pǔ	píng	pèi	piān	pǎo	péng
判	牌	圃	凭	佩	偏	跑	棚

m[m] 双唇、浊、鼻音

发音要领：发音时，双唇闭合，软腭下垂，打开鼻腔通路，声带颤动，气流从鼻腔透出成声。

发音例字：

miǎn	mì	mō	méng	miè	mài	mǎng	mī
免	觅	摸	萌	篾	迈	蟒	眯

mǐn	mèi	móu	míng	měi	máo	mù	mán
抿	媚	谋	铭	每	锚	募	鳗

f[f] 唇齿、清、擦音

发音要领：发音时，下唇接近上齿，形成缝隙，软腭上升，关闭鼻腔通路，声带不颤动，气流从唇齿间的缝隙中挤出，摩擦成声。

发音例字：

fù	fǎng	fèi	fǎn	fēn	fèi	fān	fèn
缚	纺	费	返	氛	吠	帆	愤

fàng	fén	fǔ	féng	fán	fēi	fá	fū
放	坟	俯	缝	凡	飞	乏	孵

d[t]　舌尖中、不送气、清、塞音

发音要领：发音时，舌尖抵住上齿龈，形成阻塞，软腭上升，关闭鼻腔通路，声带不颤动，气流蓄积在舌尖，猛然冲破阻塞使舌尖从上齿龈处弹下，气流迸裂而出，爆破成声。

发音例字：

dòng	dǎo	duī	duó	diāo	dǎn	dié	duò
动	蹈	堆	踱	碉	掸	叠	舵

dōu	dìng	diǎn	dī	dú	dài	dēng	dá
兜	锭	碘	堤	犊	贷	蹬	达

t[t']　舌尖中、送气、清、塞音

发音要领：发音的情况和 d 基本相同，只是呼出的气流较强。

发音例字：

tī	tàn	tú	tǐng	tuō	téng	tǎ	tuì
剔	碳	屠	艇	托	藤	塔	褪

tǎo	tún	tè	tiǎn	tiāo	tiě	tóng	tāng
讨	屯	特	舔	挑	铁	佟	汤

n[n]　舌尖中、浊、鼻音

发音要领：发音时，舌尖抵住上齿龈，上下唇微微分开，软腭下垂，打开鼻腔的通路，声带颤动，气流从鼻腔透出成声。

发音例字：

ní	niǔ	niān	niǎo	nüè	niān	niè	niàn
倪	扭	蔫	鸟	虐	拈	孽	廿

nán	nǎi	náo	nù	nuǎn	nèi	nóng	nǎn
南	氖	挠	怒	暖	内	脓	腩

l[l]　舌尖中、浊、边音

发音要领：发音时，舌尖抵住上齿龈，软腭上升，关闭鼻腔通路，声带颤动，气流从舌头两边与两颊内侧形成的空隙通过成声。

发音例字：

liāo	léi	lǔ	làn	lí	lāo	luó	lǎn
撩	擂	掳	滥	离	捞	罗	懒

lài	lǎng	lóng	liǎng	lín	liè	lòu	liǎn
癞	朗	聋	两	霖	列	陋	敛

g〔k〕 舌面后、不送气、清、塞音

发音要领：发音时，舌面后部抬起抵住软腭，软腭后部上升，关闭鼻腔通路，声带不颤动，气流蓄积在阻塞部位，猛然冲破阻碍使舌面后部从软腭处弹开，爆破成声。

发音例字：

gū	gǎo	guàn	guī	gǒng	guó	gǎn	guā
孤	镐	惯	硅	拱	国	擀	刮

gài	gē	gǎng	gòu	gēng	gèn	gé	gǔ
盖	哥	岗	购	耕	亘	阁	蛊

k〔k'〕 舌面后、送气、清、塞音

发音要领：发音情况和 g 基本相同，只是呼出的气流较强。

发音例字：

kǔn	ké	kēng	kuài	kān	kǒng	kuā	kàng
捆	咳	坑	快	堪	恐	夸	炕

kū	kào	kuǎn	kuī	kuò	kěn	kuí	kòu
枯	铐	款	亏	扩	啃	奎	叩

h〔x〕 舌面后、清、擦音

发音要领：发音时，舌面后部稍微隆起接近软腭，形成窄缝，软腭上升，关闭鼻腔通道，声带不颤动，气流从舌面后部与软腭形成的窄缝中挤出，摩擦成声。

发音例字：

huì	huái	huàn	hūn	hǒu	hóng	hèn	háo
秽	踝	豢	荤	吼	泓	恨	豪

hǔ	huàn	hē	héng	hǎn	hé	huāng	hǎi
唬	幻	喝	恒	喊	核	慌	海

j〔tɕ〕 舌面前、不送气、清、塞擦音

发音要领：发音时，舌尖轻轻抵住下齿背，舌面前部和硬腭前部接触，软腭上升，关闭鼻腔通路，声带不颤动，气流蓄积在阻塞部位，猛然把舌面前部的阻碍冲开一条缝隙并从中挤出，摩擦成声。

发音例字：

jǐ	jiǎng	jiá	jīn	jù	jué	jǐng	jiào
戟	讲	荚	襟	具	决	警	醮

jiū	jiǎ	jùn	jiān	jié	jìng	jī	juàn
纠	假	郡	歼	节	静	击	倦

q[tɕʻ]　舌面前、送气、清、塞擦音

发音要领：发音的情况和 j 基本相同，只是呼出的气流较强。

发音例字：

quán	qiàn	qiāng	qǔ	qí	qiǎn	què	qí
蜷	歉	腔	取	鳍	遣	却	祈

qiè	quán	qiāo	qǐng	qīn	qiào	quán	qiū
窃	拳	跷	顷	侵	鞘	权	丘

x[ɕ]　舌面前、清、擦音

发音要领：发音时，舌尖轻轻抵住下齿背，使舌面前部接近硬腭前部，形成缝隙，软腭上升，关闭鼻腔通路，声带不颤动，气流从缝隙中挤出，摩擦成声。

发音例字：

xiū	xiǎng	xiāo	xún	xìn	xiān	xuǎn	xiá
修	饷	萧	旬	衅	锨	癣	辖

xiè	xiāng	xián	xǐ	xiù	xīng	xù	xián
屑	镶	弦	铣	嗅	腥	婿	涎

zh[tʂ]　舌尖后、不送气、清、塞擦音

发音要领：发音时，舌尖上翘，抵住上齿龈后部硬腭前部的交界处，软腭上升，关闭鼻腔通路，声带不颤动，气流在舌尖处蓄积，猛然把舌尖的阻碍冲开一条缝隙并从中挤出，摩擦成声。

发音例字：

zhī	zhuó	zhāi	zhuì	zhěn	zhuàng	zhá	zhèng
脂	卓	斋	缀	枕	撞	铡	症

zhàn	zhuó	zhē	zhǒu	zhuàn	zhǒng	zhuó	zhě
绽	灼	遮	肘	撰	冢	琢	褶

ch[tʂʻ]　舌尖后、送气、清、塞擦音

发音要领：发音的情况和 zh 基本相同，只是呼出的气流较强。

发音例字：

chù	chóng	chān	chuō	chuàng	chǐ	chēng	chén
蠢	崇	掺	戳	创	侈	撑	忱

chě	chǎng	chà	chóu	chuān	chěng	chuài	chéng
扯	敞	岔	酬	川	逞	踹	惩

sh[ʂ]　舌尖后、清、擦音

发音要领：发音时，舌尖上翘，接近上齿龈后部硬腭前部的交界处，形成缝隙，软腭上升，关闭鼻腔通路，声带不颤动，气流从形成的缝隙中挤出，摩擦成声。

发音例字：

shà	shǔn	shēn	shí	shǎng	shàn	shuāng	shuǎ
霎	吮	呻	蚀	晌	赡	双	耍

shān	shé	shuì	shì	shéng	shǔ	shòu	shè
杉	蛇	睡	恃	绳	蜀	狩	摄

r[ʐ] 舌尖后、浊、擦音

发音要领：发音部位与 sh 相同。不同的是声带颤动，摩擦轻微。

发音例字：

rǔ	rùn	réng	rú	rào	rǒng	rù	rǎn
汝	润	仍	濡	绕	冗	褥	冉

ròu	rǎng	rèn	ruǐ	róng	rú	rǎo	rè
肉	壤	刃	蕊	荣	儒	扰	热

z[ts] 舌尖前、不送气、清、塞擦音

发音要领：发音时，舌尖轻轻抵住齿背形成阻塞，软腭上升，关闭鼻腔通路，声带不颤动，气流在阻塞处蓄积，猛然把舌尖和齿背的阻碍冲开一道缝隙，并从中挤出，摩擦成声。

发音例字：

záo	zǎi	zá	zī	zán	zào	zōng	zòu
凿	崽	杂	兹	咱	噪	鬃	揍

zé	zuǒ	zǔ	zuàn	zūn	zuì	zàng	zēng
择	左	组	攥	遵	最	葬	增

c[ts'] 舌尖前、送气、清、塞擦音

发音要领：发音的情况和 z 基本相同，只是呼出的气流较强。

发音例字：

cuì	cǎi	cāo	cǔn	cáo	cù	cūn	cōng
啐	睬	糙	忖	曹	醋	村	葱

cǎn	cán	cuò	cuān	cí	cāo	cè	cāi
惨	残	挫	蹿	慈	操	测	猜

s[s] 舌尖前、清、擦音

发音要领：发音时，舌尖接近齿背，形成缝隙，同时软腭上升，关闭鼻腔通路，声带不颤动，气流从舌尖与齿背形成的缝隙中挤出，摩擦成声。

发音例字：

suí	sēn	sù	sōu	sà	sāo	suì	suō
遂	森	溯	艘	卅	缲	隧	梭

sāi	sòng	suí	sè	sǔn	sì	sǎng	sù
腮	颂	绥	涩	笋	俟	嗓	粟

（二）零声母的发音要领

普通话零声母音节可以根据开头的元音分为四类：

1. i 自成音节或以 i 开头的音节，把 i 改写成 y 或者在音节前面加上 y。如：

i——yi	in——yin	ing——ying	iao——yao
ia——ya	ie——ye	iou——you	ian——yan
iang——yang	iong——yong		

发音要领：开头的 i 发音时，舌面前部与硬腭前部接近，仅保留一点缝隙，口腔内的通道比单元音 i 要窄，气流通过时有轻微的摩擦。

发音例字：

yí	yīn	yǐng	yòu	yǎo	yàn	yě	yà
宜	因	颖	诱	舀	赝	冶	亚

yáng	yòng
佯	用

2. ü 自成音节或以 ü 开头的音节，把 ü 也改写成 y 或者在音节前加 y，同时 ü 上两点省去不写。如：

ü——yu	üe——yue	üan——yuan	ün——yun

发音要领：开头的 ü 发音时，舌面前部与硬腭前部接近，仅保留一点缝隙，口腔内的通道比单元音 ü 要窄，气流通过时除了在舌腭之间有摩擦外，双唇也会出现一些轻微的摩擦成分。

发音例字：

yǔ	yuè	yuán	yùn
雨	跃	原	韵

3. u 自成音节或以 u 开头的音节，把 u 改写成 w 或者在音节前加 w。如：

u——wu	ua——wa	uo——wo	uai——wai
uei——wei	uan——wan	uen——wen	uang——wang
ueng——weng			

发音要领：开头的 u 发音时，双唇靠拢，但不如单元音 u 的口型圆，口腔的缝隙也窄了一些，气流通过时会产生轻微的摩擦。

发音例字：

wǔ	wà	wò	wāi	wèi	wán	wèn	wáng
舞	袜	幄	歪	为	完	问	亡

wēng
翁

4. i、u、ü 以外的由元音开头的音节如：a、o、e、ai、ao、ou、an、en、ang、eng，不需要另加符号，仍用原来的元音字母开头。发音时的感觉和单元音 a、o、e 相似。

发音例字：

é	ǎi	áo	ōu	ān	èn	àng	ēng
鹅	矮	翱	鸥	氨	摁	盎	鞥

三、声母中的难点音及突破技巧

普通话学习中，各方言在声母方面的难点音不尽相同，主要出现在普通话声母系统中的塞擦音三组声母 j、q、x；zh、ch、sh、r；z、c、s 和鼻音 n、边音 l、唇齿音 f、舌面后擦音 h 上以及零声母上。以下分别加以说明。

（一）j、q、x

舌面前音 j、q、x 的读音在方言中存在的问题大致可以概括为两种情况：一是读音不准；二是与 g、k、h；z、c、s 混淆。

1. 读音不准

在很多城镇青少年的发音中，普遍存在的一种现象是把 j、q、x 的音节发的位置偏前，且舌尖用力，听感上接近 z、c、s 音节。

突破技巧：

找准 j、q、x 的发音部位。放松舌头，舌尖轻抵下齿背，舌身稍稍后缩，使舌面前部而非舌尖去接触硬腭前部。对比 z、c、s 的发音位置，感受其中的不同，反复体会，反复练习。

山东的长岛、招远、莱西、诸城、五莲、日照、昌乐、青州、广饶、垦利、滨州等地习惯于把普通话中的 j、q、x 声母字读成舌叶音[tʃ]、[tʃ']、[ʃ]；山东莒南、沂源等地读成了齿间音[tθ]、[tθ']、[θ]。

突破技巧：

舌叶音是由舌尖及舌面前部与上齿龈及硬腭构成阻碍而发出的音；齿间音是由于发音时舌尖靠前处在了上下齿之间而发出的音。两种音的发音部位都比 j、q、x 靠前。纠正时,注意把发音部位向后移。如果开始发音时有困难,可以利用单韵母 i 来帮助找准发音部位。具体方法是,先把舌尖轻轻抵住下齿背,舌面前部微微隆起发 i,然后舌头前后不动,把舌面前部轻轻往上一抬接触硬腭前部,送气、破阻。注意,这时的舌尖和发 i 时的状态一样,还是在下齿背,成阻的部位是舌面前部,这样就可以发出 j、q、x 了。可以按照下面的顺序来做:

i——i——j——j——i——i——q——i——i——x——x

2. 与 g、k、h,z、c、s 混淆

山东方言东莱片以及东潍片部分市县还保留了古音中的团音、尖音,即用近似于 g、k、h,z、c、s 的读音拼读齐齿呼韵母和撮口呼韵母(以 i 开头的韵母叫"齐齿呼韵母";以 ü 开头的韵母叫"撮口呼韵母"),如:"交"读作 giao,"区"读作 kü,"虾"读作 hia;或者"精"读作 zing,"枪"读作 ciang,"须"读作 sü 等。

突破技巧:

这些方言中 g、k、h,z、c、s 除了和齐齿呼韵母、撮口呼韵母相拼外,还和合口呼韵母(以 u 开头的韵母)、开口呼韵母(i、u、ü 以外的由元音开头的韵母)相拼,而普通话中,g、k、h,z、c、s 不与齐齿呼和撮口呼韵母相拼。因此,在方言中凡是遇到这种情况,可以大胆地把声母相应地改读为 j、q、x 即可。

(二)zh、ch、sh

zh、ch、sh 声母字在很多方言中都存在着问题,其中最突出的是与 z、c、s 声母的字合为一类。

突破技巧:

首先一定要掌握好这组翘舌音的发音要领。归纳为三点:一是找准发音位置,即舌尖与上齿龈后面、硬腭前端(具体点说,大约是凹凸不平的硬腭前端的第一条棱)构成阻碍;二是放松舌头,舌头太紧张会影响 zh、ch、sh 的音色;三要及时破阻,一定避免一直翘着舌尖从而影响 zh、ch、sh 的音色。其次要下功夫记忆哪些字读翘舌音。下面介绍几种简单可行的方法:

1. 声旁类推

现行汉字绝大多数是形声字,形声字由声旁和形旁两部分组成,声旁的主要作用是表示读音。一般情况下,如果形声字的声旁是平舌音声母,那么由它组成的形声字也是平舌音声母。例如:

宗——综　棕　踪　鬃　粽

采——菜　彩　踩　睬

斯——厮　撕　澌　嘶

如果声旁是翘舌音声母,那么由它组成的形声字一般也是翘舌音声母。例如:

召——招　昭　沼　诏　照

昌——猖　倡　唱　鲳　猖　阊　锠

少——抄　炒　钞　吵　沙　砂　莎　纱

有一个由具有代表性的翘舌音字编的口诀可以帮助记忆:

少者周中尚,壮者朱召昌,长者章主丈。

当然,这种声旁类推法也并不是绝对的。例如以"师"为声旁的汉字"狮、狮、筛"等都是翘舌音,"螺蛳"的"蛳"例外,声母是平舌音 s。这样的例子毕竟是少数,单独记住就可以了。为了帮助记忆,可以参考后附《zh、ch、sh 和 z、c、s 声母字偏旁类推表》。

2. 记少不记多

普通话中,平舌音声母字和翘舌音声母字的比例大约是 3.5∶6.5。有些韵母如 e 和 en,和平舌音相拼的字明显少于和翘舌音相拼的字,因而可以记忆量少的平舌音,其余的就可以读翘舌音了。可参看后附《zh、ch、sh 和 z、c、s 对照辨音字表》。

3. 利用声韵配合规律

普通话中韵母 uang、uai、ua 只能与翘舌音 zh、ch、sh 相拼,不能与平舌音 z、c、s 相拼,利用这个规律,凡韵母是 uang、uai、ua 的字,就可以放心地读 zh、ch、sh 了。

另外,ong 韵母只与 s 相拼,不与 sh 相拼,所以,"松、耸、宋、送、颂、讼"等 ong 韵的字,声母一定是平舌音 s。

以上的规律可以利用口诀来记忆:

uang、uai、ua 翘舌不用怕;sōng(松)、sǒng(耸)、sòng(送)翘不动。

在山东的泗水、微山、枣庄、新泰等地方言中还存在一种现象,即把与合口呼相拼的 zh、ch、sh 读作唇齿音[pf]、[pf']、[f],如:

猪、椎、抓、专、桌、准、装(zh→[pf]);

初、吹、揣、穿、戳、春、窗(ch→[pf']);

书、水、摔、拴、说、顺、双(sh→[f])。

这些音节的韵母随着声母的变化也发生了改变,除与单元音 u 相拼的音节外,其余音节的韵母都丢失了韵头 u。

突破技巧：

一是把唇齿音[pf]、[pf']读为翘舌音 zh、ch。二是把方言中的 f 声母的字重新分类，即按普通话可以分为 f、sh 两类，只纠正方言中与普通话声母不一致的 f 声母字，与普通话一致的则保留。

山东半岛地区 zh、ch、sh 作声母的字分化较复杂，各地与普通话的分合不完全一致。要结合本地方言仔细体会，以纠正发音。

（三）z、c、s

z、c、s 声母字除了前面提到的与 j、q、x、zh、ch、sh 所涉及到的问题外，大致还存在以下几个问题：

1. 读作齿间音[tθ]、[tθ']、[θ]

这种现象在山东的平度、高密、胶州、青岛、诸城、五莲、安丘、临朐、沂源、沂水、蒙阴、莱芜、莒县、莒南、日照、长岛等地比较常见，发音时把舌尖放在了上下齿之间甚至露出齿外，发音部位比 z、c、s 要靠前。

突破技巧：

发音时，舌尖后缩，同时借助舌根的力量来控制舌头，使舌头顶端放松压力，轻抵在上齿背上。注意舌尖力量不要过重，避免因为与上齿背接触面过大而影响 z、c、s 的音色。

2. 读作 j、q、x

有的方言，如山东泗水、梁山、枣庄、滕州、平邑、邹城等，当 z、c、s 拼读合口呼韵母时，读作 j、q、x，同时韵母也相应地变为撮口呼。如：

租、坐、嘴、尊、钻、宗　　（z→j）
醋、错、崔、村、蹿、聪　　（c→q）
酥、锁、虽、酸、松　　　　（s→x）

突破技巧：

首先要明确 z、c、s 的发音位置，让舌尖轻轻抵在上齿背上，破阻后双唇要合拢为 u 的口型；其次，需要把这批字从撮口呼韵母与 j、q、x 相拼的字中分离出来，改读为 z、c、s。

（四）r

r 声母字在方言中的问题大体可以分为以下几种情况：

1. 读成声母 l

部分方言区把 r 声母字读成了 l 声母字，如"然、让、扔"（r→l）。这两个浊辅音的发音部位很相近，前后只差一点儿。如果发音时舌尖不习惯后缩上翘，舌尖靠前并且接触到上齿龈,就会发出 l 的读音。

突破技巧:

仔细体会舌尖的位置。舌尖顺着上齿背往后滑,到上齿龈,再到硬腭前端(同 zh、ch、sh 的发音部位一样),找好位置后,舌尖稍微放松,与硬腭保持一点缝隙,发出 r。反复练习,并且和 l 对比,感觉两个音的不同。

2. 读成零声母

r 声母字在部分方言中读成了零声母,韵母也分别由开口呼变为齐齿呼,合口呼变为撮口呼,例如:"人、热、绕、乳、软"(r→∅)。

突破技巧:

纠正时,首先要学会 r 声母的发音(可以根据前面介绍的翘舌音发音要领发音);其次要依照普通话,从方言里的零声母字中分离出应读 r 声母的字并记清楚。可以参照附录《3500 个常用字中的 55 个 r 声母字》。

3. 读成舌尖前、浊、擦音[z]

[z]是普通话语音中没有的一个音,发音部位和 s 相同,只是发音时声带颤动成浊音。这种读音也是因为没有翘舌的习惯造成的,凡是翘舌音读作平舌音的方言区,都可能把 r 读作[z],如山东的济宁、宁阳、聊城、单县等地把"入、染、仁"等字的声母读作[z]。

突破技巧:

仔细揣摩翘舌音的发音部位,掌握 r 的发音要领;参照附录《3500 个常用字中的 55 个 r 声母字》反复练习。

(五) n

n 是舌尖中浊鼻音,发音部位是舌尖和上齿龈。这个音在部分方言中存在的问题大致有两种:一是当 n 和齐齿呼、撮口呼韵母相拼时,舌面紧贴上腭前部,读作舌面浊鼻音[ɲ],如"你"、"女"、"鸟"、"虐"等字的读音;另一种现象是当 n 和开口呼、合口呼韵母相拼时,和声母 l 混淆了,如"拿——拉"、"脑——老"、"怒——路"、"糯——落"。

突破技巧:

产生第一种现象的原因,是发音时舌尖没有抵住上齿龈,而是放在了下齿背,用舌面前部和硬腭接触而造成的。因此突破的技巧就在于修正自己的发音部位,掌握 n 的发音要领,反复练习。

产生第二种现象的原因是因为 n 和 l 的发音部位相同,发音也近似,容易产生混淆。找到并体会两者的不同：n 是鼻音，发音时要控制气流必须从鼻腔呼出，而 l 是口音，发音时必须堵住鼻腔的通路，让气流从口腔呼出。也可以用手捏住鼻子，体会两者的不同。在记字方面还可以利用声旁类推，可以参照附录《n、l 偏旁类推常用字》。

（六）f 和 h

f 和 h 在南部的某些方言中容易混淆，而且情况复杂。其中比较普遍的一种现象是当 h 与合口呼韵母相拼时读作 f，如"呼"、"花"、"昏"、"荒"等字的读音。

突破技巧：

首先掌握这两个音的发音要领。两者都是清擦音，区别只在发音部位上。f 是上齿轻轻接触下唇内缘形成阻碍，h 是舌面后部抬起来和软腭形成阻碍。反复发音，反复比较，仔细体会两者的不同。另外可以参照附录中的《f、h 常用字表》熟读、熟记。

（七）零声母

普通话一些零声母字在很多方言中读成了辅音声母字，主要表现在开口呼和合口呼零声母音节中。具体情况如下：

1. 普通话开口呼零声母音节，有的方言读成 ng[ŋ]声母，如"爱"读作 ngai、"欧"读作 ngou、"恩"读作 ngen 等；有的方言读成 n[n]声母，如"恶"读作 ne、"癌"读作 nai、"俺"读作 nan 等。

突破技巧：

去掉前面的声母，直接读开口呼韵母即可。

2. 合口呼零声母音节，很多方言读成了唇齿浊擦音[v]，或以[v]代 u，如"屋"读作 v、"外"读作 vai、"文"读作 ven 等。

突破技巧：

纠正这种读音的关键是发音时不要让上齿接触下唇，而是把双唇稍微靠拢一些（不需要像发单元音 u 那样圆），有轻微的摩擦。

四、声母训练

（一）zh、ch、sh 和 z、c、s 发音训练

1. zh、ch、sh 与 z、c、s 对比训练

单音节字对比训练

训练提示：每组单音节字的声调、韵母是相同的，声母平翘不同。练习时舌

头不要紧张,要及时除阻,着重体会舌尖的不同位置。

春——村	珠——租	战——暂	初——粗	插——擦
吵——草	摘——栽	山——三	臭——凑	主——阻
照——造	诗——私	迟——辞	师——司	商——桑
札——杂	张——臧	周——邹	终——宗	支——资
逐——足	宙——奏	啄——昨	柴——材	数——宿
戳——撮	折——则	水——髓	杀——仁	束——速
重——从	志——自	谆——尊	翅——刺	视——寺
撤——侧	生——僧	收——搜	支——资	中——综
致——字	转——钻	税——岁	事——四	吹——催
栓——酸	程——层	熟——俗	纱——撒	闪——伞
涮——蒜	树——肃	说——缩	只——紫	争——增

组合对比训练

训练提示:每个双音节词都是平翘的组合,注意及时调节舌尖的位置。

cíchǎng 磁场	suōshuǐ 缩水	zìzhì 自治	sùshè 宿舍	zàizhòng 载重	cuòzhé 挫折
zuòzhě 作者	suōshǐ 唆使	cánshí 蚕食	cóngzhòng 从众	zàoshēng 噪声	zànshí 暂时
zuòzhèn 坐镇	cānzhèng 参政	sùshuō 诉说	cāochǎng 操场	sūzhōu 苏州	sìchuān 四川
shéngsuǒ 绳索	chǐcùn 尺寸	zhìzuò 制作	shīzī 师资	chéngcái 成材	zhùcè 注册
chūncán 春蚕	shēnsī 深思	zhízé 职责	shūcài 蔬菜	zhùcáng 贮藏	shícè 实测
chācuò 差错	shàosuǒ 哨所	zhènzāi 赈灾	chēcì 车次	shúzuì 赎罪	chuáncāng 船舱

2. zh、ch、sh 与 z、c、s 难点音突破训练

训练提示:此处的难点音主要针对平翘舌声母和合口呼韵母相拼的音节。翘舌音声母字发音时首先要注意舌尖及时除阻,不要一直翘着;其次注意不要读作唇齿音[pf]、[pf‘]、[f]。平舌音声母字除了注意舌尖的位置,还要注意不要和 j、q、x 声母字混读。

zhū	chū	shū	chuǎng	zhuǎ	chuí	zhū	zhuāng
朱	出	书	闯	爪	垂	猪	桩

chuō 戳	chuán 船	zhuàn 篆	shū 叔	chūn 春	shǔ 黍	zhú 竹	zhuàn 赚
chún 纯	zhuāng 庄	shuān 闩	shū 输	shǔ 属	shuō 说	zhuàng 壮	zhuī 追
shǔ 鼠	shuāng 双	shuài 率	zhuài 拽	zhuǎn 转	chuāi 揣	zhǔn 准	zhuō 捉
zhuān 砖	zhǔ 煮	chù 畜	chuàn 串	shū 梳	shù 数	zhuā 抓	zhuī 椎
zhù 祝	zhū 珠	chū 初	chuǎn 喘	chuáng 床	chún 唇	chóng 虫	shù 树
shuān 栓	shuāng 霜	shuǐ 水	shùn 顺	shuì 睡	zhuō 桌	chú 锄	zhuī 锥
shǔ 暑	zhuàng 幢	shū 舒	chuí 槌	chuāng 疮	zhuàng 撞	shuàn 涮	zhǒng 肿
chuài 踹	chuò 啜	chǒng 宠	shuāi 衰	zhuō 拙	chuán 椽	zhū 诸	shù 庶
zuǐ 嘴	cuò 错	cuì 脆	cù 簇	zū 租	cún 存	cuō 搓	cuò 锉
sòng 诵	zuān 钻	suàn 蒜	sūn 孙	sǔn 损	cóng 从	zú 足	zuò 坐
sōng 松	suàn 算	zú 族	zūn 尊	zú 卒	cuì 翠	sǒng 耸	sù 诉
sù 速	cū 粗	sú 俗	zuò 做	sū 酥	zòng 粽	cùn 寸	suǒ 锁
suì 岁	sū 苏	suì 碎	zōng 宗	zǒng 总	cuī 摧	zuàn 攥	sòng 送
suǒ 所	sù 宿	suǒ 索	suī 虽	cù 促	zōng 棕	suì 穗	suō 缩
zǔ 阻	cóng 丛	zǔ 祖	cuō 撮	zuì 罪	sòng 宋	zuì 醉	sù 塑

3. 平翘舌绕口令训练

训练提示:本书的绕口令是为了把一种语音现象相对集中在一起以方便练习,因此不要求大家快读,而是放慢速度仔细体会发音技巧和方法,同时练习吐字发音和语言的节奏。

① 周昌栽树,苏轼乘凉,崇山峻岭,三春草长。

② 朱家一株竹,竹笋初长出。朱叔处处锄,锄出笋来煮。锄完不再出,朱叔

没笋煮,竹株干又枯。

③ 昆昆捆葱绳,葱绳捆得松。绳松葱捆松,捆松捆漏葱。昆昆拾葱捆葱绳,捆紧葱绳不掉葱。

④ 山前有个崔粗腿,山后有个崔腿粗,二人山前来比腿。不知是崔腿粗比崔粗腿的腿粗,还是崔粗腿比崔腿粗的腿粗。

⑤ 操场前面有三十三棵桑树,操场后面有四十四棵枣树。张三把三十三棵桑树认作枣树,赵四把四十四棵枣树认作桑树。

⑥ 山前有四十四棵死涩柿子树,山后有四十四只石狮子,山前的四十四棵死涩柿子树,涩死了山后的四十四只石狮子,山后的四十四只石狮子,咬死了山前的四十四棵死涩柿子树,不知是山前的四十四棵死涩柿子树涩死了山后的四十四只石狮子,还是山后的四十四只石狮子咬死了山前的四十四棵死涩柿子树。

(二) j、q、x 发音训练

1. j、q、x 难点音突破训练

训练提示:注意体会用舌面前阻碍气流,舌头不要紧张。

xīng 星	jiè 借	qiū 秋	jiān 尖	què 鹊	jié 捷	qiāng 枪	xiào 笑
xiàn 线	jiē 接	jiǎng 奖	qǔ 娶	jiě 姐	jiāo 焦	jí 集	xiū 羞
jiā 家	qǐ 起	xī 西	qiē 切	qiān 签	jì 祭	jié 截	jiāo 礁
xiē 歇	qí 畦	jiǎn 剪	jùn 峻	qī 凄	xī 锡	xǐ 洗	xiàn 腺
xié 邪	xīn 锌	xǐng 醒	xiù 绣	xuán 旋	xí 袭	xī 膝	xiān 纤
xiē 楔	xiáng 翔	xīn 薪	xīn 芯	xù 絮	jì 剂	què 雀	qiǎn 浅
jī 机	qín 琴	xiā 虾	jiū 揪	xiā 瞎	jiǔ 酒	xuán 玄	xiè 蟹
qiào 俏	xiāo 销	jǐn 紧	jiāo 交	qián 钳	xuān 喧	jiē 秸	jià 嫁
juān 捐	xiá 狭	xián 衔	xū 嘘	xiàn 陷	jué 掘	xián 嫌	xū 虚

jī	qióng	xuán	xī	xiá	xūn	jìng	qiào
基	穷	悬	溪	匣	薰	径	窍

2. j、q、x 与 zh、ch、sh 组合对比训练

训练提示：把 j、q、x 声母字读作近似于 zh、ch、sh 声母字，是近几年社会上尤其是大城市的青少年中出现的一种流行现象。读下面的双音节词语时，注意体会并且区分 j、q、x 和 zh、ch、sh 不同的发音部位。

chēxiāng 车厢	chúnjié 纯洁	shēnqǐng 申请	zhuānjiā 专家	shùxué 数学	zhuīqiú 追求
zhèxiē 这些	shèngxíng 盛行	chúnqíng 纯情	zhènjīng 震惊	chāqǔ 插曲	chūnqiū 春秋
zhāojià 招架	shuìjiào 睡觉	zhuānxiàng 专项	chàngxiāo 畅销	shénqí 神奇	shōuxiào 收效
jīngcháng 经常	qúnzhòng 群众	xuānchēng 宣称	jiàshǐ 驾驶	xuéshuō 学说	xúncháng 寻常
qīnshǒu 亲手	jiānzhí 兼职	xùshù 叙述	jūnzhǒng 菌种	qiánchéng 虔诚	jiānzhà 奸诈
xīnshǎng 欣赏	shòujiē 接受	jiāzhòng 加重	qiānzhèng 签证	qìchá 沏茶	xiéshāng 协商

3. j、q、x 与 z、c、s 组合对比训练

训练提示：体会两组声母在发音部位上的不同。读 j、q、x 声母字时，放松舌头，舌尖接触下齿背，让舌面前部和硬腭阻碍气流。

zìjǐ 自己	còuqiǎo 凑巧	cùjìn 促进	sòngxíng 送行	zuìxíng 罪行	sōngjìn 松劲
suíxiǎng 随想	zūjīn 租金	sānxiān 三鲜	cūxì 粗细	suíjí 随即	cānjiā 参加
cóngqián 从前	zúqiú 足球	cuòjué 错觉	sūxǐng 苏醒	zuòjiā 作家	cúnxīn 存心
qīngsuàn 清算	jiùzāi 救灾	jiāzuò 佳作	qiēcuō 切磋	xúnsi 寻思	xiūcí 修辞
jiézòu 节奏	xūsuì 虚岁	jiàzhí 价值	qìcái 器材	xiànzài 现在	qīnzì 亲自
xuèsè 血色	jiànzào 建造	qiáncáng 潜藏	xīnsuān 辛酸	qīngcí 青瓷	jízhōng 集中

4. j、q、x 与 g、k、h 组合对比训练

训练提示：体会两组声母不同的发音部位。j、q、x 的发音部位在口腔前面，g、k、h 的发音部位在口腔后面。

gēnjù 根据	hàoqí 好奇	gāoxiào 高校	hūxī 呼吸	huòqǔ 获取	guójiā 国家
kànjiàn 看见	gēqǔ 歌曲	kēxué 科学	kāngxī 康熙	kūqì 哭泣	kuàngjià 框架
huáijiù 怀旧	kōngqì 空气	héxīn 核心	gāoxìng 高兴	guóqìng 国庆	huàjù 话剧
jiégòu 结构	qíguān 奇观	xiūgǎi 修改	jiùhuǒ 救火	qīhēi 漆黑	xúnhuán 循环
jiànkāng 健康	qíngkuàng 情况	xīnkǔ 辛苦	jiāgōng 加工	qìguān 器官	xiàoguǒ 效果
jíhé 集合	qiánghuà 强化	xiéhuì 协会	jièkǒu 借口	qīkān 期刊	xīngkōng 星空

5. j、q、x 组合训练

训练提示：体会 j、q、x 的发音部位。

jùjué 拒绝	jiāngjūn 将军	quánjú 全局	qiānxùn 谦逊	qiānjū 迁居	xiēxī 歇息
jiāojí 焦急	xúnqiú 寻求	qīnjìn 亲近	xūxīn 虚心	jīngxǐng 惊醒	xiāngjiāo 香蕉
jīxiào 讥笑	qīngxìn 轻信	jiānxīn 艰辛	qíjì 奇迹	xùqǔ 序曲	xiānjìng 仙境
qíngjǐng 情景	jíxìng 急性	juéqǔ 攫取	xíjī 袭击	xīnxiōng 心胸	qiánqū 前驱
qìqiāng 气枪	jiājiǎng 嘉奖	jiéjìng 捷径	jiànjiē 间接	jiànxí 见习	xiàngjiāo 橡胶
xiūqiè 羞怯	jiéjiǎn 节俭	jìnjí 晋级	xiàxún 下旬	juéjìng 绝境	qīngxián 清闲

6. j、q、x 声母字绕口令训练

训练提示：不要求快速读，要注意区分 j、q、x 与 zh、ch、sh、z、c、s 的读音。同时注意吐字发音的技巧和节奏。

① 尖塔尖，尖杆尖，杆尖尖似塔尖尖，塔尖尖似杆尖尖。有人说杆尖比塔尖尖，有人说塔尖比杆尖尖。不知到底是杆尖比塔尖尖，还是塔尖比杆尖尖。

② 七巷一个漆匠，西巷一个锡匠。七巷漆匠用了西巷锡匠的锡，西巷锡匠拿了七巷漆匠的漆。七巷漆匠气西巷锡匠用了漆，西巷锡匠讥七巷漆匠拿了锡。请问锡匠和漆匠，谁拿谁的锡？谁偷谁的漆？

③ 试将四十四束极细极细的紫丝线,试织四十四只极细极细的紫狮子,细紫丝线试织细紫狮子,织细紫狮子用细紫丝线。

（三）n、l 发音训练

1. n、l 单字对比训练

训练提示:下面每组单音节字的韵母和声调都相同,注意体会两组声母鼻音、口音的不同。

泥——离　　年——连　　挠——劳　　念——链　　男——兰

娘——良　　牛——留　　聂——烈　　女——吕　　匿——力

浓——龙　　难——烂　　奈——赖　　纳——辣　　诺——落

2. n、l 组合对比训练

训练提示:每组双音节词都是 n、l 的组合,注意及时调整共鸣腔。

nènlǜ	nénglì	niánlíng	nèilì	nálái	nánlán
嫩绿	能力	年龄	内力	拿来	男篮

nàolíng	núlì	nánlíng	néngliàng	nónglì	nóngliè
闹铃	奴隶	南陵	能量	农历	浓烈

liúnián	lièníng	nèiliǎn	liúnóng	luònàn	liúniàn
流年	列宁	内敛	流脓	落难	留念

lànní	liáoníng	lèináng	liùniǎo	lìnián	luànná
烂泥	辽宁	泪囊	遛鸟	历年	乱拿

3. n、l 声母字绕口令训练

训练提示:不需要快读,目的是区分并掌握好 n、l 的发音。注意吐字发音和节奏。

① 老龙恼怒闹老农,老农恼怒闹老龙,龙怒龙恼农更怒,龙闹农怒龙怕农。

② 蓝教练是女教练,吕教练是男教练,蓝教练不是男教练,吕教练不是女教练。蓝南是男篮主力,吕楠是女篮主力,吕教练在男篮训练蓝南,蓝教练在女篮训练吕楠。

③ 牛牛要吃河边柳,妞妞护柳要赶牛,牛牛扭头瞅妞妞,妞妞扭牛牛更牛,牛牛要顶妞妞,妞妞捡起小石头,吓得牛牛扭头溜。

（四）r 发音训练

1. r 声母单音节字训练

训练提示:体会 r 的发音部位和发音方法。

ruì	rán	ràng	ruì	réng	rì	rén	róu
瑞	然	让	锐	仍	日	仁	揉

róu	rú	rán	róu	rě	ruò	rú	rèn
蹂	蠕	燃	柔	惹	弱	如	韧

rǔ	rèn	ruǎn	ráo	róng	ruò	rèn	róng
乳	纫	软	饶	容	若	任	绒

rèn	rǔ	rào	rèn	róng	rù	rǎng	rùn
认	辱	绕	饪	融	入	嚷	闰

2. r声母字组合对比训练

r——y

训练提示:注意体会发这两个音时舌尖的位置。r声母要翘舌尖,发 y 零声母音节时,舌尖轻抵下齿背。

rèyǐn	rìyè	róngyào	róngyè	rényuán	rúyì
热饮	日夜	荣耀	溶液	人员	如意

rényì	rùyǎn	róngyán	rìyì	ròuyǎn	rìyǔ
仁义	入眼	容颜	日益	肉眼	日语

rúyǎ	ròuyā	ràoyuǎn	róngyīng	ruìyì	rùnyuè
儒雅	肉鸭	绕远	荣膺	锐意	闰月

rǒngyuán	rényán	rènyòng	rùyào	róngyì	rèyuán
冗员	人言	任用	入药	容易	热源

r——l

训练提示:注意体会两个辅音不同的发音部位。r 的发音部位比 l 的发音部位稍微靠后。

rànglù	rénlèi	rènlǐng	rèliè	ránliào	rúlái
让路	人类	认领	热烈	燃料	如来

rénlún	rónglú	rèliàng	róulìn	rénlì	ruìlì
人伦	熔炉	热量	蹂躏	人力	锐利

lìrú	liángrè	làròu	lièrù	liáorào	lièrén
例如	凉热	腊肉	列入	缭绕	猎人

léiruò	láirì	lìrùn	lǘròu	lièrì	lìrèn
羸弱	来日	利润	驴肉	烈日	利刃

r——sh

训练提示:找准两个声母的发音部位。发音方法稍有不同,r 声母有摩擦,sh 声母没有摩擦。

rénshēng 人生	ránshāo 燃烧	rúshí 如实	rèshuǐ 热水	róngshù 榕树	rùshēng 入声
ruìshì 瑞士	ròushí 肉食	rènshi 认识	ráoshù 饶恕	rènshū 认输	rìshì 日式
shēnrù 深入	shēngrì 生日	shúrén 熟人	shèngrèn 胜任	shārén 砂仁	shōurù 收入
shuāiruò 衰弱	shòuròu 瘦肉	shūrù 输入	shīrùn 湿润	shānrán 潸然	shīrén 诗人

3. r 声母字绕口令训练

训练提示:读得速度不要快,主要体会 r 的发音技巧,以及与 l、零声母的区别。同时注意吐字发音和节奏。

① 老饶下班去染布,染出布来做棉褥。楼口儿有人拦住路,只许出来不许入。如若急着做棉褥,明日上午来送布。

② 尤大嫂去买肉,冉大妈去买油,尤大嫂买肉不买油,冉大妈买油不买肉。俩人集上碰了头,尤大嫂请冉大妈到家吃炖肉,冉大妈请尤大嫂去她家喝蜂蜜白糖加香油。

③ 夏日无日日亦热,冬日有日日亦寒,春日日出天渐暖,晒衣晒被晒褥单,秋日天高复云淡,遥看红日迫西山。

(五) f、h 发音训练

1. f、h 声母字对比训练

训练提示:每组的韵母和声调相同。注意体会声母的发音部位,尤其注意 h 与合口呼韵母相拼的音节。

防——黄	发——花	副——户	反——缓	费——绘
分——昏	凡——环	房——黄	伏——湖	妨——航
夫——呼	风——哄	富——互	飞——灰	愤——混

2. 组合对比训练

训练提示:注意体会两个辅音不同的发音部位,发 f 时,上齿要靠近下唇;发 h 时,上齿和下唇不能有接触。

fúhé 符合	fénghé 缝合	fāhuī 发挥	hòufāng 后方	fánghù 防护	huòfú 祸福
fánhuá 繁华	fùhé 复合	fènghuáng 凤凰	fùhè 负荷	fēnhuà 分化	héféi 合肥

huàfēn	héfāng	huīfù	hèfà	fúhào	huāfěn
划分	何方	恢复	鹤发	符号	花粉

hàofèi	huànfā	héfàn	huàféi	hāfú	hòufēi
耗费	焕发	盒饭	化肥	哈佛	后妃

3. f、h 声母字绕口令训练

训练提示:速度不要快,着重区分两个声母的发音部位,吐字清楚,有节奏感。

① 一堆粪,一堆灰,灰混粪,粪混灰。

② 风吹灰飞,灰飞花上花堆灰。风吹花灰灰飞去,灰在风里飞又飞。

③ 笼子里有三凤,黄凤红凤粉红凤。忽然黄凤啄红凤,红凤反嘴啄黄凤,粉红凤帮啄黄凤。你说是红凤啄黄凤,还是黄凤啄红凤。

④ 丰丰和芳芳,上街买混纺。红混纺,粉混纺,黄混纺,灰混纺,红花混纺做裙子,粉花混纺做衣裳。红、粉、灰、黄花样多,五颜六色好混纺。

附录一：

zh、ch、sh 和 z、c、s 对照辨音字表

说明:数字表示声调,①是阴平,②是阳平,③是上声,④是去声。黑体字是代表字,记住代表字可以类推许多同偏旁的字。

声母 例字 韵母	zh	z
a	①扎驻~ 渣②闸铡扎挣~ 札信~ ③眨④乍诈炸榨蚱栅	①扎包~ 匝②杂砸
e	①遮②折哲辙③者 ④蔗浙这	②泽择责则
u	①朱珠株蛛诸猪②竹烛逐③主煮嘱④住驻注柱蛀贮祝铸筑著箸	①租②族足卒③组阻祖
-i	①之芝支枝肢知蜘汁只织脂②直值植殖侄执职③止址趾旨纸只④至致室志治质帜挚掷秩置滞制智稚痔	①兹滋孳姿咨资孜觜缁辎③子仔籽梓滓紫④字自恣渍
ai	①摘斋②宅③窄④寨债	①灾哉栽③宰载④再在载~重
ei		②贼
ao	①昭招朝②着③找爪沼④召照赵兆罩	①遭糟②凿③早枣澡④造皂灶躁燥
ou	①州洲舟周粥②轴③帚肘④宙昼咒骤皱	①邹③走④奏揍
ua	①抓	
uo	①桌捉拙卓②着酌灼浊镯啄琢	①作~坊②昨③左④坐座作柞祚做
ui	①追锥④缀赘坠	③嘴④最罪醉

（续表）

声母　　例字　　韵母	zh	z
an	①沾毡粘③盏展斩④占战站栈绽蘸	①簪②咱③攒④赞暂
en	①贞侦祯桢真③诊疹枕缜④振震阵镇	③怎
ang	①张章彰樟③长涨掌④丈仗杖帐涨障瘴	①赃脏航~④葬藏脏
eng	①正~月征争挣睁筝③整拯④正证政症郑	①曾憎增缯④赠
ong	①中钟盅忠衷终③肿种~子④中打~仲种~植重众	①宗综棕踪鬃③总④纵粽
uan	①专砖③转④传转~动撰篆赚	①钻③纂④钻~石
un	③准	①尊遵
uang	①庄桩装妆④壮状撞	

声母　　例字　　韵母	ch	c
a	①叉杈插差~别②茶搽查察③衩②岔诧差~错	①擦嚓
e	①车③扯④彻撤掣	④册策厕侧测恻
u	①出初②除厨橱锄躇刍雏③楚础杵储处~分④畜触憷处	①粗④卒仓~猝促醋簇
-i	①吃痴嗤②池弛迟持匙③尺齿侈哆豉④斥炽翅赤叱	①疵差参~②雌辞词祠瓷慈磁③此④次伺刺赐
ai	①差拆钗②柴豺	①猜②才财材裁③采彩踩④菜蔡

（续表）

声母 例字 韵母	ch	c
ao	①抄钞超②朝潮嘲巢③吵炒	①操糙②曹漕嘈槽③草
ou	①抽②仇畴筹踌绸稠酬愁③瞅丑④臭	④凑
uo	①踔戳④绰~号辍掇啜	①搓蹉撮④措错挫锉
uai	③揣④踹	
ui	①吹炊②垂捶锤槌	①崔催摧④萃悴淬瘁翠粹脆
an	①挽掺②禅蝉谗馋潺缠蟾③产铲阐④忏颤	①餐参②蚕残惭③惨④灿
en	①琛嗔②辰宸晨沉忱陈臣④趁衬称相~	①参~差②岑
ang	①昌猖娼伥②常嫦尝偿场肠长③厂场敞氅④倡唱畅怅	①仓苍沧舱②藏
eng	①称撑②成诚城盛~水呈程承乘澄橙惩③逞骋④秤	②曾层④蹭
ong	①充冲春②重虫崇③宠	①匆葱囱聪②从丛淙
uan	①川穿②船传椽③喘④串钏	①蹿④窜篡
un	①春椿②唇纯淳醇③蠢	①村②存③忖④寸
uang	①窗疮创~伤②床③闯④创~造	

声母 例字 韵母	sh	s
a	①沙纱砂痧杀杉③傻④煞厦大~	①撒③洒撒~种④卅萨飒
e	①奢赊②舌蛇③舍④社舍射麝设摄涉赦	④色瑟啬涩塞

韵母 ＼ 例字 ＼ 声母	sh	s
u	①书梳疏蔬殊**叔**淑输抒纾舒枢②**孰**塾赎③暑署薯曙鼠数属黍④树竖术述束漱恕数	①苏酥②俗④**素**塑诉肃粟**宿**速
-i	①尸师狮失施诗湿**虱**②十什拾石时识实食蚀③**史**使驶始屡矢④世势誓逝市示事是视室适饰士仕氏恃**式**试拭轼弑	①司私**思斯丝**鸶③死④**四肆似**寺
ai	①筛④晒	①腮鳃塞④塞要~赛
ao	①捎**稍**艄烧②勺芍杓韶③少④少哨绍邵	①臊骚搔③扫嫂④扫臊害~
ou	①收②熟③手首守④受授寿售兽瘦	①溲馊嗖搜飕艘③**叟**擞④嗽
ua	①**刷**③耍	
uo	①说④硕烁朔	①缩娑蓑梭**唆**③所**琐**琐索
uai	①衰③甩④帅率蟀	
ui	②谁③水④税睡	①虽尿②绥隋随③髓④岁碎穗遂隧燧
an	①山舢衫删姗**珊**栅珊③闪陕④扇**善**缮膳擅赡	①三叁③伞**散**~文④散
en	①**申**伸呻身深参人~②神③沈审婶④慎肾甚渗	①森
ang	①商墒伤③坍晌赏④上尚	①桑丧~事③嗓④丧
eng	①**生**牲笙甥升声②绳③省④圣胜盛剩	①僧
ong		①**松**③悚④送宋颂诵
uan	①拴栓④涮	①**酸**③算蒜
un	④顺	①**孙**④笋损
uang	①双霜③爽	

附录二：

zh、ch、sh 和 z、c、s 声母字偏旁类推表

zh 声母

丈——zhàng 丈、仗、杖。

专——zhuān 专、砖，zhuǎn 转（转身、转达），zhuàn 转（轮子转动）、传（传记）、啭。（传又念 chuán〔宣传〕）

支——zhī 支、枝、肢。

止——zhǐ 止、芷、址、趾。

中——zhōng 中（中央）、忠、钟、盅、衷，zhǒng 种（种子）、肿，zhòng 中（打中、中暑）、种（种植）、仲。（冲念 chōng〔冲锋〕，又念 chòng〔冲床、冲劲儿〕）

长——zhāng 张，zhǎng 长（生长、班长）、涨（涨潮），zhàng 胀（膨胀）、帐、涨。（长又念 cháng〔长短、特长〕）

主——zhǔ 主、拄，zhù 住、注、炷、柱、砫、驻、蛀。

正——zhēng 正（正月）、怔、征、症（症结），zhěng 整，zhèng 正、证、政、症。（惩念 chéng）

占——zhān 沾、毡、粘（粘贴标语），zhàn 占（占据）、战、站。（砧念 zhēn；钻念 zuān〔钻研〕，又念 zuàn〔钻石〕）

只——zhī 只（两只手、只身）、织，zhí 职，zhǐ 只（只有）、帜。（识念 shí〔识别〕，炽念 chì）

召——zhāo 招、昭，zhǎo 沼，zhào 召（号召）、诏、照。（召又念 shào〔姓〕）

执——zhí 执，zhì 贽、挚、鸷；zhé 蛰。

至——zhí 侄，zhì 至、郅、致、窒、蛭。

贞——zhēn 贞、侦、祯、桢、帧。

朱——zhū 朱、诛、侏、洙、茱、珠、株、铢、蛛。（殊念 shū）

争——zhēng 争、挣（挣扎）、峥、狰、铮、睁、筝，zhèng 诤、挣（挣脱）。

志——zhì 志、痣。

折——zhē 折（折跟头），zhé 折（折磨）、哲、蜇（海蜇），zhè 浙。（折又念 shé〔棍子折了〕，誓念 shì）

者——zhě 者、赭；zhū 诸、猪、潴，zhǔ 渚、煮，zhù 著、箸。（楮、储、褚念 chǔ）

直——zhí 直、值、植、殖（繁殖），zhì 置。

知——zhī 知、蜘，zhì 智。（痴念 chī）

珍——zhēn 珍，zhěn 诊、疹。（趁念 chèn）

真——zhēn 真，zhěn 缜，zhèn 镇。（慎念 shèn）

振——zhèn 振、赈、震。（辰、宸、晨念 chén）

章——zhāng 章、漳、彰、獐、嫜、璋、樟、蟑（蟑螂），zhàng 障、嶂、幛、瘴。

啄——zhuō 涿，zhuó 诼、啄、琢、椓。

ch 声母

叉——chā 叉（鱼叉）、杈，chá 叉（叉住），chǎ 叉（叉开）、衩（裤衩），chà 杈（树杈）、衩（衣衩）；chāi 钗。

斥——chì 斥；chè 坼；chāi 拆（拆信）。

出——chū 出，chǔ 础，chù 绌、黜。

池——chí 池、弛、驰。

产——chǎn 产、浐、铲。

场——cháng 场（场院）、肠，chǎng 场（会场），chàng 畅。

成——chéng 成、诚、城、盛（盛东西）。

抄——chāo 抄、吵（吵吵）、钞，chǎo 吵（吵架）、炒。

辰——chén 辰、宸、晨；chún 唇。

呈——chéng 呈、程、酲，chěng 逞。

昌——chāng 昌、阊、菖、猖、锠、鲳，chàng 倡、唱。

垂——chuí 垂、陲、捶、棰、锤、箠。

叕——chuò 惙、啜、辍。

春——chūn 春、椿，chǔn 蠢。

除——chú 除、滁、蜍、篨。

绸——chóu 惆（惆怅）、绸、稠。

谗——chān 搀，chán 谗、馋。

朝——cháo 朝（朝前、朝鲜）、潮、嘲（嘲笑）。

揣——chuāi 揣（揣在怀里），chuǎi 揣（揣测）；chuǎn 喘。

筹——chóu 俦、畴、筹、踌（踌躇）。

厨——chú 厨、橱、蹰（踟蹰）。

sh 声母

山——shān 山、舢,shàn 汕、疝。

少——shā 沙(沙土)、莎、纱、痧、砂、裟、鲨,shà 沙(沙一沙,动词);shǎo 少(少数),shào 少(少年)。(娑念 suō)

市——shì 市、柿、铈。

申——shēn 申、伸、呻、绅、砷,shén 神、钟,shěn 审、谂、婶。

生——shēng 生、牲、胜、笙、甥,shèng 胜(胜利)。

召——sháo 苕(红苕)、韶,shào 召(姓)、邵(姓)、劭、绍。

式——shì 式、试、拭、轼、弑。

师——shī 师、浉、狮;shāi 筛。(蛳念 sī)

抒——shū 抒、纾、舒。

诗——shī 诗,shí 时、埘、鲥,shì 侍、恃。(寺念 sì)

叔——shū 叔、淑、菽。

尚——shǎng 赏,shàng 尚,shang 裳(衣裳)。(徜念 cháng〔徜徉〕)

受——shòu 受、授、绶。

舍——shá 啥;shē 猞(猞猁),shě 舍(舍己救人),shè 舍(宿舍)。

刷——shuā 刷,shuà 刷(刷白);shuàn 涮。

珊——shān 删、姗、珊、栅(栅极)、蹒(蹒跚)。(册念 cè,栅又念 zhà〔栅栏〕)

扇——shān 扇(动词)、煽,shàn 扇(扇子、两扇窗)。

捎——shāo 捎、梢、稍(稍微)、筲、艄、鞘(鞭鞘),shào 哨、稍(稍息)。(鞘又念 qiào〔刀鞘〕)

孰——shú 孰、塾、熟。

率——shuāi 摔,shuài 率(率领)、蟀(蟋蟀)。(率又念 lǜ〔效率〕)

善——shàn 善、鄯、缮、膳、蟮(曲蟮)、鳝。

暑——shǔ 暑、署、薯、曙。

z 声母

子——zī 孜,zǐ 子、仔(仔细)、籽。

匝——zā 匝,zá 砸。

宗——zōng 宗、综(综合)、棕、踪、鬃,zòng 粽。

卒——zú 卒(小卒);zuì 醉。

责——zé 责、啧、帻、箦。

兹——zī 兹（兹定于）、滋、孳。

祖——zū 租，zǔ 诅、阻、组、祖、俎。

资——zī 咨、姿、资、赼，zì 恣。

造——zào 造。（糙念 cāo）

尊——zūn 尊、遵、樽。

曾——zēng 曾（姓）、憎、增、缯，zèng 赠。（曾又念 céng〔曾经〕）

赞——zǎn 攒（积攒）、趱，zàn 赞。

澡——zǎo 澡、藻，zào 噪、燥、躁。

c 声母

才——cái 才、材、财。（豺念 chái）

寸——cūn 村，cǔn 忖，cùn 寸。

仓——cāng 仓、伧（伧俗）、沧、苍、鸧、舱。（伧又念 chen〔寒伧〕，创、怆、疮的声母为 ch）

从——cōng 苁、枞（枞树），cóng 从（服从、从事）、丛。

此——cī 疵，cǐ 此。

采——cǎi 采（采茶、采访）、彩、睬、踩，cài 采（采地）、菜。

参——cān 参（参观），cǎn 惨；cēn 参（参差）。（参又念 shēn〔人参〕，渗念 shèn）

挫——cuò 挫、锉。

曹——cáo 曹、漕、嘈、槽、螬。

崔——cuī 崔、催、摧，cuǐ 璀。

窜——cuān 撺、蹿，cuàn 窜。

差——cī 差（参差）；cuō 搓、磋。（差又念 chā〔差别〕，chà〔差不多〕；chāi〔出差〕）

慈——cí 慈、鹚、糍。

粹——cù 猝；cuì 淬、悴、萃、啐、瘁、粹、翠。

蔡——cā 擦、嚓（象声词）；cài 蔡。（察念 chá）

醋——cù 醋；cuò 措、错。

s 声母

四——sì 四、泗、驷。

司——sī 司，sì 伺（伺敌）、饲、嗣。

孙——sūn 孙、荪、狲（猢狲）。

松——sōng 松（惺松）、菘、淞，sòng 颂。（松又念 zhōng〔伀松〕）

思——sāi 腮、鳃；sī 思、锶。

叟——sǎo 嫂；sōu 溲、搜、嗖、锼、飕、螋、艘。（瘦念 shòu）

素——sù 素、愫、嗉。

唆——suān 酸；suō 唆、梭。

桑——sāng 桑，sǎng 搡、嗓、颡。

遂——suí 遂（半身不遂），suì 遂（遂心）、隧、燧、邃。

散——sā 撒（撒手），sǎ 撒（撒种）；sǎn 散（散漫）、馓，sàn 散（散会）。

斯——sī 斯、厮、澌、撕、嘶。

锁——suǒ 唢（唢呐）、琐、锁。

附录三：

3500 个常用字中的 55 个 r 声母字

ran	② 然燃　③ 染
rang	① 嚷　② 瓤　③ 壤嚷攘　④ 让
rao	② 饶　③ 扰　④ 绕
re	③ 惹　④ 热
ren	② 人仁任　③ 忍　④ 刃认任纫韧
reng	① 扔　② 仍
ri	④ 日
rong	② 荣绒容溶融蓉茸熔榕　③ 冗
rou	② 柔揉蹂　④ 肉
ru	② 如儒蠕　③ 乳辱　④ 入褥
ruan	③ 软
rui	③ 蕊　④ 锐瑞
run	④ 润闰
ruo	④ 若弱

注:序号表示声调。

附录四：

f、h 声母字偏旁类推表

f 声母

发——fā 发(～达)，fà 发(理～)；fèi 废。

伐——fá 伐、阀、筏。

乏——fá 乏；fàn 泛。

番——fān 番、蕃、藩、翻。

凡——fán 凡、矾、钒，fān 帆。

反——fǎn 反、返，fàn 饭、贩、畈。

方——fāng 方、芳、坊(埠～)，fáng 防、妨、房，fǎng 访、仿、纺、舫，fàng 放。

非——fēi 非、菲、啡、扉、霏、蜚、绯，fěi 诽、斐、翡、菲(～薄)，fèi 痱。

分——fēn 分、芬、吩、纷，fěn 粉，fèn 份、忿。

风——fēng 风、枫、疯，fěng 讽。

蜂——fēng 蜂、峰、烽、锋。

夫——fū 夫、肤、麸，fú 芙、扶。

孚——fú 孚、俘、浮，fū 孵。

弗——fú 弗、佛(仿～)、拂；fó 佛(～教)；fèi 沸、费、狒。

伏——fú 伏、袱、茯。

福——fú 福、幅、辐、蝠，fù 副、富。

甫——fǔ 甫、辅，fū 敷，fù 傅、缚。

付——fù 付、附、驸，fú 符，fǔ 府、俯、腑、腐，fu 咐(吩～)。

父——fù 父，fǔ 斧、釜。

复——fù 复、腹、馥、覆。

h 声母

禾——hé 禾、和(他～她)，hè 和(～诗)；huò 和(～面)。

红——hóng 红、虹、鸿。

洪——hóng 洪，hōng 哄(～动)、烘，hǒng 哄(～骗)，hòng 哄(起～)。

乎——hū 乎、呼、滹。

忽——hū 忽、惚、唿。

胡——hú 胡、湖、葫、猢、瑚、糊（～涂）。

狐——hú 狐、弧。

虎——hǔ 虎、唬、琥。

户——hù 户、沪、护。

化——huà 化、华（姓～）、桦，huā 花、哗（～啦），huá 华、哗、铧，huò 货。

话——huà 话，huó 活。

坏——huài 坏，huái 怀。

还——huán 还（归～）、环；hái 还（～是）。

奂——huàn 奂、涣、焕、换、唤、焕、痪。

荒——huāng 荒、慌，huǎng 谎。

皇——huáng 皇、凰、湟、惶、徨、蝗。

黄——huáng 黄、璜、潢、磺、簧。

晃——huǎng 晃（～眼）、恍、幌，huàng 晃（摇～）。

灰——huī 灰、恢、诙。

挥——huī 挥、辉；hūn 荤，hún 浑。

回——huí 回、茴、蛔；huái 徊。

悔——huǐ 悔，huì 诲、晦。

会——huì 会、绘、烩。

惠——huì 惠、蕙。

昏——hūn 昏、阍、婚。

混——hùn 混，hún 馄。

火——huǒ 火、伙。

或——huò 或、惑。

附录五：

n、l 声母字偏旁类推表

n 声母

那——nǎ 哪，nà 那；nuó 挪、娜（婀娜）。

乃——nǎi 乃、奶、氖。

奈——nài 奈、萘；nà 捺。

南——nán 南、喃、楠。

脑——nǎo 脑、恼、瑙。

内——nèi 内；nè 讷；nà 呐、纳、钠、衲。

尼——ní 尼、泥、呢（～绒），伲、nì 泥（拘～）。

倪——ní 霓、猊。

念——niàn 念，niǎn 捻。

捏——niē 捏，niè 涅。

聂——niè 聂、蹑、嗫、镊。

宁——níng 宁、拧、咛、狞、柠，nìng 宁（～可）、泞。

纽——niǔ 纽、扭、忸，niū 妞。

农——nóng 农、浓、脓、侬。

奴——nú 奴、孥、驽，nǔ 努、弩，nù 怒。

诺——nuò 诺、喏；nì 匿。

懦——nuò 懦、糯。

虐——nüè 虐、疟。

l 声母

剌——là 剌、辣，lǎ 喇；lài 赖、癞、籁。

腊——là 腊、蜡；liè 猎。

兰——lán 兰、拦、栏，làn 烂。

蓝——lán 蓝、篮，làn 滥。

览——lǎn 览、揽、缆、榄（橄～）。

老——lǎo 老、佬、姥。

劳——láo 劳、痨、崂、唠(～叨),lāo 捞,lào 涝。

乐——lè 乐;lì 砾。

垒——lěi 垒。

累——lèi 累;luó 骡、螺,luò 漯、摞。

雷——léi 雷、擂、镭,lěi 蕾。

离——lí 离、漓、篱,li 璃(玻～)。

里——lǐ 里、理、鲤,lí 厘、狸;liàng 量。

力——lì 力、荔;liè 劣;lèi 肋;lè 勒。

历——lì 历、沥、坜、呖、枥。

立——lì 立、粒、笠;lā 拉、垃、啦。

厉——lì 厉、励、蛎、疠。

利——lì 利、俐、痢、莉,lí 梨、犁、蜊,li 蜊(蛤～)。

连——lián 连、莲、涟、鲢,liǎn 琏,liàn 链。

廉——lián 廉、濂、镰。

脸——liǎn 脸、敛,liàn 裣、殓、潋。

炼——liàn 练、炼。

恋——liàn 恋;luán 娈、孪、鸾、滦。

良——liáng 良、粮;láng 郎、廊、狼、琅,lǎng 朗,làng 浪,lang 螂(蟑～)。

凉——liáng 凉,liàng 谅、晾;lüè 掠。

梁——liáng 梁、粱。

两——liǎng 两、俩(伎～)、魉,liàng 辆;liǎ 俩(咱～)。

鳞——lín 鳞、嶙、磷、麟。

菱——líng 菱、凌、陵;léng 棱。

令——lìng 令,líng 伶、玲、聆、零、龄,lǐng 岭、领、令(一～纸);lín 邻;lěng 冷;lián 怜。

龙——lóng 龙、咙、聋、笼、胧,lǒng 陇、垄、拢。

隆——lóng 隆,long 窿(窟～)。

娄——lóu 娄、喽、楼,lǒu 搂、篓;lǚ 缕、屡。

流——liú 流、琉、硫。

留——liú 留、馏、榴、瘤,liū 溜。

柳——liǔ 柳，liáo 聊。

卢——lú 卢、泸、颅、鲈、轳。

鲁——lǔ 鲁、橹。

录——lù 录、禄、碌；lǜ 绿、氯。

鹿——lù 鹿、漉、麓、辘。

路——lù 路、露、潞、璐；lòu 露（～脸）。

仑——lún 仑、伦、沦、轮，lūn 抡，lùn 论。

罗——luó 罗、逻、箩、锣。

洛——luò 洛、落、络、骆；lào 烙、酪；lüè 略。

吕——lǚ 吕、侣、铝。

虑——lù 虑、滤。

戮——lù 戮。

林——lín 林、淋、琳、霖；lán 婪。

列——liè 列、烈、裂，liě 咧；lì 例。

第三节　普通话的韵母

韵母，指音节中声母后面的部分。普通话的韵母共有 39 个，主要由元音构成，如："pǔ"（普）、"huà"（话）这两个音节中的"u"、"uɑ"分别是它们的韵母；也有的由元音分别和鼻辅音 n、ng 一起构成，如"yùn"（韵）、"tōng"（通）这两个音节中的"ün"、"ong"分别是它们的韵母。韵母在吐字发音时占了一个音节的大部分，声音较声母响亮，时值也长，尤其能体现出音节的标准程度。

一、韵母的分类

普通话的韵母可以从以下两个角度分类：

（一）按韵母结构，可以分为三类：单元音韵母、复元音韵母和带鼻音韵母

单元音韵母：由一个元音构成的韵母，也称"单韵母"。普通话有 10 个单韵母：ɑ、o、e、ê、i、u、ü、-i[ɿ]、-i[ʅ]、er。

　　复元音韵母:由两个或三个元音复合而成的韵母,也称"复韵母"。普通话有 13 个复韵母:ai、ei、ao、ou、ia、ie、ua、uo、üe、iao、iou、uai、uei。

　　带鼻音韵母:由元音加鼻辅音构成的韵母,也称"鼻韵母"。普通话有 16 个鼻韵母:an、en、in、ün、ian、uan、üan、uen、ang、eng、ing、ong、iang、uang、ueng、iong。

　　(二)按韵母开头元音的发音口形,可以分为四类:开口呼、齐齿呼、合口呼、撮口呼,简称"四呼"

　　开口呼:韵母不是 i、u、ü 和不以 i、u、ü 起头的韵母属于开口呼。普通话有 15 个韵母属于开口呼:a、o、e、ê、-i[ɿ]、-i[ʅ]、er、ai、ei、ao、ou、an、en、ang、eng。

　　齐齿呼:i 或以 i 起头的韵母属于齐齿呼。普通话有 9 个韵母属于齐齿呼:i、ia、ie、iao、iou、in、ian、ing、iang。

　　合口呼:u 或以 u 起头的韵母属于合口呼。普通话有 10 个韵母属于合口呼:u、ua、uo、uai、uei、uan、uen、ong、uang、ueng。

　　撮口呼:ü 或以 ü 起头的韵母属于撮口呼。普通话有 5 个韵母属于撮口呼:ü、üe、ün、üan、iong[yŋ]。

　　判定"四呼",不能以韵母开头字母的书写形式为依据,而要以韵母的实际发音为依据。

普通话韵母总表

		开口呼	齐齿呼	合口呼	撮口呼
单韵母		-i[ɿ]　-i[ʅ]	i[i]	u[u]	ü[y]
		a[A]	ia[iA]	ua[uA]	
		o[o]		uo[uo]	
		e[ɤ]			
		ê[ɛ]	ie[iɛ]		üe[yɛ]
		er[ɚ]			
复韵母		ai[ai]		uai[uai]	
		ei[ei]		uei[uei]	
		ao[au]	iao[iau]		
		ou[ou]	iou[iou]		
鼻韵母		an[an]	ian[ian]	uan[uan]	üan[yɛn]
		en[en]	in[in]	uen[uən]	ün[yn]
		ang[aŋ]	iang[iaŋ]	uang[uaŋ]	
		eng[əŋ]	ing[iŋ]	ueng[uəŋ]	
				ong[uŋ]	iong[yŋ]

二、韵母的发音

（一）单元音韵母的发音要领

单元音韵母的发音就是单元音的发音，发音要领可以概括为：发音时舌位、唇形、开口度始终不变，否则就成了复合元音；全部从口腔出气流，都是口音，不能夹带任何鼻音色彩，否则就成了鼻化元音。

舌位是指舌面隆起的最高点。唇形指发音时嘴唇形状的圆展程度。开口度是指口腔开合的程度。

普通话中的单元音韵母分为两大类：舌面元音单韵母和舌尖元音单韵母。

1. 舌面元音单韵母

舌面元音发音时，舌位出现在舌面上，用舌面来节制气流。普通话的舌面元音有七个：α、o、e、ê、i、u、ü。舌面元音的不同主要是由不同的舌位及口形造成的。舌位可前可后可高可低，唇形可圆可不圆。舌位的高低前后、唇形的圆展、口腔的开合都可以造成不同形状的口部共鸣腔，从而形成各种不同音色的元音，我们可以从这三个方面来观察它们的发音特点。

第一，看舌位的高低。舌位的降低和抬高同开口度的大小有关。舌位高指的是舌头的最高隆起点和上腭的距离近；舌位低指的是舌头的最高隆起点和上腭的距离远。因此舌位越高开口度越小；舌位越低，开口度越大。根据舌位的高低和开口度的大小可以把普通话的元音分为高元音（闭元音）i、u、ü；半高元音（半闭元音）e、o；半低元音（半开元音）ê；低元音（开元音）α。

第二，看舌位的前后。可以分为前元音 i、ü、ê；央元音 α[A]；后元音 u、o、e[ɤ]。

前元音发音时舌尖轻轻抵住下齿背，舌面前部隆起对着硬腭的前部，发音的作用点在口腔的前部；后元音发音时舌身微微后缩，舌尖离开下齿背，舌根部对着软腭，发音作用点在口腔后部。央元音发音时，舌高点居于口腔中部，不前不后，发音作用点在口腔中部。

第三，看唇形的圆展。可以分为圆唇元音 u、ü、o；不圆唇元音 α、e、ê、i。唇形的圆展是相对而言的，嘴角有往中间撮的感觉就是圆唇的，嘴角向两边稍咧，就是展唇的。

以上三个方面综合起来，用《舌面元音舌位唇形图》表示如下：

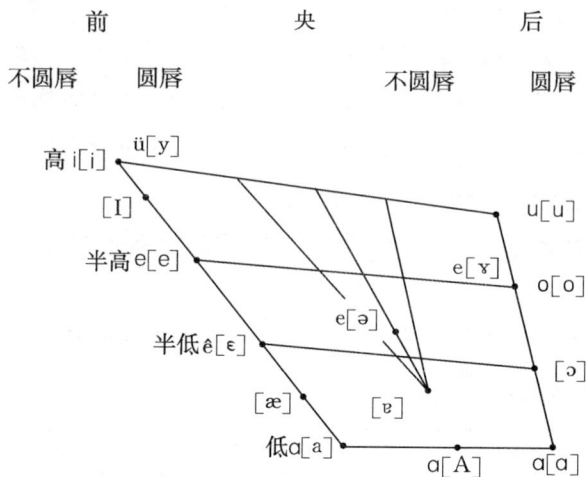

以下逐一分析舌面元音单韵母的发音要领。

a[A]　舌面央低不圆唇元音

发音要领：口腔打开，尤其是后声腔要充分打开（不能夸张，像半打呵欠的样子），舌身平铺在口腔下部，舌尖接触下齿背，舌面中部微微隆起，双唇自然展开。发音时，软腭上升关闭鼻腔通路，颤动声带的气流和音波从口腔的上半部分发出。

发音例字：

dá	kǎ	cā	là	chá	fǎ	mā	bǎ
答	咯	擦	辣	察	法	抹	把
pá	nà	zhá	tà	shā	zā	sǎ	hā
扒	捺	轧	沓	纱	扎	洒	哈

o[o]　舌面后半高圆唇元音

发音要领：上下唇自然拢圆，但嘴唇不要前突，舌体后缩，舌尖微微离开下齿背，舌位在口腔后部，后声腔打开，整个口腔呈圆柱状。发音时，软腭上升关闭鼻腔通路，颤动声带的气流和音波从口腔的上半部分发出。

发 o 时，一定注意不要出现动程，否则就发成复元音 uo 了。

发音例字：

bó	mǒ	pò	bō	bó	bǒ	bó	pō
驳	抹	迫	播	帛	跛	薄	泊

fó	mò	bō	pō	mò	pó	pǒ	mó
佛	墨	钵	颇	沫	婆	叵	模

e[ɤ]　舌面后半高不圆唇元音

发音要领：口腔半闭，唇角向两边微微展开，舌体后缩，舌尖微微离开下齿背，舌位在口腔后部，后声腔打开。发音时，软腭上升关闭鼻腔通路，颤动声带的气流和音波从口腔的上半部分发出。

发音例字：

dé	zhè	shě	cè	shé	gē	zhě	hé
德	浙	舍	册	折	割	者	颌
kē	hè	ké	lè	rě	hē	zè	chē
磕	赫	壳	勒	惹	呵	仄	车

ê[ɛ]　舌面前半低不圆唇元音

发音要领：口腔半开，舌位前半低，舌尖轻抵住下齿背，嘴角向两边微微展开，舌位在口腔前部。发音时，软腭上升关闭鼻腔通路，颤动声带的气流和音波从口腔的上半部分发出。

在普通话中除语气词"欸"念 ê 外，其它情况下 ê 不能独立构成音节，只能与元音 i、ü 构成复韵母 ie、üe。

i[i]　舌面前高不圆唇元音

发音要领：口腔开度很小，唇形呈扁平状，嘴角向两边展开（像微笑状），舌尖接触下齿背，舌位在口腔前部。发音时，软腭上升关闭鼻腔通路，颤动声带的气流和音波从口腔的上半部分发出。

发音例字：

tī	dí	bǐ	bì	bī	dì	jī	nǐ
踢	敌	笔	痹	逼	递	积	拟
jǐ	jí	yì	pǐ	qī	mí	yǐ	nì
脊	即	译	匹	沏	迷	乙	溺

u[u]　舌面后高圆唇元音

发音要领：双唇收拢成圆形，略向前突出（像吹气的动作），舌体后缩，舌尖离开下齿背，舌位在口腔后部，打开后声腔。发音时，软腭上升关闭鼻腔通路，颤动声带的气流和音波从口腔的上半部分发出。

发音例字：

bǔ	chù	zú	tū	fú	cù	rú	kū
补	畜	足	凸	幅	促	儒	窟

nǔ	mù	lǔ	hú	gǔ	shū	dú	pǔ
弩	暮	卤	弧	骨	疏	读	谱

ü［y］ 舌面前高圆唇元音

发音要领:嘴角微微向中间撮,舌尖抵住下齿背,舌位在口腔前部。发音时,软腭上升关闭鼻腔通路,颤动声带的气流和音波从口腔的上半部分发出。

发音例字:

lǜ	yǔ	xū	jù	xǔ	jū	jǔ	qū
氯	禹	戌	踞	许	拘	矩	祛

yú	qù	yū	qú	lǚ	jú	xù	nǚ
隅	趣	淤	渠	捋	菊	絮	女

2. 舌尖元音单韵母

舌尖元音发音时主要是舌尖起作用,用舌尖节制气流,音色由舌尖活动的前后和唇形的圆展决定。普通话中有三个舌尖元音:舌尖前元音-i［ɿ］、舌尖后元音-i［ʅ］和卷舌元音 er［ɚ］。

-i［ɿ］ 舌尖前不圆唇元音

发音要领:口略开,嘴角向两边展开,舌尖接近上齿背,气流通路狭窄,但不发生摩擦。发音时,软腭上升关闭鼻腔通路,颤动声带的气流和音波从口腔的上半部分发出。

在普通话中,-i［ɿ］不能单独构成音节,只能跟 z、c、s 三个声母相拼。

发音例字:

zī	sì	zǐ	cí	cì	sī	sǐ	zì
资	嗣	子	瓷	赐	司	死	渍

cǐ	sì	zǐ	cí	zī	sì	zǐ	sī
此	寺	籽	祠	姿	祀	紫	撕

-i［ʅ］ 舌尖后不圆唇元音

发音要领:口略开,嘴角向两边展开,舌尖上翘,对着硬腭前部,气流通路狭窄,但不发生摩擦。发音时,软腭上升,关闭鼻腔通路,颤动声带的气流和音波从口腔的上半部分发出。

在普通话中,-i［ʅ］不能单独构成音节,只能跟 zh、ch、sh、r 四个声母相拼。

发音例字:

shì	chǐ	zhí	zhì	rì	chī	shí	zhī
氏	尺	植	炙	日	嗤	识	只

chí	zhǐ	zhí	shī	chì	shǐ	shì	zhǐ
池	趾	侄	失	斥	史	侍	止

er[ɚ]　卷舌元音

发音要领：口腔自然开启，舌位不前不后不高不低，舌前、中部上抬，同时伴有舌尖向后卷的动作。发音时，软腭上升关闭鼻腔通路，颤动声带的气流和音波从口腔的上半部分发出。

发音例字：

ér	ěr	ér	ěr	èr	ěr
儿	尔	而	耳	二	饵

èr	ěr	ěr	ér	ěr	ěr
贰	洱	迩	鸸	珥	铒

（二）复元音韵母的发音要领

复韵母由两个或三个元音复合而成，其发音特点是从一个元音快速向另一个元音滑动，在滑动的过程中，舌位的高低前后、口腔的开闭、唇形的圆展，都要发生逐渐地、连续地变动，同时气流不能中断，发的音围绕一个中心形成一个整体。我们把舌位移动的过程叫做"舌位的动程"。

复韵母的发音过程中总有一段是清晰、响亮的，而且发音稍长，这是复韵母的主要元音，一般是口腔开度较大的音，我们把它称为"韵腹"。出现在韵腹前面的元音，发音轻短，我们把它称为"韵头"，表示韵母发音的起始位置。位于韵腹后面的元音，音值含混而不太固定，我们把它称为"韵尾"，表示舌位滑动的大致趋向，这个过程我们叫做"归音"。

复韵母的发音尤其要注意体会舌位的动程和归音的位置。

根据韵腹所处位置的不同，复韵母可分为前响复韵母、中响复韵母和后响复韵母。

1. 前响复韵母

开头元音是响亮清晰的韵腹，这样的韵母是"前响复韵母"。普通话中前响复韵母有 4 个：ai、ei、ao、ou。发音的共同特点是元音舌位由低向高滑动，开口度由大到小，开头的元音响亮清晰，收尾的元音轻短模糊，只表示舌位移动的方向。

ai[ai]

发音要领：起点元音是比单元音 a[A]的舌位靠前的前低不圆唇元音[a]。发音时，舌尖轻轻接触下齿背，舌位在口腔前部。从前 a[a]开始，舌位向 i 的方向滑动升高，大体停在次高元音[ɪ]处。ai 是前元音音素的复合，舌位自始至终在口腔的前部,舌尖不能离开下齿背。

发音例字:

ái	dài	bǎi	cài	hǎi	zāi	zhái	tài
皑	带	百	菜	海	灾	择	汰

kāi	nǎi	mài	pāi	gǎi	zhāi	shài	kāi
开	乃	卖	拍	改	摘	晒	揩

ei[eɪ]

发音要领:从前半高不圆唇元音 e[e]开始发音。发音时,舌尖轻抵下齿背,舌位在口腔前。舌位逐渐升高,向 i 的方向往前往高滑动,大体停在次高元音[ɪ]。ei 是前元音音素的复合,舌位自始至终在口腔前部,舌尖不能离开下齿背。

发音例字:

bèi	hēi	lěi	fèi	féi	gěi	mèi	zéi
蓓	黑	垒	肺	肥	给	妹	贼

lèi	méi	měi	nèi	péi	pēi	lěi	shéi
肋	没	美	内	赔	胚	累	谁

ao[ɑu]

发音要领:起点元音比单元音 a[A]的舌位靠后,是后低不圆唇元音[ɑ]。发音时,舌体微微后缩,舌位在口腔后部。从后 a[ɑ]开始,舌位向 u(汉语拼音写作-o,实际发音接近 u)的方向滑动升高。收尾的-u 舌位略低。ao 是后元音音素的复合,舌位自始至终在口腔的后部,后声腔一定要打开。

发音例字:

ào	báo	zāo	zhào	chǎo	gào	māo	kào
懊	薄	糟	召	吵	告	猫	靠

sǎo	hào	nǎo	páo	lāo	lǎo	chāo	dǎo
扫	号	恼	刨	捞	老	超	祷

ou[əu]

发音要领:起点元音比单元音 o 的舌位略高、略前,接近央元音[ə]。发音时,从略带圆唇的央元音[ə]开始,唇形逐渐收敛成圆形,舌位向 u 的方向滑动,停止的位置比 u 略低。ou 是后元音音素的复合,舌位自始至终在口腔的后部,后声腔一定要打开。

发音例字:

chǒu	kōu	gòu	fǒu	hòu	dǒu	lòu	tóu
丑	抠	垢	否	候	陡	露	头

mǒu	zhóu	pōu	shóu	shòu	tóu	ǒu	zòu
某	轴	剖	熟	瘦	投	偶	奏

2. 后响复韵母

响亮清晰的韵腹处在韵母的后面,这样的韵母叫后响复韵母。普通话后响复韵母有 5 个:ia、ie、ua、uo、üe,发音的共同特点是舌位由高向低滑动,开口度由小到大。韵头(由高元音 i-、u-、ü-充当)轻短,不太响亮,收尾的元音音素响亮清晰,舌位移动的终点是确定的。整个韵母的声音由含混逐渐变得清亮。

ia[iA]

发音要领:以前高元音 i 的发音起头,舌位迅速滑向央低元音 a[A]。i 的发音较短,a 的发音响而长。止点元音 a 位置确定。

发音例字:

jiǎ	yá	jiā	yǎ	jià	liǎ	qiā	qià
甲	芽	加	哑	驾	俩	掐	恰

qiǎ	xiá	xià	yā	jià	jiá	yà	xiā
卡	狭	夏	押	架	颊	轧	虾

ie[iɛ]

发音要领:以前高元音 i 的发音起头,舌位迅速滑向前半低元音 ê[ɛ]。i 的发音较短,ê 的发音响而长。止点元音 ê 位置确定。ie 是前元音音素的复合,舌位自始至终在口腔的前部移动,舌尖接触下齿背,发音时舌身不要后缩而使舌尖离开下齿背。

发音例字:

miè	diē	qiè	dié	piē	jiě	xiē	bié
灭	跌	怯	迭	瞥	解	些	别

liě	biē	yě	liè	qiě	xié	jiē	niè
咧	憋	冶	猎	且	挟	秸	啮

ua[uA]

发音要领:以后高圆唇元音 u 的发音起头,舌位迅速滑向央低元音 a[A]。唇形由圆唇开始逐渐展开。u 的发音轻短,但是一定要注意圆唇,a 发音响亮且音值长。

发音例字:

guā	guà	guǎ	wā	wà	wā	kuǎ	guā
呱	挂	寡	洼	袜	挖	垮	刮

huá	shuǎ	shuā	wǎ	huā	zhuǎ	zhuā	kuà
滑	耍	刷	瓦	花	爪	抓	跨

uo[uo]

发音要领:以后高元音 u 的发音起头,舌位迅速向下滑到后半高元音 o[o]止。唇形始终是圆唇,开始唇形收缩较紧,收尾时唇形开度稍微加大。uo 的动程很短,发音时一定要注意体会动程。

发音例字:

suō	guǒ	zhuō	duò	chuō	huò	huō	ruò
缩	裹	捉	舵	戳	霍	豁	若
wō	tuó	shuò	cuō	nuó	luò	zhuō	zuǒ
涡	驼	朔	搓	挪	络	卓	佐

üe[yɛ]

发音要领:以圆唇的前高元音 ü 的发音起头,舌位迅速下滑到前半低元音 ê[ɛ],唇形由圆到不圆。ü 的发音轻短,但一定要注意圆唇,ê 发音响亮且音值长。üe 是前元音音素的复合,舌位自始至终在口腔的前部移动,舌尖接触下齿背,发音时舌身不要后缩而使舌尖离开下齿背。

发音例字:

juē	jué	juè	xuē	lüè	xuě	quē	què
撅	觉	倔	靴	略	雪	缺	确
jué	yuē	xué	lüè	yuè	qué	yuè	xuē
掘	约	穴	掠	岳	瘸	跃	削

3. 中响复韵母

普通话里的三合元音都是中响复韵母,共有 4 个:iao、iou、uai、uei。中响复韵母中间的元音是韵腹,发音响亮清晰;韵腹前面的音素是韵头,声音轻短,表示发音的起始;韵腹后面的音素是韵尾,声音轻短模糊,表示尾音的趋向。这些韵母发音的共同点是舌位由高向低滑动,再从低向高滑动。口型由小变大再变小。声音共鸣由小到大再到小。

iao[iau]

发音要领:以前高元音 i 的发音状态起头,舌位降至后低元音 a[ɑ]。然后再向后次高圆唇元音 u[u]的方向滑升。发音过程中,舌位先降后升,由前到后,是曲折幅度最大的复合元音之一。唇形从中间的元音 a 逐渐圆唇。iao 的共鸣作用点基本上在口腔后部,要注意打开后声腔。

发音例字：

qiāo	yào	jiáo	yáo	liǎo	miáo	jiǎo	piào
锹	药	嚼	窑	了	苗	矫	票

xiáo	liào	niǎo	tiāo	piǎo	qiào	biāo	diào
淆	撂	鸟	挑	瞟	壳	标	掉

iou[iou]

发音要领：以前高元音 i 的发音状态起头，舌位降至后半高元音[o]，然后再向后次高圆唇元音 u[u]的方向滑升。发音过程中，舌位先降后升，由前到后，唇形从[o]开始逐渐拢圆。

在汉语拼音方案中规定 iou 前拼声母时可以简化写成 iu。拼写的简化不代表发音的简化，o 依然是整个韵母的韵腹，声音较 i、u 响亮，是发好 iou 的关键。

发音例字：

jiǔ	jiū	liú	yòu	miù	liǔ	xiǔ	qiū
灸	揪	琉	佑	谬	绺	朽	秋

yóu	xiū	qiú	diū	liū	xiù	niǔ	niú
由	休	囚	丢	溜	秀	纽	牛

uɑi[uai]

发音要领：以圆唇的后高元音 u 的发音状态起头，舌位向前滑降到前低不圆唇元音 ɑ[a]，然后再向前高不圆唇元音 i 的方向滑升。舌位动程先降后升，由后到前，曲折幅度大。这也是普通话中舌位动程最大的复合元音之一。唇形从前元音 ɑ 逐渐展开。

发音例字：

wài	guāi	shuài	chuāi	huái	shuài	kuài	shuāi
外	乖	帅	揣	槐	蟀	块	衰

guǎi	wāi	guài	shuǎi	huái	zhuài	shuāi	chuài
拐	歪	怪	甩	淮	拽	摔	踹

uei[uei]

发音要领：以后高圆唇元音 u 的发音状态起头，舌位向前向下滑到前半高不圆唇元音偏后靠下的位置（相当于央元音[ə]偏前的位置），然后再向前高不圆唇元音 i 的方向滑升。发音过程中，舌位先降后升，由后到前，曲折幅度大。唇形从 e 逐渐展开。

在汉语拼音方案中也规定了 uei 前拼声母时简写为 ui，但是在读音中一定要注意韵腹 e 的读音，不能省略。

发音例字：

duì	cuī	shuì	guǐ	kuì	kuī	duī	suǐ
兑	催	税	轨	溃	窥	堆	髓

zuǐ	wéi	huì	chuí	huǐ	tuì	wéi	zhuī
嘴	维	喙	捶	悔	蜕	违	椎

（三）带鼻音韵母的发音要领

带鼻音韵母是由元音和鼻辅音构成的韵母。其发音特点可以概括为"两个动程，一个归音"。两个动程，包括不同音素发音口形、舌位的变化过程和由口音向鼻音的转换过程。一个归音，指的是韵腹的发音充分展开后，舌尖要随着舌面的回升归到鼻音韵尾 n 的位置，或者舌根抬起归到鼻音韵尾 ng 的位置，发音部位闭塞，让气流从鼻腔透出，发出纯粹的鼻音。

普通话中共有 16 个鼻韵母。其中以-n 为韵尾的鼻韵母称为"前鼻音韵母"，普通话中共有 8 个，即：an、en、in、ün、ian、uan、üan、uen。以-ng 为韵尾的韵母称为"后鼻音韵母"，普通话中共有 8 个，即：ang、eng、ing、ong、iang、uang、ueng、iong。

1. 前鼻音韵母

an[an]

发音要领：由前低不圆唇元音 a[a]开始发音，舌尖轻抵下齿背，此时，软腭上升，关闭鼻腔通路，发出口音 a[a]。随着舌面逐渐抬高，舌尖归向上齿龈（n 的发音部位），同时软腭下降，打开鼻腔通路，增加鼻音色彩。当舌尖抵达上齿龈时，口腔通路完全封闭，气流和音波从鼻腔透出。舌尖抵到上齿龈发音即结束，不能拖音。

发音例字：

àn	bān	cán	chán	dān	lǎn	gān	fān
黯	斑	蚕	禅	单	缆	竿	帆

kǎn	mán	lán	nán	pàn	rán	sǎn	tàn
坎	蛮	婪	难	畔	然	散	叹

en[ən]

发音要领：由央元音 e[ə]开始发音，舌位不高不低不前不后。此时，软腭上升，关闭鼻腔通路，发出口音 e[ə]。随着舌面逐渐抬高，舌尖归向上齿龈（n 的发音部位），同时软腭下降，打开鼻腔通路，增加鼻音色彩。当舌尖抵达上齿龈时，口腔通路完全封闭，气流和音波从鼻腔透出。舌尖抵到上齿龈发音即结束，不能拖音。en[ən]的舌位动程较小。

发音例字：

chén	bèn	ēn	fén	gēn	kěn	nèn	mén
尘	笨	恩	焚	跟	垦	嫩	门

shèn	shěn	shèn	zěn	zhēn	zhèn	pén	rèn
肾	审	渗	怎	砧	振	盆	妊

in[in]

发音要领：由前高不圆唇元音 i[i]开始发音,舌尖轻抵下齿背。此时,软腭上升,关闭鼻腔通路,发出口音 i[i]。舌尖逐渐归向上齿龈(n 的发音部位),同时软腭下降,打开鼻腔通路,增加鼻音色彩。当舌尖抵达上齿龈时,口腔通路完全封闭,气流和音波从鼻腔透出。舌尖抵到上齿龈发音即结束,不能拖音。in 的动程很小,只有舌尖有自下向上的轻微的动作,舌身不能后缩,口腔的开合度基本没有变化。

发音例字：

jīn	jìn	jǐn	jìn	līn	lín	mǐn	lín
金	禁	谨	浸	拎	淋	皿	临

xīn	pín	bīn	nín	qìn	qǐn	yín	yǐn
薪	频	濒	您	沁	寝	吟	引

ün[yn]

发音要领：与 in 的发音状况大体相同,只是唇形变化不同。唇形从 ü 开始逐步展开,而 in 始终展唇。

发音例字：

jùn	yùn	xún	jūn	xún	yūn	yùn	qún
俊	韵	寻	菌	循	晕	运	裙

xùn	yǔn	jùn	yún	xūn	xùn	jūn	qún
训	允	峻	云	熏	逊	钧	群

ian[iæn]

发音要领：以前高元音 i[i]的发音状态起头,舌尖轻抵下齿背,舌位向前低元音 a[a]的方向滑降,受前后高元音的影响,舌位只降到前次低元音[æ]的位置就开始升高,舌尖归向上齿龈。同时,软腭下降,打开鼻腔通路,增加鼻音色彩。当舌尖抵达上齿龈时,口腔通路完全封闭,气流和音波从鼻腔透出。舌尖抵到上齿龈后发音即结束,不能拖音。韵头 i 的发音轻短。

发音例字：

diān	qián	diàn	diǎn	tiān	lián	jiǎn	jiàn
掂	潜	垫	碘	添	联	茧	涧

piān	qiàn	miǎn	biān	niǎn	yān	biǎn	xián
篇	嵌	勉	编	碾	咽	贬	衔

uɑn[uan]

发音要领：以圆唇的后高元音 u 的发音状态起头，口形迅速由合口变为开口，同时舌位向前滑降到不圆唇的前低元音 a[a]，然后舌位升高，舌尖归向上齿龈。同时，软腭下降，打开鼻腔通路，增加鼻音色彩。当舌尖抵达上齿龈时，口腔通路完全封闭，气流和音波从鼻腔透出。舌尖抵到上齿龈发音即结束，不能拖音。韵头 u 发音轻短。

发音例字：

chuǎn	shuàn	zuān	duǎn	guàn	wǎn	suàn	kuān
喘	涮	钻	短	冠	婉	蒜	宽
luán	huǎn	shuān	cuán	tuān	guàn	kuǎn	cuàn
峦	缓	闩	攒	湍	灌	款	窜

üɑn[yæn]

发音要领：以圆唇的前高元音 ü 的发音状态起头，口形逐渐展开，舌位向前低元音 a 的方向滑降，受前后高元音的影响，舌位只降到前次低元音[æ]就开始升高，舌尖归向上齿龈。同时，软腭下降，打开鼻腔通路，增加鼻音色彩。当舌尖抵达上齿龈时，口腔通路完全封闭，气流和音波从鼻腔透出。舌尖抵到上齿龈发音即结束，不能拖音。韵头 ü 发音轻短。

发音例字：

yuán	juàn	quān	quàn	xuán	juān	xuàn	yuān
猿	眷	圈	劝	旋	捐	眩	渊
xuǎn	quán	juǎn	quàn	xuān	yuàn	yuán	juān
癣	权	卷	券	喧	苑	垣	鹃

uen[uən]

发音要领：以圆唇的后高元音 u 的发音状态起头，口形逐渐展开，舌位向央元音 e[ə]滑降，然后舌位升高，舌尖归向上齿龈。同时，软腭下降，打开鼻腔通路，增加鼻音色彩。当舌尖抵达上齿龈时，口腔通路完全封闭，气流和音波从鼻腔透出。舌尖抵到上齿龈发音即结束，不能拖音。韵头 u 发音轻短。

汉语拼音方案中规定 uen 前拼声母时简写为 un，但是在读音中一定不要忽视韵腹 e[ə]的读音。

发音例字：

gùn	tún	dūn	gǔn	cūn	hún	kūn	dùn
棍	屯	墩	衮	皴	浑	坤	钝

zhūn	shǔn	lūn	chǔn	wēn	zhǔn	chún	zūn
谆	吮	抡	蠢	瘟	准	醇	尊

2. 后鼻音韵母

ang[aŋ]

发音要领:由后低不圆唇元音 a[ɑ]的发音状态开始,口腔大开,舌尖微微离开下齿背,舌位在口腔后部,打开后声腔,发出口音后 ɑ。舌根抬起归向软腭,同时软腭下降,打开鼻腔通路,增加鼻音色彩。当舌根抵住软腭时,口腔通路完全封闭,气流和音波从鼻腔透出。舌根抵到软腭发音即结束,不能拖音。

发音例字:

fáng	dàng	zhāng	shǎng	bàng	gàng	cāng	káng
防	档	章	晌	蚌	杠	苍	扛
sàng	mǎng	náng	páng	cāng	tǎng	láng	zhàng
丧	莽	囊	庞	舱	淌	郎	帐

eng[əŋ]

发音要领:由元音 e[ə]的发音状态开始,舌位不高不低不前不后,软腭上升,鼻腔通路关闭,发出口音 e[ə]。舌根抬起归向软腭,同时软腭下降,打开鼻腔通路,增加鼻音色彩。当舌根抵住软腭时,口腔通路完全封闭,气流和音波从鼻腔透出。舌根抵到软腭发音即结束,不能拖音。

发音例字:

zhēng	cèng	kēng	chéng	zēng	léng	gěng	héng
蒸	蹭	吭	惩	憎	棱	梗	横
kēng	fěng	méng	shèng	pēng	réng	sēng	bèng
坑	讽	萌	盛	烹	仍	僧	迸

ing[iŋ]

发音要领:由前高不圆唇元音 i[i]的发音状态开始,舌尖接触下齿背,舌面前部隆起,软腭上升,鼻腔通路关闭,发出口音 i。舌根抬起归向软腭,同时软腭下降,打开鼻腔通路,增加鼻音色彩。当舌根抵住软腭时,口腔通路完全封闭,气流和音波从鼻腔透出。舌根抵到软腭发音即结束,不能拖音。

发音例字:

níng	xǐng	qīng	jǐng	líng	jìng	nǐng	níng
咛	醒	倾	颈	伶	径	拧	凝
yīng	qíng	qìng	tīng	bǐng	tǐng	qìng	líng
英	擎	磬	厅	禀	艇	庆	聆

ong[uŋ]

发音要领：由后高圆唇元音 u[u]的发音状态开始，舌尖离开下齿背，舌体后缩，舌面后部隆起，软腭上升，鼻腔通路关闭，发出口音 u[u]。舌根抬起归向软腭，同时软腭下降，打开鼻腔通路，增加鼻音色彩。当舌根抵住软腭时，口腔通路完全封闭，气流和音波从鼻腔透出。舌根抵到软腭发音即结束，不能拖音。

发音例字：

tóng 童	lóng 笼	zōng 宗	gǒng 汞	hōng 烘	dòng 栋	lǒng 垄	zhòng 仲
hōng 轰	cóng 丛	tòng 痛	sōng 松	tǒng 捅	zhòng 众	róng 容	nòng 弄

iang[iaŋ]

发音要领：以前高元音 i[i]的发音状态起头，舌尖轻抵下齿背，舌位向后滑降到后低元音 a[ɑ]，口腔打开，软腭上升，鼻腔通路关闭。舌根抬起归向软腭，同时软腭下降，打开鼻腔通路，增加鼻音色彩。当舌根抵住软腭时，口腔通路完全封闭，气流和音波从鼻腔透出。舌根抵到软腭发音即结束，不能拖音。

发音例字：

yáng 徉	qiāng 呛	jiǎng 桨	liáng 凉	niàng 酿	niáng 娘	liàng 踉	qiáng 强
jiāng 姜	xiǎng 享	qiáng 蔷	xiàng 项	yāng 秧	qiàng 跄	xiǎng 响	yàng 漾

uang[uaŋ]

发音要领：以圆唇的后高元音 u[u]的发音状态起头，圆唇，舌尖微离下齿背，舌位滑降至后低元音 a[ɑ]，唇形逐渐展开，口腔打开。舌根抬起归向软腭，同时软腭下降，打开鼻腔通路，增加鼻音色彩。当舌根抵住软腭时，口腔通路完全封闭，气流和音波从鼻腔透出。舌根抵到软腭发音即结束，不能拖音。

发音例字：

wǎng 网	guàng 逛	chuǎng 闯	wāng 汪	huǎng 谎	kuáng 狂	zhuāng 装	huáng 簧
kuàng 况	shuǎng 爽	huáng 黄	shuāng 霜	wǎng 往	kuàng 框	wáng 亡	zhuàng 状

ueng[uəŋ]

发音要领：以圆唇的后高元音 u[u]的发音状态起头，圆唇，舌尖微离下齿背，舌位滑降到央元音 e[ə]，唇形展开。舌根抬起归向软腭，同时软腭下降，打开鼻腔通路,增加鼻音色彩。当舌根抵住软腭时,口腔通路完全封闭,气流和音波从鼻腔透出。舌根抵到软腭发音即结束,不能拖音。

在普通话中,ueng 只有一种零声母的音节形式 weng。

发音例字:

wēng	wēng	wèng	wěng	wèng
翁	嗡	瓮	蓊	蕹

iong[yŋ]

发音要领:以前高元音 i[i]的发音状态起头,但是由于受后面圆唇元音的影响,i 也带上了圆唇的动作,实际与 ü[y]开头的韵母没有太大区别。舌尖轻抵下齿背,圆唇,舌位向后移动,略有下降到后次高圆唇元音[u]的位置。舌根抬起归向软腭,同时软腭下降,打开鼻腔通路,增加鼻音色彩。当舌根抵住软腭时,口腔通路完全封闭,气流和音波从鼻腔透出。舌根抵到软腭发音即结束,不能拖音。

发音例字:

yǒng	qióng	xiōng	xióng	yōng	xióng	jiǒng	qióng
涌	琼	汹	雄	拥	熊	窘	穷
xiōng	qióng	jiǒng	xiōng	qióng	yǒng	xiōng	yǒng
兄	茕	炯	匈	穹	咏	胸	蛹

三、韵母中的难点音及突破技巧

普通话学习中,韵母方面体现出的难点音在单韵母、复韵母和鼻韵母中都有表现,以下分别加以说明。

(一)单韵母中的难点音

1. o 韵母字的发音

单韵母 o 的发音有两个特点不易掌握:一是圆唇;二是发音过程中舌位、唇形、开口度不能有一丝变化。许多方言区的人掌握不好这两点,或者因为没有圆唇而读作展唇的单韵母 e,或者因为发音状态没有保持始终如一而读成了 uo 甚至是 ue。

突破技巧:

普通话语音系统中,单韵母 o 只与唇音 b、p、m、f 相拼,而且 b、p、m、f 不能和 e、uo 相拼(除去"什么"中的"么 me")。记住这条拼合规律,注意单韵母 o 的发音特点,反复练习即可。试读下面的字:

bó	pō	bō	pò	mō	bó	pō	bō
博	坡	波	破	摸	勃	颇	拨

mó	pò	mò	bó	mó	pō	fó	mò
馍	魄	默	伯	摩	泼	佛	墨

2. 部分 e 韵母字的发音

普通话中一部分读 e 韵母的音节,在山东的东北部如青岛、烟台、潍坊、淄博等地读作后 a[ɑ]。

突破技巧:

在这些地区并不是所有的 e 韵母字都读作后 a[ɑ],只有个别的以舌根音 g、k、h 为声母的字习惯于读成 gɑ、kɑ、hɑ,记住这些字把读音改过来即可。试读下面的字:

gē	hē	kě	gé	kē	gē	kē	gē	gāzhiwō
疙	喝	渴	蛤	瞌	割	磕	胳(～膊;胳肢窝)	

3. er 音节的发音

er 是普通话单韵母中唯一一个有"动程"(卷舌动作)的音,并且自成音节。它对于很多方言区的人来说是个难点音,主要表现在:一,有的方言区发音时舌头僵硬,缺少卷舌的动作;二,有的方言区如山东的淄博、滨州、临沂、潍坊等地在发 er 音节时,一开始就把舌尖卷起来并且抵住了硬腭,听起来感觉是在央[ə]前添加了辅音 l(实际上比 l 的位置靠后),读成[lə],如"二"(èr)读成[lə⁵¹]。

突破技巧:

造成以上两种情况的根源都是因为没有掌握好卷舌的动作。er 的发音是在发央[ə]的同时舌尖向硬腭卷起(r 是表示卷舌的符号)。练习时可以夸大卷舌的过程:先发央[ə],然后舌尖向硬腭卷起(但不要接触硬腭)。如果有困难,还可以用手辅助做这个动作。方法是:把一只手掌伸平,手掌的动作和舌的动作一致,发音时指尖伴着舌尖向上卷起。试读下面的字:

ěr	ér	ěr	ér	ěr	èr
饵	儿	耳	而	迩	二

(二)复韵母中的难点音

1. 复韵母的动程

复韵母是两个或三个元音复合而成的,发音时,舌位、唇形、开口度都有一个逐渐变化移动的动程。很多方言区的发音存在缺少动程或动程不明显的现象,一般体现在前响复韵母和中响复韵母中。如把前响复韵母 ai、ei、ao、ou 发得近似单韵母,尤其是 ei 和 ou 动程较短,更容易忽略动程;把中响复韵母的动程缩短,几乎变成了二合复韵母。

突破技巧:

首先,要把口腔打开,体现出每个元音的开口度,尤其是有 ɑ 的韵母;其次,一定把韵腹的时值和响度充分体现出来;最后,注意归音的位置。除了这三点外,还应该注意到每个韵母的音标,结合舌位示意图找准每个音素的发音位置,以免因为舌位偏移而影响音色。如 ɑi[ai],如果把前[a]发成了央[A],或者后[ɑ],都会影响语音面貌,听感上令人不舒服。试读下面的字:

bái	bèi	huī	bào	qiú	lòu	diào	kuài
白	备	辉	报	求	陋	掉	快

2. ie 和 üe 韵母字的发音

ie 和 üe 都是由前元音复合而成的,都由前高元音开始,到前半低元音 ê[ɛ] 止。两者的不同是,ie 的起点元音是不圆唇的 i,而 üe 的起点音是圆唇的 ü。这两个韵母常出现的问题是止点元音舌位后移,接近央[ə]。

突破技巧:

这两个复韵母的组成元音都是前元音,舌位一直在口腔的前部移动。发音时,要注意舌尖自始至终都轻轻抵住下齿背,不能松开,这样就可以避免舌位后移。也可以通过以下方法检测自己发音是否标准:发完 ie 和 üe 后,口形保持不变,换口气再发音,如果是 ê[ɛ]或者接近于 ê[ɛ]的音色,就说明发音准确;否则就表明发音不准确。

另外,韵母为 ie 的音节在很多地区分成了两组:一组韵母为 ie[iɛ],如"杰、揭、借、写、谢"等;一组韵母为[iæ],如"街、鞋、解、械、介"等。注意把这两个韵母合为一类[iɛ]。试读下面的字:

xié	jiè	jiě	jiè	jiē	xiè	jiē
鞋	介	解	界	街	械	皆

yuè	jué	què	jué	nüè	xué	lüè
月	决	雀	绝	虐	学	掠

3. 部分 ou 韵母字的发音

普通话中一部分 ou 韵母的字,在山东的许多地方都读成了 ɑo(由于山东方言中复韵母往往缺少动程或动程不明显,实际发成[ɔ]或近于[ɔ])或 u。

突破技巧:

这样的字不多,记住它们,并注意调整自己的发音。

pōu	móu	fǒu	mǒu	móu	fǒu
剖	谋	否	某	牟	缶

4. 丢失 uei 韵母的韵头

有些方言区如西南方言和湘方言以及山东的烟台、青岛、威海等地,uei 韵母与 d、t、z、c、s 等声母拼合时,往往丢失韵头 u。如:"对、推、最、碎、崔"(uei→ei)。

突破技巧:

普通话中韵母 ei 与 d、t、z、c、s 相拼的字很少,只有"得"(děi)、"贼"(zéi)两个字,记住这个规律有助于防止韵头的丢失。试读下面的字:

duì	tuì	suī	zuì	cuì	tuī	suǐ	duì
对	退	虽	醉	脆	忒	髓	兑

suì	tuí	suí	duī	zuì	cuī	suì	zuǐ
穗	颓	随	堆	最	摧	隧	嘴

5. 辨读 ei 韵母字

有许多方言区韵母 ei 的使用频率较高,一些韵母不是 ei 的音节读成了韵母 ei,主要表现在:

普通话中韵母为 ai 的部分字,如"白、拍、麦、窄、摘"(ai→ei)等;

普通话中韵母为 o 的部分字,如"墨、迫(压迫)、伯(伯伯)"(o→ei)等;

普通话中韵母为 i 的部分字,如"笔、彼、丕、坯、披"(i→ei)等;

普通话中韵母为 e 的部分字,如"客、刻、色、涩、责、则、择、泽、格、隔、册、测、德"(e→ei)等。

突破技巧:

由于这部分音节比较零散,不成系统,需要特别记住这些汉字的正确读音。

chāi	bǐ	cè	zé	pāi	zé	mò
拆	笔	测	责	拍	择	默

kè	dé	gé	zhái	sè	sāi	mài
客	得	隔	宅	涩	塞	脉

在山东的济宁、枣庄等地的方言中,当韵母 ei 与辅音声母 f 相拼时,读成了单韵母 i,如"费、飞、肥、非、废、肺、匪"(ei→i)等。

突破技巧:

普通话中单韵母 i 与辅音声母 f 是不能拼合的。记住这个拼合规律,练好 fei 音节的发音即可。

（三）鼻韵母中的难点音

1. 鼻化音

很多方言区的人习惯于把鼻韵母发成了鼻化音，即发音时气流从口腔和鼻腔同时呼出。例如把 an 读成了[ã]，把 uan 读成了[uã]等。普通话中没有鼻化音。

突破技巧：

克服鼻韵母中的鼻化音现象，最重要的就是发音时仔细体会鼻韵母从口音到鼻音的动程和最后鼻辅音韵尾的归音位置。

可以利用"南、点、蓝、谈"这种音节的特点——开始和结束都是舌尖抵住上齿龈，体会前鼻音韵母舌尖归音的位置 n。利用"矿、共"这种音节的特点——开始和结束都是舌根抵住软腭，体会后鼻音韵母舌根归音的位置 ng。

试读下面的字：

chǎn	duàn	liàn	yuán	shén	yùn	hén
产	锻	炼	源	神	韵	痕

chéng	zhǎng	zōng	yǐng	kuáng	xiǎng	bāng
成	长	踪	影	狂	想	帮

2. 丢失 uan、uen 的韵头

山东的烟台、威海、青岛等地，韵母 uan、uen 与 d、t、n、l、z、c、s 等声母拼合时，往往丢失韵头 u。如："端、团、暖、卵、钻、蹿、酸"（uan→an），"蹲、屯、论、尊、村、孙"（uen→en）等。

突破技巧：

因为声母 d、t、n、l、z、c、s 既可以和 uan、uen 相拼，也可以和 an、en 相拼，没有规律可循，因此只有强行记住哪些字的韵母是 uan、uen，哪些字的韵母是 an、en。对于韵母是 uan、uen 的音节，一定要注意韵母开头要圆唇。

nuǎn	suàn	luán	duàn	cuán	zhuàn	tuán
暖	算	栾	段	攒	赚	团

dūn	tún	zūn	cūn	lùn	sūn	mún
蹲	囤	遵	村	论	孙	蘑

3. 分辨 eng 和 ong

一种情况是，普通话中 beng、peng、meng、feng 的字，在很多方言区读作 bong、pong、mong、fong，如"崩、蓬、梦、峰"等。

突破技巧：

记住普通话中唇音 b、p、m、f 不能和 ong 相拼这条规律，并且注意发这些音节时不要圆唇。

另一种情况在山东的青岛、即墨、胶州、胶南、高密、平度、安丘、诸城、五莲、日照等地表现比较突出——将 eng 和 ong 混同，或都读成 eng，或都读成 ong。

突破技巧：

要解决这个问题，一方面要掌握 eng、ong 的规范发音，两者的区别是 eng 的起始元音是不圆唇元音[ə]，而 ong 的起始元音是圆唇元音[u]；另一方面要分清哪些音节是 eng 韵母，哪些音节是 ong 韵母，可以参考附录中《eng、ong 辨音字表》

另外，山东部分方言中还存在把 ueng 韵母读作 ong 韵母的情况，如"翁、瓮"（ueng→ong）。在普通话中两者的区别是：1. ong 必须与声母相拼，ueng 只能自成音节。2. 从口形上看，ong 自始至终圆唇，而 ueng 因为自成音节，开头的元音 u 不如单念的时候圆，稍有摩擦，成为[w]，从[w]到[ə]有一个展唇的动作。

fēng	dòng	bèng	gōng	méng	tǒng	hóng
风	动	泵	公	蒙	统	红
chéng	nóng	dēng	lóng	zēng	kòng	wèng
程	浓	灯	笼	增	空	瓮

部分方言区的人读 ong 时忽略了从 o 到 ng 的动程。ong 的发音从外观看起来，口形没有什么变化，但是下腭有一个下移的动作。

4. 分辨 ing 和 iong

山东的青岛、即墨、胶州、胶南、高密、平度、安丘、诸城、五莲、日照等地方言，往往将 ing 和 iong 混同，或都读成 ing，或都读成 iong。

突破技巧：

一方面要掌握 ing、iong 的规范发音，两者的区别是 ing 的起始元音是不圆唇元音[i]，而 iong 的起始元音是圆唇元音[y]；另一方面要分清哪些音节是 ing 韵母，哪些音节是 iong 韵母，可以参考附录《ing、iong 辨音字表》。

líng	tīng	xǐng	qīng	xíng	jīng	bìng
聆	听	醒	倾	形	精	并
jiǒng	xiōng	yòng	qióng	yòng	jiǒng	xióng
炯	汹	佣	跫	用	迥	熊

四、韵母训练

（一）o 韵母字训练

训练提示：注意圆唇，没有动程。

bō	bó	pǒ	pò	pó	pò	mó	mò
蕃	亳	笸	粕	鄱	珀	摹	墨

mò	mó	mò	pō	mò	bó	bǒ	bó
莫	蘑	茉	陂	殁	舶	簸	泊

pō	mó	mò	bó	mó	mò	bó	pō
泼	嬷	末	铂	魔	默	伯	颇

（二）ie、üe 韵母字训练

训练提示：注意舌尖要一直抵住下齿背。

biě	jiē	piě	qiè	jié	dié	qiē	xié
瘪	皆	撇	怯	劫	蝶	切	斜

jiè	yē	jié	miè	xiè	diē	xié	niè
诫	耶	睫	篾	泄	爹	协	镍

xié	niè	xiě	liè	jié	quē	lüè	què
携	蹑	写	捩	截	缺	略	鹊

jué	yuè	juè	jué	xuē	yuè	nüè	què
抉	粤	倔	獗	薛	阅	疟	阙

（三）中响复韵母字训练

训练提示：注意体会动程、归音，不要忽略韵头的口形，保证韵腹的响度和时值。

diāo	jiǎo	liào	yǎo	qiāo	miǎo	xiào	biāo
貂	搅	尥	杳	跷	藐	笑	膘

yòu	xiǔ	jiù	jiū	liǔ	niū	qiú	diū
釉	朽	臼	阄	柳	妞	虬	丢

huì	ruì	kuì	suí	huī	chuí	shuǐ	guǐ
晦	芮	馈	绥	诙	槌	水	诡

guǎi	kuài	huái	chuài	wǎi	shuài	zhuài	kuài
拐	筷	踝	踹	崴	蟀	拽	侩

（四）鼻韵母字训练

训练提示：注意体会"两个动程，一个归音"，不要忽略韵头的口形，保证韵腹的响度和时值。

chān	dùn	jiān	chūn	jìn	huàn	quán	gēn
掺	钝	歼	椿	噤	豢	荃	根

gǎn	tún	luán	chēn	jiǎn	bīn	juàn	jūn
擀	豚	鲞	嗔	睑	缤	隽	均

zhēn	yún	zhuàn	xūn	pāng	píng	méng	xióng
臻	筠	篆	埙	滂	坪	氓	熊

qiāng	zhēng	nóng	léng	líng	tǎng	dīng	chōng
羌	狰	侬	棱	囹	倘	叮	憧

dòng	pēng	kuāng	gōng	xiāng	zhǒng	huáng	gěng
侗	烹	诓	觥	镶	塚	煌	耿

（五）对比辨音训练

ai—ei

训练提示：体会两个韵母韵腹开口度的不同。

百——北	排——培	买——每	来——雷	改——给
派——配	卖——魅	耐——内	埋——眉	麦——妹

ao—ou

训练提示：体会两个韵母韵腹开口度的不同。

凹——欧	抛——剖	毛——谋	到——斗	套——透
老——搂	高——沟	靠——扣	好——吼	超——抽

uan—an

训练提示：注意体会圆唇的韵头。

端——单	窜——灿	断——蛋	湍——滩	团——谈
峦——岚	卵——览	乱——烂	钻——簪	篡——攒

in—ing

训练提示：体会两类鼻韵母归音的位置。

彬——冰	民——铭	拼——娉	仅——景	亲——情
您——凝	懔——领	信——姓	鬓——病	音——英

eng—ong

训练提示：体会两个韵母韵腹的口形。

灯——东	撑——充	衡——洪	吭——空	能——农
冷——拢	疼——同	僧——松	整——冢	等——董
凳——冻	呈——虫	耕——攻	梗——拱	更——贡
羹——龚	征——盅	横——虹	证——仲	棱——聋
藤——童	庚——弓	蒸——忠	恒——红	挣——众

ing—iong

训练提示：体会两个韵母韵腹的口形。

井——炯	晴——穹	腥——胸	型——熊	英——雍
影——泳	警——窘	擎——琼	硬——用	星——兄
邢——雄	颖——永	鹰——拥	情——穷	膺——痈

（六）韵母综合训练

bà	bó	tè	pǐ	tú	qù	sì	zhé
坝	箔	忑	痞	荼	觑	泗	折

chì	zhái	gěi	tāo	dòu	xiá	jiè	zhuì
敕	翟	给	韬	逗	匣	届	坠

guǎ	luò	jué	yāo	qiǔ	zhuǎi	zhuì	ér
剐	珞	孓	幺	糗	跩	赘	而

dàn	mén	mín	xùn	nián	duàn	xuán	wēng
氮	扪	旻	汛	黏	缎	玄	翁

cǔn	bāng	dēng	líng	rǒng	jiāng	chuáng	lǒng
忖	浜	灯	翎	冗	姜	床	垄

（七）绕口令训练

训练提示：不要追求速度快，重点是练习吐字发音以及节奏。注意每条绕口令所着重练习的韵母的发音。

1.（ɑ）

白石塔，白石搭，白石搭白塔，白塔白石搭，搭好了白石塔，白塔白又大。

2.（o、uo）

郭伯伯，买火锅，带买墨水和馍馍。墨水、馍馍装火锅，火锅磨得墨瓶破。伯伯回家交婆婆，婆婆掀锅拿馍馍。墨色馍馍满火锅，婆婆坐着默琢磨：莫非是摩登产品外国货？

3.（ie、üe）

打南边来了个瘸子，手里托着个碟子，碟子里装着个茄子，地下钉着个橛子，撒了碟子里的茄子。气得瘸子，撇了碟子，拔了橛子，踩了茄子。

4.（en、eng、ing、ong）

东洞庭，西洞庭，洞庭山上一根藤，藤上挂个大铜铃。风起藤动铜铃响，风停藤定铜铃静。

5.（ing、iong）

曾帮京王拥军营，泳渡星河传命令。波涛汹涌赢困难，王封英名不自兴。竞英用武为听命，勇气冲天见清明。

附录一：

eng、ong 辨音字表

方言韵母 普通话声母＼普通话韵母	eng 或 ong	
	eng	ong
b	①崩绷④蹦迸泵	
p	①烹②朋棚膨蓬澎③捧④碰	
m	①蒙②朦檬蒙盟萌③蒙猛锰④孟梦	
f	①蜂峰锋风疯枫封丰②冯逢缝～补③讽④奉凤缝裂～	
d	①登灯③等戥④凳瞪邓	①冬东③董懂④洞恫冻栋动
t	②疼藤腾誊	①通②同桐铜童潼瞳③筒桶捅统④痛
n	②能	①农浓脓④弄
l	②棱③冷④楞	②隆窿龙聋笼～子③拢垄陇笼～统
g	①更变～耕羹庚③梗耿哽④更～加	①工功攻公蚣弓躬供～给恭宫③拱巩汞④共供～销贡
k	①坑	①空～话②孔恐④空～白控
h	①哼亨②恒衡横～竖④横蛮～	①烘轰～动②红虹宏洪鸿③哄～骗④哄起～讧
zh	①正～月征争挣筝睁蒸③整拯④正～反政症郑证	①中～国衷盅终钟③种～类肿④中打～仲重～要种～地众
ch	①称～呼撑②成城诚盛～饭呈程承惩橙澄丞③逞骋④秤	①冲～锋充春②虫重～复崇④冲～我来
sh	①升重牲笙甥声②绳③省山东～④胜剩盛兴～圣	

（续表）

方言韵母　普通话声母　普通话韵母	eng 或 ong	
	eng	ong
r	①扔②仍	②绒容溶熔荣融茸③冗
z	①曾姓增憎④赠	①宗棕踪鬃综～合③总④纵粽
c	①曾～经层④蹭	①匆葱囱聪②从丛
s	①僧	①松④宋送颂诵讼

附录二：

ing、iong 辨音字表

方言韵母 普通话声母 普通话韵母	ing 或 iong	
	ing	iong
b	①冰兵槟~榔③丙柄秉炳饼禀④并病	
p	①乒②平评萍苹瓶凭	
m	①明名铭茗酩鸣冥螟溟④命	
d	①丁钉~子 叮盯③顶鼎④定锭腚订钉~住	
t	①听厅汀②庭蜓亭停③挺艇	
n	②宁安~泞咛拧~手巾凝④宁~可佞	
l	②伶零龄铃玲菱陵灵③领岭④令另	
j	①京鲸惊经茎荆精睛菁晶③井景颈警④竟境镜敬径竞净静	③窘迥
q	①轻氢倾青清蜻卿②擎情晴③顷请④庆亲~家	②穷琼
x	①兴~旺星腥猩②行进~刑型形③醒省反~④幸杏兴高~姓性	①兄凶匈胸②熊雄
零	①英应~该鹰婴樱缨鹦②迎盈营萤蝇赢③影颖④映应~用硬	①庸佣雇~拥壅③永泳咏勇涌蛹踊④用佣~金

第四节　普通话的声调

　　声调是音节中具有区别意义作用的音高变化模式。声调贯穿于一个音节的始终,主要作用在韵腹上。普通话有 4 个声调,分别是阴平、阳平、上声、去声。同一个音节标注的声调不同,表示的意义是不一样的。例如:

阴平	mā	妈
阳平	má	麻
上声	mǎ	马
去声	mà	骂

一、普通话的调值和调类

　　普通话的声调包括调值和调类两个方面。

　　调值,也叫调形,是指音节高低升降、曲直长短的具体变化形式,是声调的实际读法。描写调值一般采用"五度标记法"。用一条竖线表示声音的高低,由下面最低点到最高点平均分为 1、2、3、4、5 度,分别表示音高的最低、半低、中、半高、高。如下图:

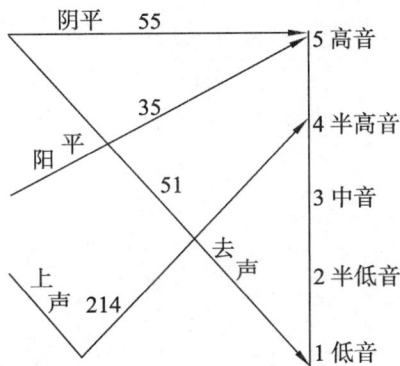

普通话调值五度标记图

　　调类,是声调的种类,就是把调值相同的字归纳在一起所建立的类。在一种语言或方言中,有多少能区别意义的调值,就可以归纳为多少个调类。普通话有阴平、阳平、上声、去声四个调类,即我们平常所说的一声、二声、三声、四声。各方言的声调,调值相同,不一定属同一调类;调类相同,其调值可能也会有差异。

二、普通话声调的发音要领

1. 阴平(第一声)

又叫高平调,高而平,调值为55。发音时,始终保持高音,没有明显变化。

发音例字:

duān	bān	gāo	shū	zāi	tiān	gōu	hūn
端	班	羔	舒	哉	天	钩	婚

suī	zhāng	jī	fēng	kuī	dā	xuān	tāo
虽	张	基	封	盔	搭	宣	绦

2. 阳平(第二声)

又叫高升调,从中音到高音,调值为35。发音时,声带从不松不紧开始,逐渐绷紧,到最紧为止,声音由不低不高升到最高。

发音例字:

dú	róng	xuán	áng	jí	chéng	ná	fú
毒	绒	悬	昂	极	乘	拿	伏

hún	wéi	liáng	bá	pí	méi	tián	zhuó
魂	惟	良	拔	疲	枚	填	浊

3. 上声(第三声)

又叫降升调,从半低音先降到低音,再升到半高音,调值为214。发音时,声带从略微有些紧张开始,立刻松弛下来,稍稍延长,然后迅速绷紧,但没有绷到最紧。发音过程中,声音主要表现在低音段1—2度之间,这是上声的基本特征。

发音例字:

niǎn	bǎi	dǔ	kě	mǎo	pǐ	yǎn	fǔ
捻	柏	堵	渴	卯	癖	衍	甫

guǐ	wěn	yǐ	fǎ	lǚ	chǎn	zhǔ	jiǎn
诡	紊	矣	砝	履	阐	嘱	柬

4. 去声(第四声)

又叫全降调,由高音降到低音,调值为51。发音时,声带从最紧开始,到完全松弛为止。

发音例字：

kè	bìn	zhuì	fèi	jì	lù	dèng	mù
恪	摈	赘	沸	既	虑	瞪	幕

ào	chì	shì	hàn	xiào	yì	gài	cù
傲	炽	噬	焊	哮	抑	概	簇

以上普通话的四种基本声调的调形可以归纳为：一声平，二声扬，三声拐弯，四声降。标在韵腹头上的调号就反映了这四种不同的调形。

三、声调中的难点音及突破技巧

方言和普通话在声调方面存在着明显的差异。具体表现在：各地方言和普通话调类的数量不尽相同，少至三个调类（如河北的滦县），多至十个调类（如广西的玉林）；有些方言区，即使与普通话的调类基本相同，但声调的实际读法——调值，和普通话还存在着或大或小的差异，从而影响到语音面貌甚至语意的表达。因此在声调的学习中要注意以下几点：

（一）读准普通话的调值

1. 读准普通话阴平的调值

普通话阴平的调值为 55，起点和终点都在高度 5 上，声带一直紧绷。方言区的人在学习普通话时，阴平调值存在的问题主要是起头不高，低于 55，只有 44 或者不到 44。这种读法从调形上来说也是平的，但没有达到普通话要求的高度，放在语流中就会显得不协调，同时还会影响到其他声调的调值。

突破技巧：

"前引后限"是一种解决声调调值不准的好方法。具体做法是：选择有关的双音节词语进行前面引导或者后面限制，利用异调辅助朗读的方法矫正后字或前字调值的偏差。

对于阴平 55，可以采用"阳"引"阴"和"去"限"阴"的方法。

"阳"引"阴"，用前字阳平的终点引导后字阴平的起点，可以克服方言中阴平起点低的问题：

时间　　台阶　　云梯　　浮雕　　阳光　　图书　　传真

"去"限"阴"，用后字去声的起点限制前面阴平的终点，可以克服方言中阴平终点下降的问题：

签字　　答应　　关键　　科技　　空气　　发现　　虚线

2. 读准普通话阳平的调值

普通话阳平的调值为 35，是上扬的调子。方言区的人学习普通话，在阳平上表现出来的问题主要是发音的起点高于 3 度，致使后面的终点升不上去，或者即使升上去也高出了 5 度。

突破技巧：

可以用"去"引"阳"的方法和"去"限"阳"的方法。

"去"引"阳"，用前字去声的下降引导后字阳平的起点，可以克服方言中阳平起点高的问题：

地图　　蕴藏　　预习　　课堂　　去年　　自习　　放学

"去"限"阳"，用后字去声的起点限制限制前面阳平的终点，可以克服方言中阳平终点超过 5 度的问题：

实践　　流畅　　劳动　　培训　　传送　　豪放　　颓废

除了注意起点和终点的问题，方言区的人还需要注意阳平调从 3 度升到 5 度，是直线上升，不要拐弯儿曲线上升。如果发音有困难，可以用手辅助发音：伸出右手食指，随着音节阳平调的发音，手指向右上方直线滑升。

3. 读准普通话上声的调值

普通话上声的调值为 214，是普通话声调中中唯一有弯曲变化的声调。对于大多数方言区的人来说，上声是普通话声调中最难学的，主要的问题有两类：一是弯度降不到最低 1 度，或者起点音高于半低度 2，终点音又达不到半高度 4，或者终点升上去又降下来，使得上声的调形有了两个弯度，如 3132。另一种常见的问题出现在读单音节词语中：虽然弯度降到了最低 1 度，但是当声音再扬起的时候，读得像猛然折起的硬拐弯儿的感觉。由 1 度到 4 度，声带应该逐渐绷紧，音高逐渐升高，但是音量要逐渐下降，直到最后变为升高的一种趋势。不能随音高升高而逐渐加大音量。由 2 度到 1 度再扬到 4 度，是一个平滑的弯曲变化。

突破技巧：

首先，可以使用"去"引"上"的方法和"阴"限"上"的方法。

"去"引"上"，用前字去声的下降引导后字上声的起点下移，可以克服方言中上声起点过高的问题：

　　饲养　　物理　　外语　　酗酒　　跳舞　　况且　　泡澡

　　"阴"限"上"，用后字阴平的起点音 5 度促使前字上声的终点音往上升，可以克服上声终点音低的问题：

　　冷风　　解剖　　广州　　火车　　小说　　感官　　女工

　　其次，可以用手的动作辅助，克服低音降不到低度 1、终点音升不上去的问题。方法是：伸出右手食指到自己的正前方，随着音节上声调的发音，手指向下滑动，一直到声音降不下去的时候，手指辅助着声音做一个圆滑的曲线向高处滑升。注意，上声的音长集中在 2 度至 1 度这个过程，由 1 度到 4 度的音长较短，稍扬即止。

4. 读准普通话去声的调值

　　普通话去声的调值是 51，是普通话中升降幅度最大的声调。方言区的人学习普通话多能读出下降的调形，但是普遍存在着起点音低于 5 度的现象，有的是 3 度到 1 度，有的是 2 度到 1 度，还有的是 4 度到 2 度。总之，下降的幅度都偏小。

　　突破技巧：

　　读好去声的关键是起点音要高，迅速下降，干脆不拖沓。可以利用"阴"引"去"的方法和"上"限"去"的方法来规范去声的发音。

　　"阴"引"去"，利用前字阴平调的高度引导后字去声的起点音高度，可以克服去声起点低的问题：

　　苍翠　　瞌睡　　音量　　删掉　　诗作　　声调　　珍重

　　"上"限"去"，利用后字上声调的起点音牵制前字去声调的终点音往下降，可以克服去声终点音降不到底的问题：

　　夜晚　　电脑　　汉语　　作品　　电影　　悍马　　刻苦

（二）改变方言调值

　　掌握好普通话的调值后，还要找到自己方言与普通话声调的对应关系，改变方言的调值。以山东方言为例。下表是山东各地方言与普通话在声调方面的对照，可以参照此表类推本地方言与普通话在声调方面的对应规律，从而能在学习中调整方言的调值：

普通话与山东各地区声调比较表

地市 \ 调类 调值 \ 例字	阴平 中	阳平 华	上声 伟	去声 大	入声 百
普通话	55	35	214	51	
济南	213	42	55	31	
青岛	213	42	55	31	
德州	213	42	55	21	
滨州	213	53	44	31	
东营	213	53	44	31	
日照	213	43	55	21	
潍坊	213	42	44	21	
枣庄	213	55	24	42	
泰安	213	42	55	31	
莱芜	213	42	55	31	
临沂	324	53	55	312	
济宁	213	42	55	312	
菏泽	113	42	55	312	
聊城	13	42	55	412	
淄博	213		44	21	33
烟台	31		214	44	
威海	42		312	44	

（三）古入声字的改读

古入声字在山东方言中的归类与普通话是有差异的,要注意把归类不同的汉字找出来,改变其归属的调类,然后再改变调值。比如济宁方言古入声字几乎全归到了阴平,这就需要注意把自己方言中读阴平的那部分古入声字分出来,改读阳平、上声和去声,而威海方言归入上声的古入声字比普通话的数量多,就需要把这部分汉字找出来,改读其他声调。

可根据附录中《常用古入声字普通话声调归类表》,联系自己方言声调找出规律去学习。

四、声调训练

(一) 同声韵音节的四声训练

训练提示:注意声母、韵母的发音方法,体会不同的调值。

双唇音

(ba)　八——拔——把——爸　　(bai)　掰——白——百——拜

(pai)　拍——牌——迫——湃　　(pian)　篇——骈——谝——片

(mao)　猫——矛——卯——貌　　(meng)　蒙——盟——懵——孟

唇齿音

(fa)　发——罚——法——珐　　(fei)　飞——肥——匪——吠

舌尖中音

(duo)　多——夺——躲——堕　　(du)　嘟——毒——堵——度

(tu)　秃——涂——吐——兔　　(tan)　贪——谈——毯——碳

(nao)　孬——挠——恼——淖　　(niu)　妞——牛——扭——拗

(lei)　勒——雷——垒——泪　　(liu)　溜——刘——柳——六

舌根音

(guo)　郭——国——裹——过　　(gen)　根——哏——艮——亘

(kui)　亏——魁——跬——溃　　(ke)　科——壳——可——刻

(hao)　蒿——豪——好——浩　　(huo)　豁——活——伙——货

舌面音

(ji)　鸡——急——挤——季　　(jie)　接——节——姐——届

(qin)　亲——擒——寝——沁　　(quan)　圈——拳——犬——券

(xie)　歇——挟——血——屑　　(xiao)　销——淆——晓——哮

舌尖后音

(zha)　楂——轧——眨——榨　　(zhu)　朱——竹——煮——仁

(chu) 初——锄——楚——触　　　　(chuan) 穿——船——喘——串

(sha) 莎——啥——傻——厦　　　　(she) 奢——舌——舍——涉

(rang) 嚷——瓤——壤——让

舌尖前音

(zan) 簪——咱——攒——赞　　　　(zao) 遭——凿——枣——躁

(cai) 猜——裁——踩——菜　　　　(can) 参——惭——惨——灿

(cun) 村——存——忖——寸　　　　(sui) 虽——遂——髓——岁

(二)异调引衬训练

1.“阳”引“阴”(阳平——阴平)

训练提示:发完前面的阳平音节,保持尾音的音高,换口气再引发出后面的阴平音节。体会阴平的起点音的高度5度。

时——光　　船——舱　　容——积　　民——歌　　搏——击

航——空　　平——均　　流——通　　营——销　　集——资

2.“去”限“阴”(阴平——去声)

训练提示:发完前面的阴平音节,保持尾音的音高,换口气再发后面的去声音节。体会阴平的终点音的高度。

生——态　　专——利　　飞——跃　　支——票　　公——证

优——惠　　松——懈　　师——范　　消——费　　推——荐

3.“去”引“阳”(去声——阳平)

训练提示:发完前面的去声音节,保持下降的趋势,换口气再发后面的阳平音节。体会阳平的起点音的音高3度。

数——学　　豁——达　　课——堂　　幼——儿　　栋——梁

蔚——蓝　　杜——绝　　素——描　　纵——横　　布——局

4.“去”限“阳”(阳平——去声)

训练提示:发完前面的阳平音节,保持尾音的高度,换口气再发后面的去声音节。体会阳平的终点音的高度不能超过5度。

结——构　　询——问　　执——拗　　嘲——弄　　于——是

觉——悟　　良——性　　评——论　　急——件　　实——事

5.“去”引“上”(去声——上声)

训练提示:发完前面的去声音节,保持下降的趋势,换口气再发后面的上声音节。体会上声的起点音不能高于2度。

| 记——者 | 下——雨 | 秀——美 | 上——海 | 重——点 |
| 历——史 | 信——仰 | 耐——久 | 外——语 | 治——理 |

6. "阴"限"上"（上声——阴平）

训练提示：发完前面的上声音节，保持尾音的高度，换口气再发后面的阴平音节。体会上声的终点音要有往上升的趋势，不能低于4度。

| 讲——师 | 北——京 | 掌——声 | 柳——阴 | 领——先 |
| 手——机 | 广——播 | 海——涛 | 股——东 | 厂——方 |

7. "阴"引"去"（阴平——去声）

训练提示：发完前面的阴平音节，保持高平的调值，换口气再发后面的去声音节。体会去声起点音的高度5度。

| 音——乐 | 希——望 | 光——顾 | 天——气 | 苛——刻 |
| 巫——术 | 归——类 | 单——字 | 欢——笑 | 牵——挂 |

8. "上"限"去"（去声——上声）

训练提示：发完前面的去声音节，保持下降的趋势，换口气再发后面的上声音节。体会去声的终点音要降下来，到低度1。

| 政——府 | 运——转 | 耐——久 | 大——胆 | 撰——稿 |
| 会——场 | 定——理 | 健——美 | 摄——影 | 货——款 |

（三）四声夸张练读

训练时结合用气，体会气息在运动，尤其是用夸张的"上声"体会气息下沉较为明显。"阴平"练习时注意平稳；"阳平"上升时气要拉住，这时口腔要立起，力度要加强，避免高音窄、挤；"去声"下降时，气要托住，口腔要有控制、避免衰弱。

1. 四声气息控制练习

巴—拔—把—罢　　　　　　　　低—迪—底—第

这个练习反复练习多次，可用快吸气来练，也可用慢吸气来练，字音要清楚准确，也可逐渐改变声音的高低、强弱、快慢并调节好气息。

2. 夸大的上声练习

| 好(hǎo) | 美(měi) | 满(mǎn) | 海(hǎi) | 米(mǐ) |
| 想(xiǎng) | 仰(yǎng) | 请(qǐng) | 跑(pǎo) | 场(chǎn) |

（四）古入声字练习

biē	tū	pō	guā	jī	zhā	shī	jū
憋	突	泊	刮	积	扎	湿	拘

shā	jiē	kē	suō	yī	guō	xiē	gē
刹	接	瞌	缩	揖	聒	歇	疙

yā	qiā	xī	tā	xī	xiā	zhōu	chī
鸭	掐	夕	塌	蟋	瞎	粥	吃

xí	xué	zhí	bí	hé	xiá	dí	gé
媳	学	侄	荸	盒	匣	敌	嗝

jí	guó	jiá	duó	bié	fú	dié	dú
急	国	颊	铎	别	福	碟	读

fá	duó	méi	jú	jué	hé	huá	bó
罚	踱	没	菊	绝	涸	滑	驳

pǔ	jiǎo	kě	qǔ	fǎ	biě	bǎi	běi
朴	角	渴	曲	法	瘪	百	北

pǐ	zhǎ	yǐ	tǎ	jǐ	jiǎ	chǐ	bǔ
匹	眨	乙	塔	脊	甲	尺	卜

tiě	gěi	gǔ	zhǎi	jiǎo	xuě	rǔ	hǎo
铁	给	骨	窄	脚	雪	辱	郝

bì	què	pù	mò	là	mì	miè	lì
毕	却	瀑	沫	辣	蜜	灭	力

qià	huò	lù	tì	fù	tà	liè	lù
恰	或	绿	惕	腹	蹋	列	陆

pò	tè
魄	特

（五）绕口令训练

训练提示：不要追求速度快，重点练习吐字发音和节奏。试着放慢语速，体会每个音节的声调。

妈妈骑马，马慢妈妈骂马。妞妞哄牛，牛拧妞妞拧牛。姥姥喝酪，酪落姥姥捞酪。舅舅架鸠，鸠飞舅舅揪鸠。

山羊上山，山碰山羊角。水牛下水，水没水牛腰。沙马运沙，马过沙河，沙打沙马腿。草驴驮草，驴走草桥，草压草驴腰。

书童研磨，墨抹书童一脸墨。梅香添煤，煤爆梅香两眉煤。

附录:

常用古入声字普通话声调归类表

下面是常用的古入声字,现按普通话的声调排列,并注明读音。

阴平

八 ba	逼 bi	吃 chi	出 chu	发 fa	喝 he	黑 hei
忽 hu	击 ji	激 ji	积 ji	绩 ji	七 qi	屈 qu
缺 que	塞 sai	杀 sha	失 shi	湿 shi	叔 shu	刷 shua
说 shuo	贴 tie	突 tu	托 tuo	屋 wu	吸 xi	息 xi
惜 xi	瞎 xia	歇 xie	削 xue	压 ya	鸭 ya	一 yi
约 yue	摘 zhai	桌 zhuo	捉 zhuo			

阳平

拔 ba	白 bai	鼻 bi	别 bie	伯 bo	答 da	达 da
得 de	德 de	敌 di	毒 du	读 du	独 du	夺 duo
罚 fa	福 fu	服 fu	阁 ge	革 ge	格 ge	隔 ge
国 guo	合 he	活 huo	急 ji	及 ji	极 ji	即 ji
集 ji	籍 ji	结 jie	洁 jie	节 jie	局 ju	决 jue
绝 jue	觉 jue	俗 su	舌 she	十 shi	拾 shi	石 shi
食 shi	实 shi	识 shi	习 xi	协 xie	学 xue	杂 za
则 ze	泽 ze	责 ze	贼 zei	足 zu	族 zu	昨 zuo
折 zhe	直 zhi	值 zhi	植 zhi	竹 zhu		

上声

百 bai	北 bei	笔 bi	尺 chi	法 fa	给 gei	谷 gu
骨 gu	甲 jia	角 jiao	脚 jiao	渴 ke	属 shu	塔 ta
铁 tie	血 xue	雪 xue				

去声

必 bi	毕 bi	不 bu	策 ce	测 ce	彻 che	畜 chu
触 chu	促 cu	的 di	恶 e	发 fa	复 fu	各 ge
划 hua	豁 huo	或 huo	获 huo	剧 ju	克 ke	客 ke
刻 ke	阔 kuo	括 kuo	扩 kuo	辣 la	腊 la	乐 le

力 li	历 li	立 li	粒 li	列 lie	烈 lie	劣 lie
六 liu	陆 lu	落 luo	律 lü	绿 lü	率 lü	略 lüe
麦 mai	密 mi	灭 mie	末 mo	莫 mo	墨 mo	木 mu
牧 mu	目 mu	纳 na	虐 nüe	迫 po	恰 qia	切 qie
却 que	确 que	热 re	日 ri	肉 rou	入 ru	弱 ruo
若 ruo	色 se	速 su	宿 su	式 shi	室 shi	适 shi
于 yu	术 shu	速 su	踏 ta	特 te	袜 wa	握 wo
物 wu	吓 xia	续 xu	药 yao	叶 ye	业 ye	忆 yi
亿 yi	易 yi	益 yi	玉 yu	欲 yu	月 yue	跃 yue
越 yue	阅 yue	作 zuo	质 zhi	秩 zhi	筑 zhu	祝 zhu

第五节　单音节字词部分测试指导

说一口标准的普通话是建立在对每一个音节正确发音认读的基础上的,所以"读单音节字词"是普通话水平测试中的基础检测,其目的是检测应试人声韵调是否能读标准。

在此项测试中,语音上的任何错误和缺陷都会被扣分。所谓"错误",是指把普通话语音系统中的这一个音读成了另一个音。例如,把"诗(shī)"读成"sī"(声母错了),把"蒸(zhēng)"读成"zhōng"(韵母错了),把"沏(qī)"读成"qì"(声调错了)。总之,把声韵调任何一部分读错,该音节都被判定为错误。所谓"缺陷",是指在读普通话语音系统中的某一个音时,没有完全达到标准程度,但不至于被误听成另一个音的情况。例如,把舌尖前音发成齿间音,复韵母、鼻韵母动程不明显,调值不准确(如把上声的调值发成 21、212 或 213),等等。了解了这些情况,我们在培训练习和测试准备的时候就要注意以下几个问题。

一、声、韵、调要标准

在本测试项中,语音错误每个音节扣 0.1 分,语音缺陷每个音节扣 0.05 分。从语音的标准程度来说,尽管语音缺陷没有语音错误的严重程度大,但是语音缺陷出现的几率却远远大于语音错误。应试人读 100 个单音节字,也许只读错 3、4 个字,但是有缺陷的读音可能会高达 20 多个,甚至更多,从而导致失分率高。如果是由测评员评判,还会影响测评员对应试人语音面貌的评判。所以,应试人一定要注意每个字声韵调的标准发音。

（一）找准声母的发音部位,掌握声母的发音方法

声母（辅音声母）的音色取决于它的发音部位和发音方法。气流受阻是辅音的主要发音特征,因此要读准声母,首要的是要找准每个声母的发音部位,部位稍有偏离,就会造成语音缺陷。普通话学习中,容易在发音部位上出现问题的主要集中在 j、q、x;zh、ch、sh、r;z、c、s 三组声母上。发音方法是影响声母音色的另一个要素,应试人在鼻音 n、边音 l 等方面暴露出的问题除了发音部位不标准,没有掌握好发音方法也是其中的一个重要原因。

（二）韵母发音要注意口形和舌位动程

普通话水平测试中暴露出来的方言色彩很大程度上取决于韵母发音有缺陷。因此,掌握好韵母的发音要领,把韵母读得严谨而又自然是非常重要的。

1. 单韵母字的发音要单纯

单韵母字发音时,口腔状态应该一直保持着字腹（即该单韵母）的开口度,主要用减弱的声波结束字音,要在字音全部停止后才能将口腔恢复常态。如果字音尚未停止,口形或舌位就开始移动,就一定会改变该字韵母的发音,造成语音缺陷,暴露出方言色彩。试读下列单韵母音节,注意保舌位、唇形、开口度不能有移动。

é	fó	cí	fù	dī	lǚ	shì
俄	佛	词	附	堤	屡	侍

2. 复韵母的发音要体现动程

复韵母是由两个或三个元音复合而成的,在发音过程中,舌位的高低、前后和唇形的圆展均要发生连续的移动、变化。如果缺少动程,整个音节的发音就会偏平、不响亮,造成缺陷甚至发音错误。试读下列复韵母音节,注意把"动程"自然地体现出来。

zhuài	fǒu	bài	jiū	liào	rào	něi
拽	缶	稗	揪	廖	绕	馁

3. 鼻韵母的发音要体现出口音到鼻音的动程,变化自然和谐,归音到位

鼻韵母的发音除了有"两个动程","归音"也是发音标准的重要表现。归音要在发音即将结束的一刹那到位,前鼻韵母舌尖归到 n 的位置,后鼻韵母舌根

归到 ng 的位置,归音到位发音即结束。如果缺少了归音的过程,或者归音不到位,就会出现鼻化现象,暴露出方言色彩。试读下列鼻韵母音节,注意归音。

nǎn	xiān	yuán	lín	fēn	dǐng	tóng
腩	先	媛	霖	分	顶	桐

4. 不要忽略圆唇的韵头

韵头虽然只表示韵母的起始,但是忽略了韵头的发音,尤其是圆唇的 u 和 ü 的口形,都会导致语音缺陷,甚至语音错误。试读下列音节,注意韵头的口形。

shuí	shuǎi	huā	wǎi	tuān	quán	chuàng
谁	甩	花	崴	湍	权	怆

dūn	xùn	chuō	xuàn	què	guài	wěng
敦	逊	戳	炫	鹊	怪	蓊

(三)声调要读全调

对于一个个独立的音节而言,不存在任何的语流音变问题。因此,每个字词都必须读全调,调值都要读到位,要把普通话高低升降的声调反差明显地读出来。阴平字要将起音读得高,整个过程没有明显的升降变化,用力平均。阳平字要避免音高扬不上去,中途拐弯现象,做到从中间起音,努力上扬,用气为开头弱起逐渐加强。上声字要避免降升拐弯过于僵硬不够平滑、尾音上扬不够高或只降不升等现象。去声字要避免全降降不下来的缺点,做到高起直降,在气势上保持贯通、顺畅。试读下列音节,注意读全字调。

shēn	sī	tīng	diū	lái	xí	tí	liú
申	司	厅	丢	来	习	题	刘

dǐ	tuǐ	lǐ	diǎn	jī	xiào	yì	xù
抵	腿	李	点	绩	效	翊	絮

总之,读单音节字词一定要读准声韵调,体现出动程,归音到位,高低升降,变化自然和谐,读音饱满圆润,做到字正腔圆。

二、读单音节字词不存在音变现象

(一)不能读儿化

读单音节字词测查的是独立的字的读音,不存在语流音变的现象,所以在这一题型中不能出现读儿化的音节。如"块、槛、孩、壳"不能读作"块儿、槛儿、孩儿、壳儿"。

（二）常在词语中读轻声的字要读本音

有些字通常在语流中是读作轻声的,如"(女)婿、(是)吗、(哪)里、(到)了、(我)们",但在作为一个个独立的音节时,不存在语流音变问题,应该读其本音"xù、ma、li、liǎo、mén"。

三、不要误读形近字

汉字的形体很多是相近或相似的,单独认读,稍不注意很容易读错。如:

拨——拔　　凸——凹　　太——大　　跨——垮
戊——戍　　橡——缘　　均——匀　　傀——鬼

形近字的误读主要有两种情况,一是应试人读得过快或心理紧张,把某字误读成了其形近字;二是基本功不扎实,当一些不常用的字或生活中习惯于组词的字单独出现时,就不认识了。为了减少误读或错误的发生,应试者要克服紧张的心理,放慢语速;另外,要加强基本功训练,养成勤查字典的良好习惯。

四、要保持字与字之间的间隙

读单音节字词考查的是声韵调,如果语速过快,几乎形成了语流,势必将影响音节读音的准确、到位,因为在语流中字音大多数情况下是不到位的。因此,为了保证每个字都读得字正腔圆,就必须保持字与字之间的间隙,确保声韵调发音的准确、规范。试读下列音节,把握语速。

吵　北　爱　此　案　半　加　读
等　脆　动　兵　春　洗　鱼　下

五、读音要清晰响亮

在普通话水平测试中,语音规范程度始终是测试的核心,但同时也要考虑到语音清晰响亮的程度,这一要求是在普通话考核范畴之内的。在确定一级普通话时,这一点尤为重要。

六、读单音节字词要从左至右横读

100个单音节字词,在测试题中一般分为10排,每排10个字。应试人要从第一排起,从左至右横读。

第六节　单音节字词综合训练材料

一、普通话测试用词语表中常用平翘舌单音节字

z-

zā	zá	zá	zāi	zāi	zāi	zǎi	zǎi
咂	杂	砸	灾	哉	栽	宰	崽
zài	zài	zài	zán	zǎn	zàn	zàn	zāng
再	在	载	咱	攒	暂	赞	赃
zàng	zàng	zāo	zāo	záo	zǎo	zǎo	zǎo
葬	藏	遭	糟	凿	早	藻	枣
zǎo	zào	zào	zào	zào	zào	zé	zé
澡	灶	造	噪	燥	躁	则	责
zé	zé	zé	zè	zéi	zěn	zēng	zēng
择	泽	啧	仄	贼	怎	曾	增
zēng	zèng	zī	zī	zī	zī	zī	zǐ
憎	赠	咨	姿	资	兹	滋	子
zǐ	zǎi	zǐ	zǐ	zì	zì	zì	zōng
籽	仔	姊	紫	自	字	渍	宗
zōng	zōng	zōng	zōng	zǒng	zòng	zòng	zǒu
棕	踪	鬃	综	总	纵	粽	走
zòu	zòu	zū	zú	zú	zú	zǔ	zǔ
奏	揍	租	足	卒	族	诅	阻
zǔ	zǔ	zuàn	zuǐ	zuì	zuì	zuì	zūn
组	祖	攥	嘴	最	罪	醉	尊
zūn	zuó	zuǒ	zuǒ	zuǒ	zuò	zuò	zuò
遵	昨	左	佐	撮	作	坐	座
zuò							
做							

c-

cā	cāi	cái	cái	cái	cái	cǎi	cǎi
擦	猜	才	裁	材	财	采	彩
cǎi	cǎi	cài	cài	cān	cān	cán	cán
踩	睬	菜	蔡	参	餐	残	蚕

cán	cǎn	càn	cāng	cāng	cāng	cāng	cáng
惭	惨	灿	仓	苍	舱	沧	藏

cāo	cáo	cáo	cáo	cǎo	cè	cè	cè
操	曹	嘈	槽	草	册	侧	厕

cè	cè	céng	céng	cèng	cí	cí	cí
测	策	层	曾	蹭	瓷	词	祠

cí	cí	cí	cí	cǐ	cì	cì	cì
辞	慈	磁	雌	此	次	刺	赐

cōng	cōng	cōng	cóng	cóng	còu	cū	cù
匆	葱	聪	从	丛	凑	粗	促

cù	cù	cuàn	cuán	cuàn	cuī	cuī	cuī
醋	簇	窜	攒	篡	崔	催	摧

cuǐ	cuì	cuì	cuì	cuì	cuì	cūn	cūn
璀	脆	萃	啐	淬	翠	村	皴

cún	cùn	cuō	cuō	cuò	cuò	cuò	cuò
存	寸	搓	撮	挫	措	锉	错

S -

sā	sǎ	sà	sāi	sāi	sāi	sāi	sài
撒	洒	卅	鳃	塞	腮	塞	赛

sān	sǎn	sǎn	sāng	sǎng	sàng	sāo	sāo
三	伞	散	桑	嗓	丧	搔	骚

sāo	sāo	sǎo	sǎo	sè	sè	sè	sè
缫	臊	扫	嫂	色	涩	瑟	塞

sēn	sēng	sī	sī	sī	sī	sī	sī
森	僧	司	丝	私	思	斯	厮

sī	sǐ	sì	sì	sì	sì	sì	sì
撕	死	四	寺	似	伺	祀	饲

sì	sì	sì	sì	sōng	sǒng	sǒng	sòng
俟	饲	嗣	肆	松	怂	耸	讼

sòng	sòng	sòng	sòng	sōu	sōu	sū	sū
诵	颂	宋	送	搜	艘	苏	酥

sú	sù	sù	sù	sù	sù	sù	sù
俗	诉	素	速	宿	肃	粟	塑

sù	suàn	suān	suàn	suī	suí	suí	suí
溯	算	酸	蒜	虽	隋	随	遂

suí	suǐ	suì	suì	suì	suì	suì	sūn
绥	髓	岁	隧	遂	碎	穗	孙

sǔn	suō	suǒ	suǒ	suǒ	suō	suō	suō
损	缩	所	索	锁	唆	梭	蓑

suǒ
琐

zh -

zhā	zhā	zhá	zhá	zhá	zhǎ	zhà	zhà
渣	扎	轧	闸	铡	眨	炸	乍

zhà	zhà	zhà	zhà	zhāi	zhāi	zhái	zhǎi
诈	栅	榨	蚱	摘	斋	宅	窄

zhài	zhài	zhān	zhān	zhān	zhān	zhān	zhǎn
债	寨	占	沾	粘	毡	瞻	展

zhǎn	zhǎn	zhàn	zhàn	zhàn	zhāng	zhāng	zhāng
崭	斩	占	战	蘸	张	章	樟

zhǎng	zhǎng	zhǎng	zhàng	zhàng	zhàng	zhàng	zhàng
长	涨	掌	丈	仗	杖	帐	账

zhàng	zhàng	zhāo	zhāo	zhāo	zhāo	zhǎo	zhǎo
胀	障	招	着	昭	朝	找	沼

zhǎo	zhào	zhào	zhào	zhào	zhào	zhào	zhào
爪	召	赵	照	兆	诏	罩	肇

zhé	zhē	zhé	zhé	zhě	zhě	zhè	zhè
折	遮	哲	辙	者	褶	这	浙

zhè	zhēn	zhēn	zhēn	zhēn	zhēn	zhēn	zhēn
蔗	贞	针	侦	珍	真	砧	斟

zhēn	zhěn	zhěn	zhèn	zhèn	zhèn	zhèn	zhèn
臻	诊	枕	阵	振	震	镇	朕

zhēng	zhēng	zhēng	zhēng	zhěng	zhěng	zhèng	zhèng
争	征	睁	蒸	整	拯	正	证

zhèng	zhèng	zhèng	zhèng	zhī	zhī	zhī	zhī
郑	政	挣	症	之	支	芝	只

zhī	zhī	zhī	zhī	zhī	zhī	zhí	zhí
汁	枝	知	肢	织	脂	执	直

zhí	zhí	zhí	zhí	zhí	zhǐ	zhǐ	zhǐ
值	侄	职	植	殖	止	只	旨

zhǐ	zhǐ	zhǐ	zhì	zhì	zhì	zhì	zhì
指	址	纸	至	志	帜	制	质

zhì	zhì	zhì	zhì	zhì	zhì	zhì	zhì
治	致	炙	秩	智	置	掷	窒

zhì 智	zhì 滞	zhì 稚	zhì 桎	zhōng 中	zhōng 忠	zhōng 终	zhōng 盅
zhōng 钟	zhōng 衷	zhǒng 肿	zhǒng 种	zhǒng 冢	zhòng 仲	zhòng 众	zhòng 种
zhòng 重	zhōu 舟	zhōu 洲	zhōu 周	zhōu 粥	zhóu 轴	zhǒu 肘	zhòu 咒
zhòu 昼	zhòu 皱	zhòu 骤	zhū 诛	zhū 珠	zhū 诸	zhū 蛛	zhú 竹
zhú 烛	zhǔ 主	zhǔ 拄	zhǔ 嘱	zhù 伫	zhù 助	zhù 住	zhù 贮
zhù 注	zhù 驻	zhù 柱	zhù 祝	zhù 著	zhù 蛀	zhù 铸	zhù 筑
zhuā 抓	zhuǎ 爪	zhuài 拽	zhuān 专	zhuān 砖	zhuǎn 转	zhuàn 撰	zhuàn 篆
zhuàn 传	zhuāng 庄	zhuāng 桩	zhuāng 妆	zhuàng 壮	zhuāng 装	zhuàng 状	zhuàng 幢
zhuī 追	zhuī 椎	zhuī 锥	zhuì 坠	zhuì 缀	zhuì 赘	zhǔn 准	zhuō 拙
zhuō 捉	zhuō 桌	zhuó 灼	zhuó 茁	zhuō 卓	zhuó 浊	zhuó 酌	zhuó 啄

ch -

chā 叉	chā 杈	chā 插	chá 查	chá 茬	chá 茶	chá 察	chà 岔
chà 诧	chāi 差	chāi 拆	chái 柴	chān 掺	chān 搀	chán 禅	chán 馋
chán 缠	chán 蝉	chán 潺	chán 蟾	chǎn 产	chǎn 铲	chǎn 阐	chàn 忏
chàn 颤	chāng 昌	chāng 娼	cháng 猖	cháng 长	cháng 肠	cháng 尝	cháng 偿
cháng 常	chǎng 厂	chǎng 场	chǎng 敞	chàng 怅	chàng 畅	chàng 倡	chàng 唱
chāo 抄	chāo 钞	chāo 超	cháo 巢	cháo 朝	cháo 嘲	cháo 潮	chǎo 吵
chǎo 炒	chē 车	chě 扯	chè 彻	chè 掣	chè 撤	chè 澈	chēn 抻

chén	chén	chén	chén	chén	chén	chén	chèn
尘	臣	忱	沉	辰	陈	晨	衬

chèn	chèn	chēng	chéng	chéng	chéng	chéng	chéng
称	趁	撑	丞	成	呈	承	诚

chéng	chéng	chéng	chéng	chéng	chéng	chěng	chěng
城	乘	惩	程	澄	橙	逞	骋

chèng	chī	chī	chī	chí	chí	chí	chí
秤	吃	嗤	痴	池	驰	迟	持

chí	chǐ	chǐ	chǐ	chǐ	chì	chì	chì
匙	尺	侈	齿	耻	斥	赤	炽

chì	chì	chōng	chōng	chōng	chōng	chóng	chóng
翅	啻	充	冲	舂	憧	虫	崇

chǒng	chōu	chóu	chóu	chóu	chóu	chóu	chóu
宠	抽	仇	惆	绸	畴	愁	稠

chóu	chǒu	chòu	chū	chū	chú	chú	chú
筹	丑	臭	出	初	刍	除	厨

chú	chú	chú	chú	chú	chǔ	chǔ	chǔ
锄	蜍	雏	橱	蹰	础	储	楚

chǔ	chù	chù	chù	chuài	chuài	chuān	chuān
处	搐	触	蠢	揣	踹	川	穿

chuán	chuán	chuǎn	chuàn	chuāng	chuāng	chuáng	chuǎng
传	船	喘	串	疮	窗	床	闯

chuàng	chuī	chuī	chuí	chuí	chuí	chuí	chuí
创	吹	炊	垂	陲	捶	槌	锤

chūn	chún	chún	chún	chún	chǔn	chuō	chuò
春	纯	唇	淳	醇	蠢	戳	绰

chuò
啜

sh -

shā	shā	shā	shā	shā	shǎ	shà	shà
杀	沙	纱	刹	砂	傻	煞	霎

shāi	shài	shān	shān	shān	shān	shān	shǎn
筛	晒	山	杉	衫	珊	煽	闪

shǎn	shàn	shàn	shàn	shàn	shàn	shàn	shàn
陕	讪	扇	善	缮	擅	膳	赡

shāng	shāng	shǎng	shǎng	shǎng	shàng	shàng	shāo
伤	商	垧	晌	赏	上	尚	捎

shāo	shāo	shāo	sháo	shǎo	shào	shào	shào
梢	烧	稍	勺	少	绍	哨	绍

shē	shé	shé	shě	shè	shè	shè	shè
奢	舌	蛇	舍	设	社	射	涉

shè	shè	shè	shēn	shēn	shēn	shēn	shēn
赦	摄	麝	申	伸	身	绅	呻

shēn	shēn	shēn	shén	shěn	shěn	shěn	shèn
娠	砷	深	神	沈	审	婶	肾

shèn	shèn	shèn	shèn	shēng	shēng	shēng	shēng
甚	渗	慎	蜃	升	生	声	牲

shēng	shéng	shěng	shèng	shèng	shèng	shèng	shī
笙	绳	省	圣	胜	盛	剩	尸

shī	shī	shī	shī	shī	shī	shī	shí
失	师	虱	诗	施	狮	湿	十

shí	shí	shí	shí	shí	shí	shí	shí
什	石	时	识	实	拾	蚀	食

shǐ	shǐ	shǐ	shǐ	shǐ	shǐ	shì	shì
史	矢	使	始	驶	屎	士	氏

shì	shì	shì	shì	shì	shì	shì	shì
世	仕	市	示	式	事	侍	势

shì	shì	shì	shì	shì	shì	shì	shì
视	试	饰	室	恃	拭	是	柿

shì	shì	shì	shì	shì	shì	shì	shì
适	舐	逝	释	嗜	誓	噬	螫

shōu	shǒu	shǒu	shǒu	shòu	shòu	shòu	shòu
收	手	守	首	狩	寿	受	兽

shòu	shòu	shòu	shū	shū	shū	shū	shū
售	授	瘦	书	抒	叔	枢	倏

shū	shū	shū	shū	shū	shū	shú	shú
殊	梳	疏	舒	输	蔬	孰	赎

shú	shú	shǔ	shǔ	shǔ	shǔ	shǔ	shǔ
塾	熟	暑	署	鼠	蜀	薯	曙

shù	shù	shù	shù	shù	shù	shù	shù
术	束	述	树	竖	恕	庶	数

shù	shuā	shuǎ	shuāi	shuāi	shuài	shuān	shuàn
墅	刷	耍	衰	摔	帅	栓	涮

shuāng	shuāng	shuǎng	shuí	shuǐ	shuì	shuì	shǔn
双	霜	爽	谁	水	税	睡	吮

shùn	shùn	shùn	shuō	shuò	shuò		
顺	舜	瞬	说	烁	硕		

r -

rán	rán	rǎn	rǎn	rǎng	rǎng	ràng	ráo
然	燃	冉	染	嚷	壤	让	饶
rǎo	rào	rě	rè	rén	rén	rěn	rèn
扰	绕	惹	热	人	仁	忍	刃
rèn	rèn	rèn	rèn	rèn	rēng	réng	rì
认	纫	妊	韧	饪	扔	仍	日
róng	róng	róng	róng	róng	róng	rǒng	róu
绒	荣	熔	溶	蓉	融	冗	柔
róu	róu	ròu	rú	rú	rú	rǔ	rǔ
揉	蹂	肉	如	儒	蠕	汝	乳
rǔ	rù	rù	ruǎn	ruǐ	ruì	ruì	rùn
辱	入	褥	软	蕊	锐	瑞	闰
rùn	ruò	ruò					
润	若	弱					

二、普通话测试用词语表中 j、q、x 声母字

j -

jī	jī	jī	jī	jī	jī	jī	jī
机	讥	姬	击	饥	肌	鸡	积
jī	jī	jī	jī	jí	jí	jí	jí
基	畸	激	羁	及	级	极	即
jí	jí	jí	jí	jí	jí	jí	jí
吉	汲	急	棘	疾	集	辑	嫉
jí	jǐ	jǐ	jǐ	jǐ	jǐ	jǐ	jǐ
瘠	几	戟	己	挤	济	给	脊
jì	jì	jì	jì	jì	jì	jì	jì
计	记	纪	技	伎	迹	系	季
jì	jì	jì	jì	jì	jì	jì	jì
剂	济	既	继	祭	寄	暨	髻
jì	jì	jì	jiā	jiā	jiā	jiā	jiā
冀	忌	寂	加	佳	枷	嘉	夹
jiā	jiá	jiá	jiá	jiǎ	jiǎ	jiǎ	jiǎ
家	荚	颊	夹	甲	钾	假	贾

jià	jià	jià	jià	jiān	jiān	jiān	jiān
价	架	驾	嫁	尖	歼	坚	缄

jiān	jiān	jiān	jiān	jiān	jiān	jiān	jiān
煎	间	肩	艰	监	兼	拣	茧

jiǎn	jiǎn	jiǎn	jiǎn	jiǎn	jiǎn	jiǎn	jiàn
捡	检	柬	减	剪	简	碱	见

jiàn	jiàn	jiàn	jiàn	jiàn	jiàn	jiàn	jiàn
件	间	建	荐	贱	涧	腱	溅

jiàn	jiàn	jiàn	jiàn	jiàn	jiàn	jiàn	jiàn
剑	谏	鉴	渐	鉴	舰	键	箭

jiāng	jiāng	jiāng	jiāng	jiāng	jiāng	jiāng	jiǎng
江	将	姜	僵	疆	缰	浆	讲

jiǎng	jiǎng	jiàng	jiàng	jiàng	jiàng	jiàng	jiàng
奖	蒋	降	将	强	酱	绛	犟

jiāo	jiāo	jiāo	jiāo	jiāo	jiào	jiāo	jiāo
跤	礁	浇	郊	胶	教	椒	焦

jiāo	jiāo	jiáo	jiǎo	jiǎo	jiǎo	jiǎo	jiǎo
交	娇	嚼	剿	角	脚	狡	饺

jiǎo	jiǎo	jiǎo	jiǎo	jiǎo	jiǎo	jiào	jiào
绞	矫	皎	搅	缴	搅	觉	校

jiào	jiào	jiào	jiào	jiào	jiē	jiē	jiē
较	窖	教	叫	酵	揭	秸	皆

jiē	jiē	jiē	jié	jié	jié	jié	jié
结	接	街	劫	洁	节	捷	睫

jié	jié	jié	jiě	jiè	jiè	jiè	jiè
结	竭	截	解	介	戒	届	界

jiè	jiè	jiè	jīn	jīn	jīn	jīn	jīn
借	诫	解	斤	今	巾	金	襟

jīn	jīn	jīn	jīn	jīn	jǐn	jǐn	jǐn
津	矜	筋	禁	津	仅	尽	锦

jǐn	jǐn	jìn	jìn	jìn	jìn	jìn	jìn
紧	谨	进	近	靳	劲	晋	浸

jìn	jīng	jīng	jīng	jīng	jīng	jīng	jīng
禁	茎	京	经	惊	晶	精	睛

jīng	jǐng	jǐng	jǐng	jǐng	jìng	jìng	jìng
鲸	井	颈	景	警	径	净	竟

jìng	jìng	jìng	jìng	jìng	jiǒng	jiǒng	jiū
竞	敬	静	镜	境	炯	窘	纠

jiū	jiū	jiǔ	jiǔ	jiǔ	jiǔ	jiǔ	jiù
究	揪	韭	九	久	酒	灸	旧
jiù	jiù	jiù	jiù	jū	jū	jū	jū
救	厩	臼	就	车	居	拘	驹
jū	jú	jú	jǔ	jǔ	jù	jù	jù
鞠	局	菊	咀	举	巨	句	拒
jù	jù	jù	jù	jù	jù	jù	jù
具	俱	剧	据	惧	锯	距	聚
jù	juān	juàn	juàn	juàn	juē	jué	jué
踞	捐	圈	绢	眷	撅	决	厥
jué	jué	jué	jué	juè	jué	jué	jué
蕨	爵	攫	觉	倔	绝	掘	嚼
jūn	jūn	jùn	jūn	jūn	jūn	jùn	jùn
军	钧	俊	均	君	菌	郡	峻
jùn
竣

q -

qī	qī	qī	qī	qī	qī	qī	qī
沏	栖	凄	凄	戚	期	妻	欺
qī	qī	qí	qí	qí	qí	qí	qí
七	漆	齐	其	奇	歧	祈	骑
qí	qí	qí	qí	qǐ	qǐ	qǐ	qǐ
畦	旗	棋	鳍	企	启	起	乞
qǐ	qì	qì	qì	qì	qì	qì	qì
绮	气	契	砌	器	弃	迄	汽
qì	qiā	qiǎ	qià	qià	qiān	qiān	qiān
泣	掐	卡	恰	洽	千	迁	牵
qiān	qiān	qiān	qiān	qián	qián	qián	qián
铅	签	谦	扦	前	钱	潜	虔
qián	qián	qián	qiǎn	qiǎn	qiàn	qiàn	qiàn
乾	黔	钳	遣	浅	欠	纤	歉
qiàn	qiāng	qiāng	qiāng	qiāng	qiāng	qiáng	qiáng
嵌	抢	腔	呛	枪	腔	强	墙
qiǎng	qiàng	qiāo	qiāo	qiāo	qiāo	qiáo	qiáo
抢	呛	跷	锹	悄	敲	桥	瞧
qiáo	qiáo	qiáo	qiáo	qiǎo	qiào	qiào	qiào
乔	侨	翘	瞧	巧	俏	壳	鞘

qiào	qiào	qiāo	qiē	qié	qiě	qiè	qiè
峭	窍	橇	切	茄	且	妾	怯

qiè	qiè	qīn	qīn	qīn	qín	qín	qín
窃	惬	侵	亲	钦	秦	琴	勤

qín	qín	qín	qǐn	qìn	qīng	qīng	qīng
禽	擒	噙	寝	沁	青	轻	氢

qīng	qīng	qīng	qīng	qíng	qíng	qǐng	qǐng
倾	清	卿	蜻	情	擎	请	顷

qìng	qìng	qióng	qiū	qiū	qiú	qiú	qiú
庆	磬	穷	秋	邱	求	仇	酋

qiú	qiú	qiú	qū	qū	qū	qū	qū
囚	球	裘	区	驱	趋	屈	曲

qū	qū	qū	qú	qǔ	qǔ	qù	qù
祛	蛆	躯	渠	取	娶	去	趣

quān	quán	quán	quán	quán	quán	quán	quán
圈	权	全	泉	拳	蜷	痊	蝥

quǎn	quàn	quàn	quē	qué	què	què	què
犬	劝	券	缺	瘸	雀	却	确

què	qún	qún
阙	裙	群

X -

xī	xī	xī	xī	xī	xī	xī	xī
西	吸	夕	兮	息	稀	昔	锡

xī	xī	xī	xī	xī	xī	xī	xī
希	析	悉	惜	奚	唏	犀	溪

xī	xī	xī	xī	xí	xí	xí	xǐ
蜥	熄	膝	嬉	习	袭	席	喜

xǐ	xǐ	xì	xì	xì	xiā	xiā	xiá
铣	洗	戏	系	细	虾	瞎	狭

xiá	xiá	xiá	xiá	xiá	xià	xià	xià
匣	峡	遐	辖	霞	下	吓	夏

xiān	xiān	xiān	xiān	xiān	xián	xián	xián
仙	先	纤	掀	鲜	闲	弦	咸

xián	xián	xián	xián	xián	xiǎn	xiǎn	xiàn
衔	嫌	涎	娴	舷	显	险	县

xiàn	xiàn	xiàn	xiàn	xiàn	xiàn	xiàn	xiàn
现	限	线	宪	陷	羡	献	腺

xiàn	xiāng	xiāng	xiāng	xiāng	xiāng	xiāng	xiāng
霰	乡	相	香	箱	厢	镶	湘
xiáng	xiáng	xiǎng	xiǎng	xiǎng	xiǎng	xiàng	xiàng
降	详	享	响	想	饷	向	项
xiàng	xiàng	xiàng	xiàng	xiāo	xiāo	xiāo	xiāo
相	象	像	橡	削	消	硝	销
xiāo	xiāo	xiāo	xiǎo	xiǎo	xiào	xiào	xiào
萧	潇	嚣	小	晓	校	笑	效
xiào	xiào	xiē	xiē	xiē	xié	xié	xié
孝	啸	些	歇	楔	协	邪	斜
xié	xié	xié	xié	xiě	xiě	xiè	xiè
携	鞋	偕	携	写	血	泄	谢
xiè	xiè	xiè	xiè	xiè	xiè	xīn	xīn
蟹	泻	卸	屑	械	褻	心	辛
xīn	xīn	xīn	xīn	xìn	xīng	xīng	xīng
欣	锌	新	薪	信	兴	星	腥
xīng	xíng	xíng	xíng	xǐng	xìng	xìng	xìng
猩	刑	行	型	醒	性	姓	幸
xiōng	xiōng	xiōng	xiōng	xiōng	xióng	xióng	xiū
凶	兄	胸	匈	汹	雄	熊	修
xiū	xiū	xiù	xiù	xiù	xiù	xiù	xū
休	羞	袖	绣	嗅	袖	锈	须
xū	xū	xū	xú	xǔ	xù	xù	xù
虚	戌	嘘	徐	许	序	畜	旭
xù	xù	xù	xuān	xuán	xuán	xuán	xuǎn
绪	续	絮	宣	悬	旋	玄	选
xuǎn	xuē	xuē	xué	xué	xuě	xūn	xūn
癣	靴	薛	穴	学	雪	勋	熏
xún	xún	xùn	xùn	xùn	xùn	xùn	xùn
寻	循	训	讯	汛	迅	驯	逊

三、普通话测试用词语表中易读错的字

ǎi	ài	ān	àng	áo	bāi	bái	bǎi
矮	隘	庵	盎	鳌	掰	白	柏
bàng	bāo	bāo	bào	bèng	bì	bì	bì
磅	胞	褒	鲍	迸	庇	婢	痹

biǎn	biāo	bīn	bìn	bǐng	bìng	bō	bó
贬	膘	瀕	摈	禀	摒	钵	舶
bó	bó	bó	bǒ	bǔ	cán	chān	cāo
箔	膊	礴	跛	捕	惭	搀	糙
cáo	chán	chǎn	chàn	chè	chēn	chén	chēng
嘈	潺	阐	忏	掣	抻	忱	撑
chǐ	chì	chì	chōng	chōng	chú	chú	chù
侈	炽	啻	舂	憧	蜍	蹰	搐
chù	zuǎn	zuàn	chuí	chuō	chuò	cōng	cuàn
蠢	纂	攥	陲	戳	绰	囱	窜
cuàn	cuì	cuì	cuì	cūn	cǔn	cuò	dā
篡	啐	淬	瘁	皴	忖	挫	耷
dǎn	dàn	dī	dí	tāo	dí	dì	diāo
疸	惮	堤	涤	绦	嫡	谛	碉
diē	dú	dǔ	tún	duō	duó	duò	duò
跌	渎	笃	饨	掇	踱	堕	舵
è	è	è	fān	fáng	fēi	fèi	fēn
厄	鄂	遏	帆	肪	妃	吠	酚
fén	fǒu	fǒu	móu	mǒu	pōu	fú	fú
焚	缶	否	谋	某	剖	匐	幅
fú	fǔ	gān	gàng	gé	gèn	gēng	gěng
辐	甫	坩	杠	蛤	亘	庚	哽
gòu	gù	guāng	guǎng	guī	guǐ	guō	hān
垢	梏	胱	犷	皈	诡	埚	蚶
hǎo	hé	hé	hé	huà	huàn	huáng	huī
郝	劾	阂	涸	桦	豢	潢	诙
huí	huì	huì	huì	huì	jī	jī	jí
洄	讳	海	秽	喙	箕	畸	汲
jí	jí	jǐ	jǐ	jì	jiā	jiá	jiān
即	瘠	脊	麂	既	浃	荚	歼
jiān	jiǎn	jiàn	jiǎo	jiào	jiē	jīn	jīn
缄	睑	谏	缴	酵	秸	津	矜
jìn	jìn	jǐng	jìng	jiǔ	jiù	jù	juē
浸	噤	阱	胫	灸	厩	遽	撅
jué	jūn	jùn	kāi	kān	kàn	kàng	kè
攫	菌	郡	揩	勘	瞰	亢	恪
kě	kēng	kuài	kuì	kuì	lài	lán	lǎn
坷	铿	脍	匮	馈	睐	蒌	榄

lāo	lěi	lián	liào	liáo	liào	lìn	lìn
捞	儡	怜	廖	缭	撂	吝	躏

līn	liǔ	lù	lù	lūn	luò	mái	mǎo
拎	绺	赂	戮	抡	摞	霾	卯

mào	me	mí	míng	mì	miǎn	miè	mǐn
袤	么	糜	冥	谧	娩	蔑	皿

mǐn	mǐn	miù	mò	móu	náo	něi	nèn
抿	泯	谬	蓦	眸	挠	馁	嫩

niān	nián	niàn	niè	niè	niè	xiāng	nìng
拈	黏	廿	涅	啮	孽	襄	泞

nòng	nüè	ōu	páo	pēi	péi	pēng	pī
弄	虐	讴	狍	胚	裴	抨	坯

pí	pì	pō	pò	fú	pú	pǔ	qí
毗	媲	颇	粕	弗	菩	圃	歧

qí	qí	qǐ	qì	qiān	qián	qiàng	qiāo
祈	畦	绮	契	扦	钳	跄	锹

qiè	qìn	qíng	qìng	qū	quán	quǎn	quàn
惬	沁	擎	磬	祛	蜷	犬	券

què	rǎn	rǎng	rào	rèn	rǒng	rú	sā
榷	冉	壤	绕	妊	冗	儒	撒

sà	sāo	sè	shà	shàn	shì	shū	sòu
卅	缫	啬	霎	缮	噬	倏	嗽

sǒng	suǐ	suì	suì	suì	suō	tǎ	tān
悚	髓	祟	隧	邃	唆	獭	坍

táng	táo	tī	tì	tiào	tiě	tǐng	tóng
螳	陶	剔	嚏	眺	铁	艇	佟

tǒng	tuān	tuí	tuì	wān	wǎng	wǎng	wēi
桶	湍	颓	蜕	剜	枉	惘	偎

wéi	wěn	wěn	wú	wù	xī	xián	xián
桅	吻	紊	毋	唔	嘻	弦	涎

xiàn	xiàn	xiǎng	xiáo	xiào	xiē	xié	xiè
腺	霰	饷	淆	哮	楔	挟	屑

xiè	xīn	xìn	xū	xiù	xù	xuān	xuǎn
亵	馨	衅	戌	嗅	蓄	喧	癣

xuàn	xué	xùn	yà	yǎn	yáng	yáng	yáo
眩	穴	逊	亚	俨	佯	疡	尧

yē	yě	yè	yī	yǐ	yì	yì	yì
噎	冶	曳	漪	矣	诣	翌	裔

yìn	yín	yīng	yíng	yōng	yǒng	yóu	yǒu
荫	龈	膺	萦	痈	甬	铀	酉

yǒu	yú	yú	yú	yú	yù	yuán	yuàn
黝	臾	隅	逾	舆	驭	垣	苑

yuè	yún	yǔn	zè	zhā	zhá	zhāi	zhēn
跃	纭	陨	仄	渣	铡	斋	砧

zhì	zhǒu	zhòu	zhuì	zhuó	zhuō	tà	jié
炙	肘	骤	赘	卓	拙	挞	孑

jué	jié	fà	fǎ	jué	ér	réng	nǐ
孓	诘	珐	砝	珏	而	仍	拟

nǎn	suì	dàng	xué	kuāng	zhè	lǚ	kào
蝻	穗	档	穴	匡	浙	履	铐

zán	hāng	zhuàng	kuǎ	nüè
咱	夯	撞	垮	虐

四、普通话测试用词语表中形近字辨读

āi — shuāi	āo — tū	bá — bō	biǎn — biān
哀 — 衰	凹 — 凸	拔 — 拨	贬 — 砭

chá — tú	chān — shèn	chān — wǎn	chàng — chāng
茶 — 荼	掺 — 渗	搀 — 挽	怅 — 伥

chè — sā	chēn — kūn	chěng — pìn	chǐ — duō
撤 — 撒	抻 — 坤	骋 — 聘	侈 — 哆

chǐ — niè	chōng — chūn	chōng — zhuàng	chóng — suì
齿 — 啮	舂 — 春	憧 — 幢	崇 — 祟

chǒng — páng	chóu — zhù	chǔn — chù	chuò — dào
宠 — 庞	踌 — 铸	蠢 — 蠹	绰 — 悼

cǐ — xiē	cōng — wù	cōng — lǔ	dān — zhōu
此 — 些	匆 — 勿	囱 — 卤	丹 — 舟

dān — chén	dǎn — jū	dèng — chēng	diān — niān
耽 — 忱	疸 — 疽	瞪 — 瞠	掂 — 拈

diǎn — tiǎn	diàn — shuǎi	diàn — qiàn	yīn — diàn
碘 — 腆	电 — 甩	垫 — 堑	殷 — 殿

diāo — dāo	dūn — guō	zhuì — duò	fèn — lèi
刁 — 刀	敦 — 郭	坠 — 堕	粪 — 类

fēng — fèng	fú — fó	fù — cǔn	gàn — qiān
风 — 凤	拂 — 佛	付 — 忖	干 — 千

gǎng	xiàng	sōng	gāo	gēng	yǔ	gěng	dí
港—巷		嵩—篙		庚—庾		耿—狄	

gōng	huàn	guāi	chéng	guǎn	jiān	háo	bó
宫—宦		乖—乘		管—菅		毫—亳	

hé	xūn	huǎn	yuán	huī	wēi	huì	yuán
劾—勋		缓—援		徽—微		喙—缘	

hún	pò	jí	jì	cì	là	jiǎn	shù
魂—魄		即—既		刺—剌		柬—束	

jì	yì	cún	jiàn	shū	jiāo	qīn	jìn
冀—翼		存—荐		叔—椒		侵—浸	

qíng	jīng	jiū	chǒu	jiǔ	zhì	jiù	bái
晴—睛		揪—瞅		灸—炙		臼—白	

xiān	qiāo	ōu	líng	jú	jiē	jù	suì
锨—锹		瓯—瓴		桔—秸		遽—遂	

téng	juàn	liào	luò	lūn	qiǎng	jūn	yún
誊—眷		撂—摞		抡—抢		均—匀	

kēng	kàng	kòu	guàn	lài	lǎn	luò	kè
坑—炕		寇—冠		赖—懒		烙—恪	

liǎng	liǎ	sān	sā	méng	yìn	mì	mù
两—俩		三—仨		萌—荫		幂—幕	

mǐn	xiě	nǐ	nín	pàn	xìn	pīng	pāng
皿—血		你—您		畔—衅		乒—乓	

bāo	páo	qiǎn	yí	duó	fēng	juàn	quàn
孢—狍		遣—遗		铎—锋		卷—券	

ruǐ	xīn	shān	bīn	shǎng	xiǎng	chún	shèn
蕊—芯		杉—彬		晌—响		唇—蜃	

lì	sù	qì	xiāo	xiè	yù	yǔn	sǔn
栗—粟		器—嚣		卸—御		陨—损	

zhì	yě	zhuài	yè	yī	yǐn	yāo	tiān
治—冶		拽—曳		伊—尹		夭—天	

yào	shuǎ	shù	yì	yíng	léi	tán	yún
要—耍		竖—翌		赢—羸		坛—纭	

zhǎn	niǎn	xié	lèi	qiú	yǒu	ǒu	yú
辗—碾		胁—肋		酋—酉		偶—隅	

huì	kuài	huāng	máng	bì	bài	pǒ	jù
烩—脍		肓—盲		裨—稗		叵—巨	

bì	fù	quān	jùn	bǐng	ruì	shān	qián
愎—腹		悛—俊		柄—枘		潸—潜	

shàn	zhān	tái	chī	gài	kǎi	guǎng	kuàng
赡 —— 瞻	苔 —— 笞	概 —— 慨	犷 —— 旷

hēng	xiǎng	yǎo	tà	wèi	zhòu	yàn	yīng
亨 —— 享	杳 —— 沓	胃 —— 胄	赝 —— 膺

tǒng	yǒng	cǎn	shèn	rǎn	qī	duò	tuó
捅 —— 涌	惨 —— 渗	染 —— 柒	舵 —— 砣

zhōu	zhòu	pī	pēi	qì	qī	shuān	yán
诌 —— 绉	坏 —— 胚	砌 —— 沏	闩 —— 闫

qīng	qǐng	xiǎn	xǐ	nuǎn	ài		
倾 —— 顷	冼 —— 洗	暖 —— 暧	

wù	xū	shù	cuàn	zuǎn	zuàn	jiàn	cán	zhè
戊 —— 戌 —— 戍	篡 —— 纂 —— 攥	渐 —— 惭 —— 浙

bō	chā	shà	chāi	zhé	chè	chuō	lù	jié
播 —— 插 —— 歃	拆 —— 折 —— 坼	戳 —— 戮 —— 截

è	jié	yè	tú	dǒu	xǐ	huǐ	huì	huì
遏 —— 竭 —— 谒	徒 —— 陡 —— 徙	悔 —— 晦 —— 海

jí	jī	yī	dài	shì	shì	qìng	xīn	pán
辑 —— 缉 —— 揖	待 —— 侍 —— 恃	馨 —— 馨 —— 磐

jǐ	yǐ	sì	zhuō	duō	chù	héng	huán	yuán
己 —— 已 —— 巳	拙 —— 咄 —— 绌	恒 —— 桓 —— 垣

dā	sǒng	qì	róng		fén	fàn	lán	fán
耷 —— 耸 —— 葺 —— 茸		焚 —— 梵 —— 婪 —— 樊

zhàn	diàn	dìng		duō	chuò	zhuì	duō	chuò
绽 —— 淀 —— 锭		掇 —— 啜 —— 缀 —— 裰 —— 辍

五、单音节字词自测

要求:声母、韵母、声调要读准确,音节要清晰、饱满。

第一组

嘎	拍	舟	纲	押	帘	柠	拽	慌	泉	洒	开
揉	昂	别	件	迎	揣	脓	群	吓	债	产	檬
跌	宾	铺	锐	综	迅	扯	柴	删	风	夜	心
属	最	从	源	舍	赔	嫩	坑	条	饮	塑	断
女	窘	恶	费	狠	笔	脚	亮	垮	暖	绿	琼
池	给	怎	坯	要	象	画	窜	虐	凶	师	贸
方	邸	牛	洋	博	顿	掠	思	烤	浪	下	六
艇	某	托	润	匡	缺	捐	俩	您	惨	恳	筒

肿　疼　平　仍

第二组

稗　权　派　擦　苔　至　妃　新　齿　贼　稿　赦
脱　车　否　而　苟　扫　邹　奔　自　缆　闷　嘶
坎　袈　航　眺　蔷　玷　烽　产　脏　花　矫　且
狠　橙　颇　鼎　抓　伤　腰　娘　略　淮　撞　美
平　涌　雀　举　扔　拧　络　快　俩　迷　佛　炉
扭　专　戎　玄　也　碎　仓　女　绕　溜　乖　秃
亏　总　总　存　瑞　蜷　讯　吭　损　许　断　双
扶　穷　甩　吟　俊　槟　僻　灭　真　蝙　送　窜
刷　偏　下　逛　　　　　　　　　
　　　　　翁

第三组

败　肥　逗　盆　迟　赵　肯　浆　碑　叵　拼　铭
肆　熨　撑　枕　贼　岭　挪　嚼　瞎　纺　梦　脆
曲　蛙　臭　边　解　掀　瓷　荫　颗　蹲　琼　捐
雾　谁　吻　涩　姚　凶　润　宣　素　秋　缩　嵌
乖　襄　剜　走　铐　驶　惹　贰　钻　紫　屯　乱
过　划　膜　笃　矿　日　港　患　堤　君　坏　穗
闸　聊　跨　童　虐　屉　旅　浓　裁　略　傻　女
颤　赏　砸　蚕　喂　从　掐　勉　付　堆　暖　蛰
　　更　憋　疮

第四组

铡　白　杀　鹤　痣　舌　逮　若　池　筛　得　字
给　二　鳃　棉　宰　凹　淋　槽　品　朝　腔　挠
巷　泡　柄　藕　另　邹　氢　轴　腹　岸　榄　筑
瘫　哭　判　粗　忍　藏　午　缸　震　纺　挂　忙
耍　憎　祸　索　正　踹　缝　坏　蒙　隋　戏　褪
溺　霞　款　颊　环　掖　蒜　谢　爹　舜　飘　损
表　闯　修　撞　玖　童　约　胸　劝　孔　徐　绒
俊　略　宋　群　掘　总　苟　穷　旅　婶　卷　拣
努　乘　弯　翁

第五组

改 黑 经 秧 真 拐 让 块
胸 临 拼 涮 御 室 农 捧
浮 浅 梗 爷 守 怀 庙 孙
卡 根 唐 拗 润 掂 北 旺
券 吵 抓 旬 蛙 脆 噙 薛
纸 两 蔓 拟 蹭 否 表 如
嗑 渠 字 瞟 揣 横 盼 蚌
军 跌 终 忙 虐 拈 丛 毁
暖 广 酒 颊 槛 粟 浊 砌 全
抬 词 流 腌 茶 播 药 贴 抢
涩 翻 舵 抹 整 若 题 童 浊
佣 名 而 饶 宣 俩 烘 再 丢

第六组

猫 聘 太 肋 惹 薛 霜 粗
把 菲 丢 沽 识 渠 冲 颂
悻 漂 帖 劣 扯 绝 椎 灶
员 泊 凋 块 指 划 凶 缩
于 啪 舔 聊 吓 扔 琼 舱
往 柄 跌 狞 恰 售 俊 腮
挽 泯 梯 脸 即 揣 淮 凑
秧 邦 二 牛 渴 栈 券 贼
压 免 烽 凉 翁 醒 若 此 杆
恩 胞 焚 您 扛 氿 晌 洒 寸
岸 眯 颇 嫩 瑰 奖 喘 紫 更
挨 百 否 堆 跨 琥 抓 润 嘴

第七组

回 涩 舔 志 别 胆 辈 晾
用 习 邹 馆 略 辞 撤 税
掉 凑 喘 在 篇 蜂 硬 饶
发 劣 找 扫 拽 揣 捂 全
杀 女 秦 就 泯 剖 枕 宋
尺 朵 判 纲 荒 原 梦 呆
坏 苦 名 颊 猜 攘 呱 秋
射 孔 伦 槛 瘫 斐 寸 同
怎 嘣 训 颇 狠 屉 润 掐 付
摇 口 诈 许 高 共 膜 霜 盯
翁 而 若 穷 暖 凸 跨 掘 尝
腌 军 岁 拈 标 克 雷 襄 纫

第八组

挠用瓜慌窜约蚌浊
短止裁兼邹撒钟丢
司火垒屯癣判靠块
兄溜拜挤族层闯赔
拨敬笙税逮钻碎等
鸣瓯萧两饶行跟揣
略辞秦荀筛宋农地
槛恩刻翻润俊药捕
而冰闷别伪瞟鹤缝负
颇滑掐旺哑尼聋淌摧
雨骨仇肺聂蛰马隔全
插日娶子裹砣您免抢

第九组

掐紫挪农怎逛定穷
就藏俩图若怀免卷
行撒刮等耍剧绿兔
克癌铐粉疮权凭镖
该色鹤谋郑旬别用
您邹求蚌轻润灭群
槛擦浸篇宣浊品雄
蹄日镶匹讲曾丢绝
逮申赵酶划散拢略转
发处揣废亏欧褪晕损
潘折漱岛滚寺女虐晃
碑萧纫舔辆窜乱童鸣

第十组

习匹绣丢申娘捐索
克别姜富颈褪朱涮
甲二浸米章样穴凶
滑涩怀表絮点均孙
垒脆槛衰腔名全嘴
瘫贼冷存换葱局庄
啮绕给司寡篇狂耍
沓掐牛邹快波虐旬
否隔唐弱瞟粟东揣涌
马石逮首俩唱贫迥远
喷朝风缠碾增逛专月
白诈猫枕跳容旅群温

第三章　多音节词语部分细解与训练

多音节词语是普通话水平测试的第二项,共 100 个音节,其中含双音节词语 45~47 个,三音节词语 2 个,四音节词语 1~0 个,限时 2.5 分钟,共 20 分。

测试目的:

测查应试人声母、韵母、声调和变调、轻声、儿化读音的标准程度。

试卷构成:

(1) 词语的 70%选自《普通话水平测试用普通话词语表》"表一",30%选自"表二"。

(2) 声母、韵母、声调出现的次数与读单音节字词的要求相同。

(3) 上声与上声相连的词语不少于 3 个,上声与非上声相连的词语不少于 4 个,轻声不少于 3 个,儿化不少于 4 个(应为不同的儿化韵母)。

评分标准:

1. 语音错误,每个音节扣 0.2 分。语音错误与第一测试项"读单音节字词"相同;另外对变调的评判是,未按变调规律变调的,该音节判为错误;一个词语内部因一个音节声调错误而导致其他音节声调错误的,有关音节均判为错误。轻声词以国家语委《普通话水平测试实施纲要》中《普通话水平测试用必读轻声词语表》和《现代汉语词典》第六版为准。对儿化词的评判是,读为错误的儿化韵音节判为错误,儿化词中读为正确的前一音节不判为错误。

2. 语音缺陷,声母、韵母、声调以及变调、轻声、儿化缺陷,每个音节扣 0.1 分,一类声调缺陷最多扣 1 分。词语轻重格式明显不对,或一字一顿的,该词语整体算一个语音缺陷,扣 0.1 分,轻重格式最多扣 1 分。

3. 超时 1 分钟以内扣 0.5 分,超时 1 分钟以上(含 1 分钟),扣 1 分。

4. 一个词语允许应试人即时改读一次,以改读后的读音为准,隔词语改读无效。

第一节　普通话的语流音变

我们说话的时候,是在一定的时间内,把一连串的音组合起来连续说出的,并非一个音一个音单独地说出来。一串音里出现的音与单独出现时的音不是等同的,也就是说,汉语里的声、韵、调在语流中会发生变化。在连续发音中,为了适应发音器官的活动,邻近的音常常互相影响而使得某个音发生一些变化,有的音改变了原有的发音部位,有的音改变了原有的发音方法,有的甚至声、韵、调全都变了,这种语音变化的现象,在语音学上叫做连读音变,或语流音变。语流音变细微不易觉察,却能使普通话听起来纯熟、地道,因此要掌握好语流音变现象。一般来讲,普通话中最典型的语流音变是变调、轻声、儿化和语气词"啊"的变化。在多音节词语部分的考题中主要涉及到了前三种,语气词"啊"的变化主要体现在朗读和说话中(参见第四章)。

一、变调

普通话的声调是指一个音节在单念时的音高变化模式,所以又叫字调或单字调。学习普通话,只学好单字调是不够的。当普通话音节连续发出时,有一些音节的调值会受到后面音节声调的影响,发生有规律的变化,这种变化,我们称之为"连读变调"。如果在一个词或语句中,还是按照单念时的本来声调去读一些字,虽然也能交流,但听起来令人不舒服。要想学好普通话,还必须掌握这些单字调在词或短语中出现的变化。

普通话中常见的变调有:上声的变调、"一"和"不"的变调以及重叠形容词的变调。

(一) 上声的变调

上声在普通话四种声调中音长最长,调值为214,先由2度降到1度,拖平后转而升到4度,所以实际调值可以描写为2114。上声只有在单念或处于词语、句子的末尾时才读214调值。例如:"好,你说得很好!"句中两个"好",一个是单念，一个在词句末尾，保持 214 调值不变。如果上声音节后面还有其他音节，受后面音节声调的影响，上声调值往往会发生一些变化。

　　上声的连读变调，基本上以二字连读变调为主，三字连读是以单字和二字连读变调的结合为基础的，但同时也有它自己的规律。单字、二字组、三字组的相互搭配，成为语句。当然，语句中也有四字组合，四字组合是前三者搭配而成的，如两个二字组，或一个单字和一个三字组搭配。

1. 上声变调的规律

（1）两个上声音节相连，前一个上声调值变为 35。

发音例词：

| 懒散 | 诋毁 | 给予 | 打铁 | 宝塔 | 水果 |
| 而且 | 勉强 | 脊髓 | 坎坷 | 窈窕 | 草拟 |

（2）上声在非上声（阴平、阳平、去声）音节前，调值变为 21，我们称作"半上"。

发音例词：

阴平前:冶金	捕捞	损失	捕杀	小吃
悄声	两栖	颈椎	耳机	俯冲
阳平前:五毛	管辖	选择	品德	咀嚼
处罚	雪白	体裁	否则	粉尘
去声前:骨肉	胆略	窘迫	尽快	曲艺
反馈	比较	挑战	忍耐	诊断

（3）在轻声音节前，上声变为半上或阳平（轻声也是一种变调，见下）。

在本调是非上声的轻声音节前变半上，调值为 21。

发音例词：

| 眨巴 | 眼睛 | 祖宗 | 伙计 | 你们 | 打听 |
| 骨头 | 脊梁 | 打算 | 养活 | 首饰 | 本事 |

在本调为上声的轻声音节前大多数也变为半上 21，还有一部分变为阳平 35。

上声变半上：

发音例词：

| 奶奶 | 姥姥 | 马虎 | 姐姐 | 耳朵 | 手巾 |
| 老实 | 宝宝 | 毯子 | 老婆 | 水分 | 痒痒 |

上声变阳平：

发音例词：

| 瞅瞅 | 想想 | 找找 | 比比 | 踩踩 | 洗洗 |
| 法子 | 奖品 | 打点 | 哪里 | 主意 | 老鼠 |

（4）三个上声音节相连，则按结构分组变调

三字相连组成一个字组时，一般按照语法结构关系组成，或单加双，或双加单，语流中按单字与二字的连读变调规律变调。

① 单双格结构，即单音节＋双音节。

例：纸老虎

"老虎"是一个二字组，前面有单字"纸"与其相连，构成单双格结构。"老虎"上上相连，"老"变阳平。"纸"后面是"老"，但"老"已经变成阳平，阳平前面的上声变半上，故"纸"读为半上，三字调值为：21＋35＋214。

发音例词：

| 海产品 | 冷处理 | 小拇指 | 党小组 | 老酒鬼 | 小两口 |
| 女选手 | 小雨雪 | 米老鼠 | 省体委 | 有理想 | 买保险 |

在姓名和称谓中，如果恰好是三个上声相连，也属于单双格。

发音例词：

| 孔乙己 | 史可法 | 李可染 | 柳子谷 | 李厂长 | 许小姐 |
| 武导演 | | | | | |

② 双单格结构，即双音节＋单音节。

例：胆小鬼

"胆小"是二字组，后面有单字"鬼"与其相连，构成双单结构组合。"胆小"两上相连，"胆"变阳平，"小"后面还是一个上声，仍变阳平，三字调值为：35＋35＋214。

发音例词：

| 讲演稿 | 打靶场 | 保险锁 | 导火索 | 保守党 | 百米跑 |
| 了解你 | 体检表 | 蒙古语 | 苦水井 | 总统府 | 选举法 |

③ 当词语是并列结构或者音译外来词时，也按双单格变调。

发音例词：

| 甲乙丙 | 水火土 | 早午晚 | 软懒散 | 稳准狠 | 减免缓 |
| 某某某 | 走走走 | 好好好 | 索马里 | 马祖卡 | 卡塔尔 |

（5）三个以上上声连读,根据词语含义适当分组按照以上的方法来变调。

岂有此理:由两个二字组组成,分别变调,调值变化为 35＋214\35＋214。

老首长好:一个三字组加一个单字组成,调值变化为 21＋35＋214\214。

今晚全省有小雨转小雨雪:可以按语义分组进行变调为 55＋214\35＋214\214\35＋214\214\21＋35＋214。

2. 上声变调训练

上声＋阴平

dǒupō 陡坡	jiěpōu 解剖	lǐyīng 理应	kǔzhōng 苦衷	dǐyā 抵押	pǔtōng 普通
wǎsī 瓦斯	huǎnchōng 缓冲	chǎnfā 阐发	zhǎnxīn 崭新	yǒuhēi 黝黑	zhǔguān 主观
jǐzhuī 脊椎	shuǐzāi 水灾	guǎiwān 拐弯	gǎnjūn 杆菌	wěisuō 萎缩	zhǐbiāo 指标

上声＋阳平

lǚxíng 履行	jiǎojié 皎洁	děngjí 等级	kǎohé 考核	tuǒxié 妥协	lǎngdú 朗读
fǔshí 腐蚀	gǔgé 骨骼	bǎihé 百合	bǐyí 鄙夷	fǎnér 反而	kǎochá 考察
hǎifáng 海防	shuǐwén 水文	chuǎimó 揣摩	yǔqí 与其	zhǔquán 主权	zǒngjié 总结

上声＋上声

tiěsuǒ 铁索	jǐnzǎo 尽早	tǎngshǐ 倘使	chǔsǐ 处死	wěntuǒ 稳妥	yěxǔ 也许
bǎbǐng 把柄	fěnbǐ 粉笔	yǒngměng 勇猛	běnlǐng 本领	lǔmǎng 鲁莽	yǐngxiǎng 影响
zhǔzhǐ 主旨	gǎihuǐ 改悔	gǒngshǒu 拱手	jǐyǎng 给养	kěkǒu 可口	dǎoyǔ 导语

上声＋去声

ěrhòu 尔后	fěngcì 讽刺	xiǎngshòu 享受	jǐngtì 警惕	dǔsè 堵塞	xiǎngxiàng 想象
gěngyè 哽咽	shǐyòng 使用	ěrliào 饵料	wěishàn 伪善	lǒngduàn 垄断	guǐbiàn 诡辩
sǔnhào 损耗	lǐnglüè 领略	yǒngxiàn 涌现	jiǎonà 缴纳	yěliàn 冶炼	tuǒshàn 妥善

上声＋轻声

zhěntou	nǎodai	jǐji	wěndang	zuǐba	dǒngde
枕头	脑袋	挤挤	稳当	嘴巴	懂得

biǎndan	xiǎoqi	zhuǎzi	nuǎnhuo	qǔzi	nǚxu
扁担	小气	爪子	暖和	曲子	女婿

cǎiqu	gǎnjin	bǐci	shǒuzhi	zhihao	suǒyi
采取	赶紧	彼此	手指	只好	所以

试读下列短语,注意上声变调:

马祖卡舞曲　　女子铁饼组　　把手举起来　　省体改委

我也可以买　　总起来讲讲　　而且已经准备烤火

柳场长给养马岛跑马场买了两匹好母种马

（二）"一"、"不"的变调

"一"本调为阴平,调值为 55,"不"本调为去声,调值为 51,当"一"、"不"单念或用在词句末尾,以及"一"在序数中时,声调不变,读原调。如

第一排　　一审（指第一审）　　一单元一零一室

统一　　单一　　　　九九归一

不,绝不!

但在其它音节前"一"和"不"容易受后面音节的影响,发生变调现象。

1. 变读的规律

（1）"一"、"不"在去声之前,变化是相同的,各自由原来的调值都变为 35。

发音例词:

一旦	一切	一并	一贯	一径	一会儿
一概	一例	一道	一律	一再	一辆
不顾	不定	不测	不懈	不料	不够
不幸	不当	不错	不便	不适	不贵

（2）"一"在非去声之前,调值变为 51。

发音例词:

在阴平前:

一张	一般	一些	一端	一瞥	一包
一心	一朝	一支	一发	一杯	一双

在阳平前:

| 一旁 | 一直 | 一筹 | 一群 | 一齐 | 一打 |

| 一时 | 一同 | 一回 | 一行 | 一成 | 一勺 |

在上声前：

| 一手 | 一两 | 一统 | 一举 | 一总 | 一匹 |
| 一体 | 一早 | 一准 | 一尺 | 一览 | 一角 |

而"不"在非去声音节前未受影响，依然保持原来的调值51。如：

不单	不惜	不禁	不堪	不屈	不高
不才	不宜	不足	不服	不凡	不名
不法	不齿	不菲	不朽	不可	不理

（3）"一"、"不"嵌在词语中间变读轻声。

发音例词：

| 跳一跳 | 想一想 | 躺一躺 | 说一说 | 管一管 | 看一看 |
| 去不去 | 对不起 | 行不行 | 猛不防 | 了不得 | 来不及 |

可以总结为：非去声之前读去声；去声之前读阳平；夹在中间念轻声。

2. "一"、"不"的变调训练

"一"的变调练习

yījiā 一家	yīkōng 一空	yīshēng 一生	yīshēn 一身	yījīng 一经	yīzhū 一株
yīhuán 一环	yītóu 一头	yīlún 一轮	yīrú 一如	yītiáo 一条	yīqún 一群
yīhuǎng 一晃	yīduǒ 一朵	yījǐ 一己	yīsuǒ 一所	yīkǒu 一口	yīhuǒ 一伙
yīsè 一色	yīmiàn 一面	yīqì 一气	yīxiàn 一线	yīxiàng 一向	yīpiào 一票

| yīzhāoyīxī 一朝一夕 | yīchàngyīhè 一唱一和 | yīzhāngyīchí 一张一弛 | yīmúyīyàng 一模一样 |
| yīzuǒyīyòu 一左一右 | yībǎnyīyǎn 一板一眼 | yīsīyīháo 一丝一毫 | yīwènyīdá 一问一答 |

试读下面的诗，注意"一"的变调：

一帆一桨一叶舟，一个渔翁一钓钩。一俯一仰一顿笑，一江明月一江秋。

——清·陈沆

一蓑一笠一渔舟，一个渔翁一钓钩。一排一呼还一笑，一人独占一江秋。

——清·纪晓岚

"不"的变调练习

bù jī 不羁	bù jū 不拘	bù xīng 不兴	bù jīn 不禁	bù guāng 不光	bù jiā 不佳
bù rán 不然	bù wú 不无	bù rú 不如	bù fú 不符	bù shí 不时	bù huáng 不遑
bù gǒu 不苟	bù děng 不等	bù guǐ 不轨	bù rěn 不忍	bù zhǐ 不只	bù jǐn 不紧
bù miào 不妙	bù pèi 不配	bù shì 不是	bù dàng 不当	bù xiè 不屑	bù pàng 不胖
bù lùn 不论	bù duì 不对	bù chì 不啻	bù shàn 不善	bù kuì 不愧	bù lì 不利
bù cè 不测	bù suì 不遂	bù yòng 不用	bù huò 不惑	bù lì 不力	bù zài 不再

试读下列词语，注意"不"的变调：

不管不顾　不哼不哈　不即不离　不伦不类　不塞不流

不卑不亢　不偏不倚　不折不扣　不见不散　不慌不乱

（三）重叠形容词的变调

形容词的两种重叠形式 AA 式和 AABB 式以及带有叠音后缀的 ABB 式，在口语中也存在着变调现象。

1. AA 式

单音节形容词重叠部分如果儿化，第二个音节一律变读为阴平，调值为 55。

发音例词：

亮亮儿　　满满儿　　快快儿　　短短儿

暖暖儿　　慢慢儿　　饱饱儿　　远远儿

如果重叠部分不儿化，则保持原调不变。

发音例词：

快快（地）　　好好（的）　　红红（的）　　慢慢（地）

2. ABB 式

单音节形容词的叠音后缀，口语中多半变读成阴平，调值为 55。

发音例词：

乱腾腾　　黄澄澄　　闹嚷嚷　　湿漉漉　　绿油油

红彤彤　　沉甸甸　　乱蓬蓬　　黑黝黝　　亮堂堂

也有不发生变化，仍读本调的。

发音例词：

| 红艳艳 | 黄灿灿 | 空荡荡 | 懒洋洋 | 亮闪闪 |
| 白皑皑 | 空洞洞 | 火辣辣 | 笑吟吟 | 灰沉沉 |

3. AABB 式

双音节形容词重叠后，在口语中第二个音节常变读为轻声，第三、四音节也多半变读为阴平，调值为 55。

发音例词：

| 漂漂亮亮 | 热热闹闹 | 明明白白 | 老老实实 |
| 慢慢腾腾 | 清清楚楚 | 舒舒服服 | 踏踏实实 |

ABB 式和 AABB 式，在朗读中，尤其在书面语中大多数可以不变调（"慢腾腾"、"马马虎虎"等词语在口语中习惯变调的或者必须变调的除外）。

二、轻声

（一）什么是轻声

在普通话里，每一个音节都有它固定的声调调型及调值。但是，有的音节在连读中其声调会发生变化，在语流常常失去了原有的声调，变成了又轻又短的调子，这种轻而短的调子就叫"轻声"，我们把读轻声的字叫作轻声字。汉语拼音方案规定，用汉语拼音拼写轻声字时是不加调号的，如"木头"这个词，第二字"头"，单独拼写时拼作"tóu"，而在这个词语中，读作轻声，用汉语拼音拼写这个词时，写作"mùtou"。轻声只有在语流中才出现，亦即它有依附性，单独的轻声音节是不存在的。

（二）轻声的作用

现代汉语中有一类双音节词语有轻读和重读两种形式，此时轻声具有区别意义、辨别词性的作用。

1. 区别词义

兄弟：表示兄和弟两个人。 —— 兄弟：只表示弟弟一人。

站住：表示站稳了。 —— 站住：表示停下。

等等：表示等一下。 —— 等等：表示诸如此类，列举未尽。

2. 区别词性

大意：名词，主要的意思。 —— 大意：形容词，粗心疏忽。

地道：名词，地下通道。 —— 地道：形容词，纯正。

火烧:动词,用火去烧。　　── 　　火烧:名词,面点的名称。

因此,在说话时要特别注意这样的轻声音节,否则会词义不清,产生误解。有些轻声音节虽然不具有区别词义和词性的作用,但在口语表达中也要注意读轻声,否则会影响语言的流畅和语气的变化。

(三)轻声的读音

轻声是一种特殊的变调。说它"特殊"是因为它本身没有固定的音高,它的调值总是由前一个音节的调值决定的。固定读轻声的单音节助词、语气词的实际声调调值也要依靠前一个音节的调值来确定。

1. 阴平、阳平、去声音节后面的轻声读为短促的低降调

发音例词:

阴平＋轻声:　他的　珠子　跟头　奔拉　妈妈　闺女

阳平＋轻声:　白的　竹子　锄头　拾掇　娃娃　盘算

去声＋轻声:　坏的　柱子　后头　念叨　妹妹　骆驼

2. 上声音节后面的轻声读为短促的半高平调

发音例词:

上声＋轻声:　你的　主子　码头　喇叭　姥姥　打扮

(四)变读轻声的规律

新出现的词及科学术语一般情况下是不读轻声的,现代汉语中需要变读轻声的词语主要有以下类型:

1. 结构助词"的、地、得"和动态助词"着、了、过"

好的　　轻轻地　　做得好　　笑着　　哭了　　来过

2. 语气词"吗、呢、吧、啊、的"等

去吗　　同学们呢　　进来吧　　祖国啊　　一定行的

3. 后缀"子、头"和表示复数的"们"

拍子　　绳子　　曲子　　样子　　跟头　　前头　　骨头

浪头　　咱们　　我们　　老人们　　学生们

4. 名词和动词的重叠形式的后一个音节

星星　　婆婆　　蝈蝈　　说说　　谢谢　　谈谈　　尝尝

5. 名词、代词后面表示方位的语素或词

桌上　　底下　　车里　　那边　　后面　　前边　　文章中

6. 动词、形容词后面表示趋向的词

上来　　下去　　抬上来　　扔出去　　跑过去　　唱起来

7. 口语中第二个音节习惯读轻声的双音节词

例如：

木匠　　疟疾　　别扭　　胡琴　　作坊　　能耐　　芝麻

咳嗽　　收成　　耽误　　机灵　　冒失　　厚道　　动弹

（五）轻声词语训练

训练提示：下列词语均出自《普通话水平测试用必读轻声词语表》（见附录）

běnshi	bízi	bāzhang	bǎzi	àiren	bǔding
本事	鼻子	巴掌	把子	爱人	补丁
cháihuo	chúle	cáifeng	dǎliang	chēnghu	còuhe
柴火	除了	裁缝	打量	称呼	凑合
dìxiong	dàfang	dānge	duìtou	duōme	gōngfu
弟兄	大方	耽搁	对头	多么	功夫
gǔtou	fēngzheng	guǎfu	gànshi	gāoyao	guōzi
骨头	风筝	寡妇	干事	膏药	锅子
hángdang	hónghuo	hòudao	huǒhou	jǐliang	kǒudai
行当	红火	厚道	火候	脊梁	口袋

读下列词语，注意对比体会轻重音：

人家——人家	地下——地下	笔试——比试	孙子——孙子
利害——厉害	团员——团圆	酒菜——韭菜	地理——地里
电子——垫子	面巾——面筋	服气——福气	莲子——帘子
不分——部分	行礼——行李	本市——本事	地方——地方

（六）可轻读词语

　　以上所讲的词语是必读轻声词语，在任何语境中都要读轻声。除此之外，还有一类"可轻读词语"，一般轻读，间或重读，一部分在字典中注音时上标调号，注音前再加圆点。如【因为】注作 yīn·wèi，表示"因为"的"为"字一般轻读，有时也可以读去声，类似的还有"新鲜、客人、风水、匀称、滑稽、喉咙、荒唐、牢骚、棉花"等等。还有一部分词语在字典中未作明确的标注，如"分析、臭虫、老虎、制度"，这类词语在书面语中一般不读轻声，如果在口语中把这类可轻读词语轻读，就会使得语言口语化，语感自然，是普通话水平较高的表现。

（七）可轻读词语训练

　　训练提示：下列词语出自《普通话水平测试用普通话词语表》。

bái·tiān 白天	bào·chóu 报酬	bào·fù 报复	bié·rén 别人	bō·lí 玻璃	cháng·chù 长处
chéng·fèn 成分	chéng·shí 诚实	chū·lái 出来	chū·qù 出去	cì·jī 刺激	cōng·míng 聪明
cuò·wù 错误	dá·fù 答复	dào·lǐ 道理	dǐ·xià 底下	fǎn·zhèng 反正	dì·xià 地下
duō·shǎo 多少	dǒng·dé 懂得	fèi·yòng 费用	fèn·liàng 分量	gān·jìng 干净	fū·rén 夫人
fù·qīn 父亲	gǎn·jī 感激	gēn·qián 跟前	gōng·rén 工人	gōng·píng 公平	gù·zhí 固执
guò·lái 过来	guò·qù 过去	hǎo·chù 好处	hóu·lóng 喉咙	hòu·biān 后边	hòu·miàn 后面
huā·fèi 花费	huí·lái 回来	huí·qù 回去	huó·dòng 活动	jī·huì 机会	jì·dé 记得
jià·qián 价钱	jiǎng·jiū 讲究	jìn·lái 进来	jìn·qù 进去	jué·dé 觉得	kàn·jiàn 看见
kè·rén 客人	kuài·jì 会计	lǎo·shǔ 老鼠	lǐ·biān 里边	lín·jū 邻居	luó·jí 逻辑
máo·bìng 毛病	méi·yǒu 没有	mián·huā 棉花	mō·suǒ 摸索	mǔ·qīn 母亲	nǎ·lǐ 哪里
nà·lǐ 那里	pèi·fú 佩服	pú·sà 菩萨	pú·táo 葡萄	qǐ·lái 起来	qì·fēn 气氛
qián·biān 前边	qián·miàn 前面	qíng·xíng 情形	rèn·wù 任务	róng·yì 容易	shàng·biān 上边
shàng·lái 上来	shàng·qù 上去	shēn·fèn 身份	shén·qì 神气	shǐ·dé 使得	shì·lì 势力
shú·xī 熟悉	shuō·fǎ 说法	tài·yáng 太阳	tài·dù 态度	tīng·jiàn 听见	tòng·kuài 痛快
wài·miàn 外面	wèi·dào 味道	xià·biān 下边	xià·miàn 下面	xià·qù 下去	xiǎng·fǎ 想法
xiǎo·jiě 小姐	xiǎo·xīn 小心	xiǎo·dé 晓得	xīn·lǐ 心里	xīn·xiān 新鲜	yáo·huàng 摇晃
yǐ·jīng 已经	yè·lǐ 夜里	yì·jiàn 意见	yì·shí 意识	yīn·wèi 因为	yìng·fù 应付
yòng·chù 用处	yòu·biān 右边	yù·jiàn 遇见	yuàn·yì 愿意	zǎo·chén 早晨	zhào·gù 照顾
zhé·mó 折磨	zhè·lǐ 这里	zhí·dé 值得	zhǔ·rén 主人	zhǔ·fù 嘱咐	zī·gé 资格

bǎ·shǒu 把手	bǎi·bù 摆布	bǎi·nòng 摆弄	bǎi·shè 摆设	bāo·biǎn 褒贬	bào·yìng 报应
bào·yuàn 抱怨	běi·biān 北边	běn·qián 本钱	bí·tì 鼻涕	bié·zhì 别致	cán·jí 残疾
chǐ·cùn 尺寸	chōu·tì 抽屉	dā·shàn 搭讪	dàng·pù 当铺	dé·zuì 得罪	dǐ·xì 底细
diǎn·zhuì 点缀	diàn·jì 惦记	dōng·biān 东边	duǎn·chù 短处	fān·téng 翻腾	fēn·cùn 分寸
fēng·shuǐ 风水	fèng·huáng 凤凰	fú·shǒu 扶手	fú·shì 服侍	fǔ·tóu 斧头	gān·liáng 干粮
gào·shì 告示	gé·shì 格式	gōng·qián 工钱	gōng·jiā 公家	gōng·láo 功劳	gōng·wéi 恭维
gòu·dàng 勾当	gū·liàng 估量	hài·chù 害处	háng·jiā 行家	hé·qì 和气	hé·bāo 荷包
huá·jī 滑稽	huāng·táng 荒唐	huáng·guā 黄瓜	huǎng·hū 恍惚	huì·qì 晦气	huǒ·qì 火气
huǒ·shí 伙食	huò·hài 祸害	jì·huì 忌讳	jiāng·shéng 缰绳	jìn·shì 近视	kǎo·jiū 考究
kǔ·tóu 苦头	kuān·chǎng 宽敞	kuí·wú 魁梧	lā·lǒng 拉拢	láo·sāo 牢骚	lěng·qīng 冷清
lǐ·shì 理事	líng·lì 伶俐	liú·lí 琉璃	lù·shuǐ 露水	mái·fú 埋伏	mài·nòng 卖弄
méi·guī 玫瑰	méi·mù 眉目	mén·miàn 门面	miǎn·dé 免得	mǔ·dān 牡丹	nán·biān 南边
nán·chù 难处	ní·qiū 泥鳅	nuó·dòng 挪动	pái·chǎng 排场	pái·fāng 牌坊	pēn·tì 喷嚏
pèng·jiàn 碰见	pí·pá 琵琶	piān·fú 篇幅	piē·kāi 撇开	pō·là 泼辣	pò·zhàn 破绽
pò·lì 魄力	qiāo·dǎ 敲打	qiáo·jiàn 瞧见	qiào·pí 俏皮	qīn·shì 亲事	qīng·qiǎo 轻巧
qù·chù 去处	sǎ·tuō 洒脱	shén·xiān 神仙	shēng·rì 生日	shī·shǒu 尸首	shì·tóu 势头
shǒu·jīn 手巾	suàn·pán 算盘	tài·jiān 太监	tí·bá 提拔	tǐ·liàng 体谅	tǐ·miàn 体面
tì·huàn 替换	tōng·róng 通融	tòu·liàng 透亮	tú·dì 徒弟	wéi·qún 围裙	xǐ·què 喜鹊
xīn·shuǐ 薪水	xiū·xíng 修行	yāo·guài 妖怪	yì·qì 义气	yì·chù 益处	yīng·táo 樱桃

yòu·miàn	yuān·yāng	yuè·jì	yún·chèn	zāo·tà	zhā·zǐ
右面	鸳鸯	月季	匀称	糟蹋	渣滓

zhào·yìng	zhèn·shì	zhèng·rén	zhí·nǚ	zhì·qì	zhōu·dào
照应	阵势	证人	侄女	志气	周到

zhù·chù	zuǒ·miàn
住处	左面

dà·bù·liǎo	jīn·bù·zhù	kàn·bù·qǐ	kào·bù·zhù	lěng·bù·fáng
大不了	禁不住	看不起	靠不住	冷不防

liǎo·bù·dé	pú·táojiǔ	lǎo·rén·jiā	zěnme·yàng	liǎo·bù·qǐ
了不得	葡萄酒	老人家	怎么样	了不起

duì·bùqǐ	chà·bùduō	pú·táotáng	shě·bù·dé	chà·bùduō
对不起	差不多	葡萄糖	舍不得	差不多

lái·bùjí	bù·jiàn·dé	chī·bù·xiāo	dǎ·jiāo·dào
来不及	不见得	吃不消	打交道

三、儿化

(一) 什么是儿化

在普通话中,韵母"er"除了自成音节外,还常用在其它音节后面,使这个音节的韵母带上卷舌色彩,这种韵母的音变现象,我们称之为"儿化",卷舌化了的韵母叫做"儿化"韵。由于韵母 er 附在其它音节后面,已经失去了音节的独立性,只保持了一个卷舌动作,因而儿化音节是用两个汉字表示一个音节,在用汉语拼音记录时,只需在原来的音节之后加上表示卷舌动作的符号"r"(这个"r"只是表示卷舌,是国际通用的符号,和处在音节开头的辅音音素 r 不一样)就可以了,例如:"画儿",拼写为 huàr。

(二) 儿化的作用

儿化这种语音现象,跟词汇、语法有密切的关系,在语言中是有积极作用的:

第一,可以区别词义。例如:

头:表示脑袋。　　　——　　　头儿:表示头领,带头的人。

眼:指眼睛。　　　——　　　眼儿:指小孔、小洞儿。

第二,可以区别词性。例如:

黄:形容词　　　——　　　黄儿:名词

盖:动词　　　——　　　盖儿:名词

第三,可以区分同音词。

在口语中,儿化可以区分同音词。例如:

lǐ mào	礼貌	——	lǐ màor	礼帽儿
yóu piào	邮票	——	yóu piàor	油票儿
lā liàn	拉练	——	lā liànr	拉链儿
jiǔ chǎng	酒厂	——	jiǔ chǎngr	酒场儿

第四,可以表示感情色彩。

表示细、小、轻、短等性质和形状:粉末儿、笔尖儿、门缝儿、头发丝儿、眼睫毛儿、嘴角儿等等。

表示喜爱的感情色彩:小狗儿、脸蛋儿、小脚丫儿、小胖儿、小坏蛋儿、瓜子脸儿、小不点儿、宝贝儿等等。

表示温和的态度:慢慢儿、有空儿来坐坐儿聊聊天儿。

（三）儿化韵的发音规律

儿化韵发音时有一个卷舌动作,即舌尖向硬腭卷起,并且要和前面音节的韵母有机地黏着在一起成为一个整体。但有些韵母韵尾的发音状态和卷舌的动作相冲突,这时韵母会因卷舌动作而改变其原来的发音,如前高元音 i、ü,本身发音时舌面前部与硬腭距离很近,而儿化时的卷舌则要求舌尖后移,所以儿化后分别变成了[iər]、[yər],而后高元音 u,由于本身的发音动作和翘舌动作不冲突,所以儿化时直接在发音的同时加上卷舌的动作就可以了。具体分析,其音变规律主要有以下几点:

1. 以 a、o、e、ê、u 收尾的韵母,直接卷舌(例词出自《普通话水平测试实施纲要》中的"必读儿化词语表",个别出自《现代汉语词典》,下同),如:a—ar ia—iar o—or e—er u—ur 等

发音例词:

zhǎochár	yáshuār	wāibór	ěrmór	mótèr
找茬儿	牙刷儿	歪脖儿	耳膜儿	模特儿
wénkēr	méipǔr	dēngpàor	xiǎoxiér	kòngquēr
文科儿	没谱儿	灯泡儿	小鞋儿	空缺儿

2. 以 i、n 收尾的韵母(in、ün 除外),丢掉韵尾,在主要元音上加卷舌动作,如:ai—ar ei—er an—ar ian—iar en—er uei—uer uen—uer uai(uan)—uar üan—üar

发音例词：

xiǎoháir	shǒubèir	mòshuǐr	yíkuàir	xīngānr
小孩儿	手背儿	墨水儿	一块儿	心肝儿

rényuánr	dàwànr	xìngrénr	zhàopiānr	méizhǔnr
人缘儿	大腕儿	杏仁儿	照片儿	没准儿

3. 韵母为 in、ün 的，儿化时丢掉韵尾 n，再在主要元音上加 er，如：in—ier ün—üer

发音例词：

yǒujìnr	sòngxìnr	shǒuyìnr	héqúnr	duǎnqúnr
有劲儿	送信儿	手印儿	合群儿	短裙儿

4. 韵母为 i、ü 的，儿化时要在主要元音 i、ü 后面加 er，如：i—ier ü—üer

发音例词：

zhēnbír	diàndǐr	dùqír	wányìr	méihǎoqìr
针鼻儿	垫底儿	肚脐儿	玩意儿	没好气儿

máolǘr	qūqūr	xiǎoqǔr	jīnyúr	tányúr
毛驴儿	蛐蛐儿	小曲儿	金鱼儿	痰盂儿

5. 韵母为 -i（前）或 -i（后）的，韵母变作 er，如：-i（前、后）-ier

发音例词：

guāzǐr	shízǐr	táicír	tiāocìr	yínsīr
瓜子儿	石子儿	台词儿	挑刺儿	银丝儿

guǒzhīr	jùchǐr	hǎoshìr	liǔzhīr	niánsānshír
果汁儿	锯齿儿	好事儿	柳枝儿	年三十儿

6. 韵尾为 ng（ing 除外）的，丢掉韵尾，主要元音鼻化并卷舌，如：ang—ãr

发音例词：

xiāngchángr	huāyàngr	bíliángr	xiàngyàngr	tiānchuāngr
香肠儿	花样儿	鼻梁儿	像样儿	天窗儿

dànhuángr	gāngbèngr	guǒdòngr	méikòngr	xiǎoxióngr
蛋黄儿	钢镚儿	果冻儿	没空儿	小熊儿

7. 韵母为 ing 的，丢掉韵尾，加 er 并使 e 鼻化

发音例词：

huāpíngr	dǎmíngr	túdīngr	ménlíngr	yǎnjìngr
花瓶儿	打鸣儿	图钉儿	门铃儿	眼镜儿

dànqīngr	huǒxīngr	rényǐngr	zhǎolíngr	diànyǐngr
蛋青儿	火星儿	人影儿	找零儿	电影儿

（四）儿化韵训练

1. 儿化词训练

训练提示：注意发音时卷舌的动作要和前面的韵母黏着在一起，是一个整体合音，不要分开。如果卷舌有困难，可以使用手掌辅助发音（具体方法参看韵母部分难点音突破中"er"的发音技巧）。以下词语均出自《普通话水平测试用儿化词语表》，见附录。

máhuār	bǎncār	xiédàir	míngpáir	bǐgǎnr
麻花儿	板擦儿	鞋带儿	名牌儿	笔杆儿
ménkǎnr	xiāngchángr	dòuyár	chàdiǎnr	liáotiānr
门槛儿	香肠儿	豆芽儿	差点儿	聊天儿
yáqiānr	huāyàngr	tòuliàngr	zhuājiūr	dàwànr
牙签儿	花样儿	透亮儿	抓阄儿	大腕儿
luòkuǎnr	dǎhuàngr	yānjuǎnr	mōhēir	gēmenr
落款儿	打晃儿	烟卷儿	摸黑儿	哥们儿
xìngrénr	jiāfèngr	ěrchuír	zǒuwèir	bīnggùnr
杏仁儿	夹缝儿	耳垂儿	走味儿	冰棍儿
āigèr	lèizhūr	gǎntàngr	ràoyuǎnr	màojiānr
挨个儿	泪珠儿	赶趟儿	绕远儿	冒尖儿
nàr	dāobàr	diàojiàr	huàr	xiǎocōngr
那儿	刀把儿	掉价儿	画儿	小葱儿
zuór	nǎoguār	zhèr	niǔkòur	guōgàir
昨儿	脑瓜儿	这儿	纽扣儿	锅盖儿
zhǔr	niántóur	zhāor	xífur	zhuǎzir
主儿	年头儿	着儿	媳妇儿	爪子儿

2. 容易误读的儿化词训练

训练提示：下面是在测试中出错率比较高的儿化韵，有的声调易读错，有的儿化韵易读错。对照着拼音掌握好它们的规范读音。

zǎohúr	líhúr	dànjuér	zhǔjuér	zhǐniǎnr
枣核儿	梨核儿	旦角儿	主角儿	纸捻儿
niānjiūr	běnshǎir	yàgēnr	bèntour	xiàbakēr
拈阄儿	本色儿	压根儿	奔头儿	下巴颏儿
zhèhuìr	yīhuìr	xiànzhóur	dānxiánr	bógěngr
这会儿	一会儿	线轴儿	单弦儿	脖颈儿

普通话中，多音节词中间的一个字儿化了，后面的字就不再儿化，没有两个

儿化音节连在一起的现象。读下列词语,注意儿化韵的位置:

馅儿饼　　小人儿书　　倒儿爷　　头头儿们　　荷包儿蛋

花盆儿(不要读作"花儿盆儿)

3. 儿化韵绕口令

训练提示:注意儿化韵的发音,并且和前面音节的韵母要黏合在一起。如果能注意到节奏和感情就更好了。

进了门儿,倒杯水儿,喝了两口儿运运气儿,顺手儿拿起了小唱本儿,我唱了一曲儿又一曲儿。练完了嗓子儿我练嘴皮儿,绕口令儿,练字音儿,还有单弦儿牌子曲儿,小快板儿和对口词儿,我越说越唱越带劲儿。

四、词的轻重格式

(一) 什么是词的轻重格式

要想把普通话说得自然些,在语流中就不可能把每个字的声韵调原原本本不折不扣地读出来,否则会语感生硬,令人感到不自然,不像地道的普通话。除了前面讲到的各种语流音变现象,词的轻重格式也是不可忽视的一个重要原因。一句话里或一个词中,每个音节都有轻重强弱的不同。造成这种变化的原因,除了音节与音节之间声调的区别外,还因为每个音节在音量上不均衡,重读的音节音量必然大,声音响亮,而且主要元音的音长也会拉长,声调的音值也非常鲜明,比较"头"在"石头、头发、车头"中的读音就可以感知。由此可见,双音节或多音节的各个音节有着约定俗成的轻重强弱差别,我们一般称之为词的轻重格式。

一般情况下,短而弱的音节我们称为轻,长而强的音节称为重,介于二者之间的称为中。

(二) 双音节词的轻重格式

1. 重轻格式

上面我们已经讲到了轻声,轻声音节与它前面的音节就组成了双音节词的一种格式,即重轻格式。

发音例词:

利索　　唠叨　　小气　　爽快　　窗户　　里面

重轻格式也包括我们上面讲到的可轻读词语,这类词语属于重次轻格式。

2. 重中格式

普通话中还有一类双单词,习惯上第一音节重读,第二音节介于重读与轻读中间,形成重中格式。

发音例词:

温度	动作	质量	错误	性质	美好	风气
传统	现象	作家	读者	惰性	规律	浪漫
必然	情感	价值	西式	重量	父亲	界限
腊月	任务	信誉	观点	设计	智慧	贸易
经济	季度	项目	干部	庄稼	运动	编辑
节目	事业	命运	战士	教育	跨度	业务

这类格式在普通话中数量较少,在口语中有人往往习惯读成重轻,需要特别注意。

3. 中重格式

除以上两种格式,普通话中 70% 以上的词语都属于中重格式。

发音例词:

全身	家乡	谩骂	眼底	国际	货币	信奉
本身	演变	节奏	马蹄	波纹	当代	黄金
晶莹	领域	阅读	碧绿	宝贵	打通	时代
动员	独自	田野	老刘	阿姨	初一	老大
第三	满意	体育	磁场	畅游	充满	被告
果断	谋生	建交	失常	自卑	青年	开放

（三）三音节词的轻重格式

普通话中,三音节词轻重格式一般有三种。

1. 中中重（重音落在最后一个音节上）

发音例词:

呼吸道	展览馆	居委会	共青团	芭蕾舞	五一节	建筑物
漂白粉	流水线	交际舞	党支部	贫困线	护身符	研究所
寄生虫	辩证法	基督教	滑翔机	华盛顿	毛泽东	朱自清
穆斯林	巧克力	招待会	酸梅汤	小提琴	笔记本	传达室

2. 中重轻（后两个字本是轻声词,其结构主要为单双结构）

发音例词:

过日子	吊嗓子	臭架子	卖关子	碰钉子	半拉子	老头子

刀把子	钻空子	拿架子	命根子	洋鬼子	枪杆子	两口子
鼻梁子	打底子	咬耳朵	硬骨头	拉关系	打埋伏	小家伙
手指头	抽功夫	撑门面	背地里	抱委曲	撒癔症	明摆着
牛脾气	好意思	山核桃	老太太	不记得	为什么	打招呼

3. 中轻重

这种格式大致有两种类型,一种是由轻声词语与单字组成的三字词语,另一种是嵌入式。

发音例词:

豆腐乳	阎王殿	生意经	烧饼铺	月季花	冒失鬼	咯吱窝
石榴红	葡萄园	棉花团	石头记	招牌菜	财神爷	架子鼓
保不齐	备不住	了不起	背着手	对不起	抱不平	果不然
过不去	说得来	冷不防	数得着	吃不消	表个态	小不点儿
风凉话(儿)	拨浪鼓(儿)	礼拜天(儿)	核桃仁(儿)
呱嗒板(儿)	下巴颏(儿)	不大离(儿)	不是味(儿)

另外还有两种格式数量相对较少。

4. 重中中

形容词加叠单后缀时,部分叠音后缀在口语中变调为阴平,此时重音在词根上,叠音后缀相对词根稍轻。

发音例词:

沉甸甸　绿油油　软绵绵

5. 重轻轻

这类格式的词语,后两个音节往往都读得较轻,有些是一些双音趋动词。

发音例词:

舍不得　巴不得　什么的　怎么着　看起来　豁出去

(四) 四音节词的轻重格式

四音节词的轻重格式较为复杂,常见的主要有以下三种形式:

1. 中重中重

有些四音节词语可以按二二节奏断开,由于大部分双音节词语都是中重格式,因而,中重中重格式比较常见。

发音例词:

花好月圆　心平气和　移风易俗　枪林弹雨　日积月累

丰衣足食	独断专行	年富力强	赴汤蹈火	天灾人祸
龙飞凤舞	无独有偶	五光十色	耳濡目染	轻歌曼舞
奇装异服	根深蒂固	翻江倒海	昂首阔步	沧海桑田

2. 中轻中重

变调一节中我们讲到形容词的重叠式 AABB,口语中第二个音节常变读为轻声,第三、四音节也多半变读为阴平,这就形成了中轻中重格式。一些四音节的专用名词、拟声词也往往读成中轻中重格式。其中四音节专用名词的第二个音节只比第一个音节稍轻,不可失去原调。

发音例词:

慢慢腾腾	模模糊糊	高高兴兴	亮亮堂堂	清清楚楚
集体经济	化学工业	社会主义	奥林匹克	北京大学
叮叮咚咚	嘻嘻哈哈	噼里啪啦	稀里哗啦	嘀嘀咕咕

3. 重中中重

这类格式的停顿往往在第一个音节之后,第一个音节变成了需要强调的点,因而会重读,后面三音节组合中最后一个音节又往往是陈述性的成分,也需重读。

发音例词:

义不容辞 　一扫而空 　惨不忍睹 　目不胜收 　诸如此类

要想把普通话说得流畅、自然、清晰,就必须掌握词的轻重格式,符合普通话口语的要求。但是,词的轻重格式不是绝对的、不变的,在实际口语表达中,会受到表达内容及表达目的制约,所以在语流中我们往往会遇到原来的轻重格式被打破、被改变的现象,这也是正常的、必然的。

第二节　多音节词语部分测试指导

读"多音节词语"的测试目的,除了仍然考查应试人声韵调是否能读标准之外,还要测查应试者对语流音变的掌握情况、轻重音的处理是否得当等内容。在此项测试中,语音上的任何错误和缺陷都会被扣分。对错误和缺陷的界定在"读单音节字词"项标准基础上,增加了对音变、轻重格式、多音字等内容的考查。例如：把"困难 kùnnan"读成"kùnnán"，把"反省 fǎnxǐng"读成"fǎnshěng"，第二个音节都会被判定为错误，等等。了解了这些情况，我们在培训练习和测试准备的时候就要注意以下几个问题。

一、注意连读变调

普通话中，变调主要包括上声变调、去声变调、"一、不"变调等几种类型。读多音节词语是要予以充分注意，严格按照音变规律来变读。例如：

美好	法语	小米	理解	古典	海藻
美妙	法国	小说	理发	古筝	海洋
一生	一直	一尺	一样	不去	不要
不行	听一听	大不了	冷处理	讲演稿	小雨伞

二、重视多音节词语中末尾音节的声调发音

在连续的语流中，由于音节与音节的接触，从理论上说每一个音节都有可能发生音变的现象，尤其是声调的变化，则更为普遍。不过，值得特别强调的是，在多音节词语的朗读中，末尾音节是不会出现变调现象的。换句话说，读多音节词语时，除了轻声、儿化等音变现象外，末尾音节必须读原调，否则，就是发音不准确。例如：

预约	黄昏	资金	吃亏	火车	电线杆
推辞	逞能	飞扬	准时	洗涤	不管谁
久远	课本	粉笔	礼品	恼火	展览馆
计算	护送	裁判	失望	一帆风顺	不管不顾

第一行词语的末尾音节均为阴平，发音时必须不折不扣地按 55 调值去读；第二行末尾音节均为阳平，必须读成 35 调值；第三行末尾音节均为上声，必须按 214 调值去读；第四行末尾音节均为去声，必须读作 51 调值。

三、注意轻声、儿化等音变现象

轻声是普通话里一种特殊的变调现象。对于绝大多数人来说，轻声词的发音是不成问题的，关键是如何分辨轻声词。此项中的轻声词一般不是那些有规律的极易判断的轻声词。因此，应有重点地记忆那些无规律的轻声词，这一类轻声词多是口语色彩较浓的双音节词语，可参看附录《普通话水平测试用必读

轻声词语表》予以掌握。例如：

明白	玻璃	木头	痛快	豆腐	扁担
马虎	会计	灯笼	麻烦	眼睛	厉害

此项中词形上明确带有"儿尾"的,应该读作儿化韵,没有标明"儿尾"的词语不应读儿化。例如：

门槛儿——门槛	鲜花儿——鲜花	牙刷儿——牙刷
画画儿——画画	卡壳儿——卡壳	蛋清儿——蛋清

四、注意词的轻重格式

读多音节词语时,为了确保发音准确、规范,符合普通话要求,一方面要准确掌握声母、韵母、声调、变调等的正确发音,另一方面也要注意词的轻重格式,以使语调自然,普通话显得纯熟。例如：

阅读	人生	年轻	闷热	化纤	阴霾
错误	质量	座位	父亲	艺术	浪漫
计算机	当事人	劳动者	国务院	水彩笔	三套车
与日俱增	心旷神怡	有的放矢	抑扬顿挫	唐宗汉祖	

五、正确处理多音字的发音

汉字的一字多音,是造成测试时读音失误的主要因素之一。如何解决这个问题呢？首先可以从字义的角度去加以判断。例如"载"字,当表示"把事情用文字记录下来"的意思时,读上声,如"记载、登载、刊载",当表示"装载、充满"的意思时,读去声,如"载体、载重、负载"等。其次可以从词性的角度来加以区分。例如"处"字,作动词用时读上声,如"处罚、处事、判处",作名词用时读去声,如"长处、好处、处所"等。第三,可以根据使用场合的不同来加以区分。例如"薄"字,独立成词时读 báo(纸很薄),在复合词中读 bó(单薄、浅薄)；"熟"字,在口语中读 shóu(我们很熟),在书面语中读 shú(熟悉)。另外,有些多音字的某个读音涉及的词很少,记住这些词,等于分清了用法,例如"畜"有"xù"和"chù"两个读音,但只在"畜牧"这个词中读"xù",其余词中全读"chù",那么,记住"畜牧"的读音就可以了。

多音字是普通话学习中的难点问题,应记住《普通话异读词审音表》中所规定的多音字的读音,读时注意分辨。可参看附录。

第三节　多音节词语综合训练材料

一、普通话测试用词语表中含有平翘舌的词语训练

Z -

杂质 zázhì	杂事 záshì	包扎 bāozā	杂费 záfèi
杂粮 záliáng	杂乱 záluàn	杂技 zájì	杂居 zájū
杂剧 zájù	杂交 zájiāo	杂音 záyīn	杂文 záwén
复杂 fùzá	再造 zàizào	在座 zàizuò	栽植 zāizhí
栽种 zāizhòng	载重 zàizhòng	在场 zàichǎng	在职 zàizhí
在世 zàishì	灾民 zāimín	灾难 zāinàn	灾害 zāihài
灾情 zāiqíng	救灾 jiùzāi	栽培 zāipéi	宰割 zǎigē
宰相 zǎixiàng	屠宰 túzǎi	再度 zàidù	再见 zàijiàn
再现 zàixiàn	一再 yīzài	在行 zàiháng	在家 zàijiā
在于 zàiyú	在意 zàiyì	在望 zàiwàng	在位 zàiwèi
内在 nèizài	潜在 qiánzài	现在 xiànzài	外在 wàizài
记载 jìzǎi	载体 zàitǐ	负载 fùzài	运载 yùnzài
遭受 zāoshòu	早春 zǎochūn	噪声 zàoshēng	早熟 zǎoshú
遭遇 zāoyù	遭殃 zāoyāng	糟粕 zāopò	糟糕 zāogāo
开凿 kāizáo	早饭 zǎofàn	早稻 zǎodào	早点 zǎodiǎn
早年 zǎonián	早婚 zǎohūn	早期 zǎoqī	早先 zǎoxiān
早日 zǎorì	早已 zǎoyǐ	早晚 zǎowǎn	提早 tízǎo
及早 jízǎo	一早 yīzǎo	洗澡 xǐzǎo	暴躁 bàozào
枯燥 kūzào	噪音 zàoyīn	造福 zàofú	造反 zàofǎn
造句 zàojù	造价 zàojià	造型 zàoxíng	造就 zàojiù
造诣 zàoyì	造谣 zàoyáo	改造 gǎizào	构造 gòuzào
建造 jiànzào	臆造 yìzào	肥皂 féizào	赞颂 zànsòng
暂时 zànshí	赞成 zànchéng	赞赏 zànshǎng	赞助 zànzhù
暂且 zànqiě	赞美 zànměi	赞叹 zàntàn	赞歌 zàngē

赞许 zànxǔ	葬送 zàngsòng	葬身 zàngshēn	赞誉 zànyù
葬礼 zànglǐ	墓葬 mùzàng	埋葬 máizàng	脏腑 zàngfǔ
五脏 wǔzàng	宝藏 bǎozàng	奏章 zòuzhāng	走访 zǒufǎng
走动 zǒudòng	走廊 zǒuláng	走向 zǒuxiàng	逃走 táozǒu
走私 zǒusī	奏效 zòuxiào	独奏 dúzòu	合奏 hézòu
节奏 jiézòu	前奏 qiánzòu	总算 zǒngsuàn	宗旨 zōngzhǐ
宗室 zōngshì	总之 zǒngzhī	总称 zǒngchēng	总数 zǒngshù
纵使 zòngshǐ	纵身 zòngshēn	纵深 zòngshēn	宗派 zōngpài
宗教 zōngjiào	综合 zōnghé	踪迹 zōngjì	棕榈 zōnglǘ
棕色 zōngsè	总得 zǒngděi	总队 zǒngduì	总体 zǒngtǐ
总理 zǒnglǐ	总归 zǒngguī	总和 zǒnghé	总计 zǒngjì
总结 zǒngjié	总务 zǒngwù	总额 zǒng'é	老总 lǎozǒng
纵队 zòngduì	纵然 zòngrán	责成 zéchéng	责难 zénàn
责令 zélìng	责怪 zéguài	责任 zérèn	责问 zéwèn
负责 fùzé	谴责 qiǎnzé	否则 fǒuzé	通则 tōngzé
规则 guīzé	原则 yuánzé	光泽 guāngzé	细则 xìzé
抉择 juézé	选择 xuǎnzé	盗贼 dàozéi	乌贼 wūzéi
赠送 zèngsòng	增值 zēngzhí	怎样 zěnyàng	增殖 zēngzhí
增长 zēngzhǎng	增产 zēngchǎn	增生 zēngshēng	增设 zēngshè
增收 zēngshōu	憎恨 zēnghèn	憎恶 zēngwù	增补 zēngbǔ
增多 zēngduō	增高 zēnggāo	增加 zēngjiā	倍增 bèizēng
激增 jīzēng	捐赠 juānzèng	自私 zìsī	资财 zīcái
紫菜 zǐcài	子孙 zǐsūn	自从 zìcóng	自尊 zìzūn
姿势 zīshì	自制 zìzhì	自治 zìzhì	资助 zīzhù
资产 zīchǎn	滋长 zīzhǎng	滋生 zīshēng	自主 zìzhǔ
自转 zìzhuàn	自传 zìzhuàn	自重 zìzhòng	自称 zìchēng
自杀 zìshā	自述 zìshù	自身 zìshēn	自首 zìshǒu
咨询 zīxún	姿态 zītài	舞姿 wǔzī	雄姿 xióngzī
资本 zīběn	资料 zīliào	资金 zījīn	资源 zīyuán
投资 tóuzī	劳资 láozī	工资 gōngzī	合资 hézī
集资 jízī	外资 wàizī	物资 wùzī	滋味 zīwèi

姊妹 zǐmèi	子弹 zǐdàn	子弟 zǐdì	子女 zǐnǚ
子宫 zǐgōng	夫子 fūzǐ	弟子 dìzǐ	太子 tàizǐ
童子 tóngzǐ	离子 lízǐ	量子 liàngzǐ	公子 gōngzǐ
核子 hézǐ	君子 jūnzǐ	棋子 qízǐ	孝子 xiàozǐ
原子 yuánzǐ	仔细 zǐxì	字母 zìmǔ	签字 qiānzì
自发 zìfā	自动 zìdòng	自豪 zìháo	自己 zìjǐ
自觉 zìjué	自信 zìxìn	自行 zìxíng	自然 zìrán
自由 zìyóu	自愿 zìyuàn	自卫 zìwèi	自我 zìwǒ
独自 dúzì	阻塞 zǔsè	阻止 zǔzhǐ	组织 zǔzhī
组装 zǔzhuāng	诅咒 zǔzhòu	祖传 zǔchuán	租赁 zūlìn
租界 zūjiè	租借 zūjiè	租金 zūjīn	租用 zūyòng
地租 dìzū	阻挡 zǔdǎng	阻挠 zǔnáo	阻力 zǔlì
阻拦 zǔlán	阻隔 zǔgé	阻击 zǔjī	阻碍 zǔ'ài
劝阻 quànzǔ	组合 zǔhé	组建 zǔjiàn	改组 gǎizǔ
机组 jīzǔ	小组 xiǎozǔ	祖母 zǔmǔ	祖父 zǔfù
祖国 zǔguó	祖先 zǔxiān	足够 zúgòu	足迹 zújì
足见 zújiàn	足球 zúqiú	足以 zúyǐ	补足 bǔzú
不足 bùzú	富足 fùzú	贵族 guìzú	家族 jiāzú
异族 yìzú	外族 wàizú	作祟 zuòsuì	座舱 zuòcāng
左手 zuǒshǒu	作者 zuòzhě	作战 zuòzhàn	坐镇 zuòzhèn
做主 zuòzhǔ	做声 zuòshēng	昨天 zuótiān	作品 zuòpǐn
作法 zuòfǎ	作风 zuòfēng	作对 zuòduì	作怪 zuòguài
作客 zuòkè	作家 zuòjiā	作价 zuòjià	作业 zuòyè
作用 zuòyòng	作物 zuòwù	作为 zuòwéi	作文 zuòwén
作案 zuò'àn	作恶 zuò'è	发作 fāzuò	大作 dàzuò
劳作 láozuò	叫做 jiàozuò	动作 dòngzuò	工作 gōngzuò
合作 hézuò	佳作 jiāzuò	习作 xízuò	协作 xiézuò
写作 xiězuò	原作 yuánzuò	运作 yùnzuò	左倾 zuǒqīng
左翼 zuǒyì	左右 zuǒyòu	坐标 zuòbiāo	坐落 zuòluò
就坐 jiùzuò	座谈 zuòtán	座位 zuòwèi	宝座 bǎozuò
讲座 jiǎngzuò	做梦 zuòmèng	做法 zuòfǎ	做工 zuògōng

做功 zuògōng　　做戏 zuòxì　　做人 zuòrén　　钻探 zuāntàn
钻研 zuānyán　　钻石 zuànshí　　嘴唇 zuǐchún　　罪证 zuìzhèng
罪状 zuìzhuàng　　最终 zuìzhōng　　醉心 zuìxīn　　最初 zuìchū
嘴脸 zuǐliǎn　　多嘴 duōzuǐ　　最后 zuìhòu　　最近 zuìjìn
罪恶 zuì'è　　罪名 zuìmíng　　罪犯 zuìfàn　　罪过 zuìguò
罪行 zuìxíng　　罪人 zuìrén　　醉人 zuìrén　　陶醉 táozuì

C -

擦拭 cāshì　　摩擦 mócā　　彩电 cǎidiàn　　彩陶 cǎitáo
彩礼 cǎilǐ　　彩塑 cǎisù　　财政 cáizhèng　　财产 cáichǎn
才智 cáizhì　　采摘 cǎizhāi　　菜场 càichǎng　　菜蔬 càishū
猜想 cāixiǎng　　猜疑 cāiyí　　才能 cáinéng　　才干 cáigàn
才华 cáihuá　　育才 yùcái　　材料 cáiliào　　木材 mùcái
题材 tícái　　教材 jiàocái　　建材 jiàncái　　器材 qìcái
取材 qǔcái　　药材 yàocái　　财贸 cáimào　　财富 cáifù
财团 cáituán　　财力 cáilì　　财会 cáikuài　　财经 cáijīng
财权 cáiquán　　财源 cáiyuán　　财务 cáiwù　　财物 cáiwù
发财 fācái　　理财 lǐcái　　钱财 qiáncái　　裁判 cáipàn
裁定 cáidìng　　裁决 cáijué　　裁军 cáijūn　　裁减 cáijiǎn
裁剪 cáijiǎn　　剪裁 jiǎncái　　独裁 dúcái　　体裁 tǐcái
采伐 cǎifá　　采访 cǎifǎng　　采纳 cǎinà　　采购 cǎigòu
采矿 cǎikuàng　　采集 cǎijí　　采掘 cǎijué　　采取 cǎiqǔ
采写 cǎixiě　　采油 cǎiyóu　　采样 cǎiyàng　　采用 cǎiyòng
彩虹 cǎihóng　　彩绘 cǎihuì　　彩旗 cǎiqí　　猜测 cāicè
彩色 cǎisè　　理睬 lǐcǎi　　菜刀 càidāo　　咸菜 xiáncài
野菜 yěcài　　油菜 yóucài　　菜肴 càiyáo　　菜园 càiyuán
白菜 báicài　　菠菜 bōcài　　小菜 xiǎocài　　异彩 yìcǎi
开采 kāicǎi　　操纵 cāozòng　　操作 cāozuò　　嘈杂 cáozá
草丛 cǎocóng　　操持 cāochí　　操场 cāochǎng　　草场 cǎochǎng
草率 cǎoshuài　　操劳 cāoláo　　操练 cāoliàn　　操心 cāoxīn
体操 tǐcāo　　草本 cǎoběn　　草皮 cǎopí　　草坪 cǎopíng
草帽 cǎomào　　草莓 cǎoméi　　草地 cǎodì　　草图 cǎotú

草拟 cǎonǐ	草鞋 cǎoxié	草药 cǎoyào	草原 cǎoyuán
草屋 cǎowū	草案 cǎo'àn	牧草 mùcǎo	茅草 máocǎo
毒草 dúcǎo	稻草 dàocǎo	起草 qǐcǎo	参赛 cānsài
惨死 cǎnsǐ	残存 cáncún	蚕丝 cánsī	餐桌 cānzhuō
参照 cānzhào	参展 cānzhǎn	参战 cānzhàn	参政 cānzhèng
参数 cānshù	惨重 cǎnzhòng	残杀 cánshā	蚕食 cánshí
餐具 cānjù	聚餐 jùcān	就餐 jiùcān	午餐 wǔcān
参谋 cānmóu	参观 cānguān	参考 cānkǎo	参加 cānjiā
参见 cānjiàn	参与 cānyù	参预 cānyù	参阅 cānyuè
惨白 cǎnbái	惨败 cǎnbài	悲惨 bēicǎn	凄惨 qīcǎn
残破 cánpò	残废 cánfèi	残酷 cánkù	残缺 cánquē
残忍 cánrěn	残余 cányú	凶残 xiōngcán	惭愧 cánkuì
仓促 cāngcù	沧桑 cāngsāng	苍翠 cāngcuì	藏书 cángshū
藏身 cángshēn	仓库 cāngkù	苍白 cāngbái	苍老 cānglǎo
埋藏 máicáng	躲藏 duǒcáng	矿藏 kuàngcáng	蕴藏 yùncáng
凑近 còujìn	凑巧 còuqiǎo	从中 cóngzhōng	从此 cóngcǐ
从众 cóngzhòng	从事 cóngshì	从属 cóngshǔ	丛书 cóngshū
丛生 cóngshēng	匆忙 cōngmáng	聪慧 cōnghuì	从头 cóngtóu
从来 cónglái	从军 cóngjūn	从前 cóngqián	从小 cóngxiǎo
从业 cóngyè	服从 fúcóng	屈从 qūcóng	无从 wúcóng
厕所 cèsuǒ	测算 cèsuàn	测试 cèshì	侧重 cèzhòng
侧身 cèshēn	侧面 cèmiàn	测定 cèdìng	测量 cèliáng
测验 cèyàn	推测 tuīcè	观测 guāncè	监测 jiāncè
检测 jiǎncè	预测 yùcè	策略 cèlüè	策划 cèhuà
对策 duìcè	国策 guócè	决策 juécè	层次 céngcì
层面 céngmiàn	表层 biǎocéng	低层 dīcéng	底层 dǐcéng
高层 gāocéng	云层 yúncéng	曾经 céngjīng	地层 dìcéng
不曾 bùcéng	未曾 wèicéng	词组 cízǔ	辞职 cízhí
磁场 cíchǎng	慈善 císhàn	瓷砖 cízhuān	次数 cìshù
刺杀 cìshā	词典 cídiǎn	词汇 cíhuì	词句 cíjù
词义 cíyì	词语 cíyǔ	副词 fùcí	代词 dàicí

动词 dòngcí　　量词 liàngcí　　歌词 gēcí　　语词 yǔcí
祠堂 cítáng　　辞典 cídiǎn　　辞退 cítuì　　推辞 tuīcí
修辞 xiūcí　　慈悲 cíbēi　　慈祥 cíxiáng　　磁铁 cítiě
磁带 cídài　　磁化 cíhuà　　磁性 cíxìng　　雌蕊 círuǐ
雌性 cíxìng　　雌雄 cíxióng　　陶瓷 táocí　　次品 cìpǐn
次序 cìxù　　次要 cìyào　　渐次 jiàncì　　其次 qícì
此后 cǐhòu　　此刻 cǐkè　　此外 cǐwài　　此间 cǐjiān
就此 jiùcǐ　　故此 gùcǐ　　刺刀 cìdāo　　刺骨 cìgǔ
刺绣 cìxiù　　刺眼 cìyǎn　　赐予 cìyǔ　　粗糙 cūcāo
粗俗 cūsú　　粗壮 cūzhuàng　　促成 cùchéng　　促使 cùshǐ
粗布 cūbù　　粗暴 cūbào　　粗笨 cūbèn　　粗放 cūfàng
粗大 cūdà　　粗鲁 cūlǔ　　粗略 cūlüè　　粗犷 cūguǎng
粗细 cūxì　　粗心 cūxīn　　粗野 cūyě　　簇拥 cùyōng
促进 cùjìn　　督促 dūcù　　急促 jícù　　局促 júcù
磋商 cuōshāng　　挫伤 cuòshāng　　挫折 cuòzhé　　措施 cuòshī
切磋 qiēcuō　　挫败 cuòbài　　错过 cuòguò　　错觉 cuòjué
错位 cuòwèi　　不错 búcuò　　过错 guòcuò　　交错 jiāocuò
催促 cuīcù　　摧残 cuīcán　　璀璨 cuǐcàn　　摧毁 cuīhuǐ
催眠 cuīmián　　翠绿 cuìlǜ　　翡翠 fěicuì　　篡夺 cuànduó
篡改 cuàngǎi　　逃窜 táocuàn　　存在 cúnzài　　村寨 cūnzhài
村庄 cūnzhuāng　　村镇 cūnzhèn　　存折 cúnzhé　　存储 cúnchǔ
村民 cūnmín　　存留 cúnliú　　留存 liúcún　　保存 bǎocún
共存 gòngcún　　库存 kùcún　　积存 jīcún　　依存 yīcún
遗存 yícún

s-

撒谎 sāhuǎng　　撒娇 sājiāo　　赛场 sàichǎng　　撒手 sāshǒu
赛事 sàishì　　赛跑 sàipǎo　　比赛 bǐsài　　大赛 dàsài
联赛 liánsài　　决赛 juésài　　扫除 sǎochú　　扫视 sǎoshì
扫射 sǎoshè　　骚动 sāodòng　　骚扰 sāorǎo　　扫描 sǎomiáo
扫盲 sǎománg　　扫荡 sǎodàng　　扫地 sǎodì　　扫兴 sǎoxìng
大嫂 dàsǎo　　散射 sǎnshè　　散场 sànchǎng　　打扫 dǎsǎo

散失 sànshī	三角 sānjiǎo	雨伞 yǔsǎn	散文 sǎnwén
零散 língsǎn	散布 sànbù	散步 sànbù	散发 sànfā
散落 sànluò	飘散 piāosàn	离散 lísàn	扩散 kuòsàn
解散 jiěsàn	丧葬 sāngzàng	丧事 sāngshì	丧失 sàngshī
扶桑 fúsāng	丧气 sàngqì	颓丧 tuísàng	搜索 sōusuǒ
搜查 sōuchá	搜捕 sōubǔ	搜罗 sōuluó	搜刮 sōuguā
搜寻 sōuxún	松散 sōngsǎn	送葬 sòngzàng	搜集 sōují
松鼠 sōngshǔ	松手 sōngshǒu	松软 sōngruǎn	松懈 sōngxiè
颂扬 sòngyáng	歌颂 gēsòng	怂恿 sǒngyǒng	耸立 sǒnglì
高耸 gāosǒng	送别 sòngbié	送礼 sònglǐ	送气 sòngqì
目送 mùsòng	选送 xuǎnsòng	运送 yùnsòng	诵读 sòngdú
色泽 sèzé	色彩 sècǎi	色素 sèsù	色盲 sèmáng
色调 sèdiào	色情 sèqíng	白色 báisè	肤色 fūsè
特色 tèsè	脸色 liǎnsè	红色 hóngsè	角色 juésè
气色 qìsè	血色 xuèsè	逊色 xùnsè	夜色 yèsè
月色 yuèsè	苦涩 kǔsè	堵塞 dǔsè	森林 sēnlín
森严 sēnyán	僧尼 sēngní	僧侣 sēnglǚ	私自 sīzì
思忖 sīcǔn	思索 sīsuǒ	四散 sìsàn	私事 sīshì
四时 sìshí	四肢 sìzhī	思潮 sīcháo	丝绸 sīchóu
私产 sīchǎn	私塾 sīshú	厮杀 sīshā	死守 sǐshǒu
死伤 sǐshāng	死神 sǐshén	四处 sìchù	四周 sìzhōu
斯文 sīwén	撕毁 sīhuǐ	嘶哑 sīyǎ	司法 sīfǎ
司令 sīlìng	司机 sījī	公司 gōngsī	饲养 sìyǎng
丝毫 sīháo	丝绒 sīróng	铁丝 tiěsī	私法 sīfǎ
私心 sīxīn	私人 sīrén	私语 sīyǔ	私有 sīyǒu
私营 sīyíng	公私 gōngsī	无私 wúsī	思辨 sībiàn
思念 sīniàn	思路 sīlù	思虑 sīlǜ	思考 sīkǎo
思绪 sīxù	思想 sīxiǎng	思维 sīwéi	构思 gòusī
相思 xiāngsī	死板 sǐbǎn	死活 sǐhuó	死刑 sǐxíng
死亡 sǐwáng	决死 juésǐ	四面 sìmiàn	四季 sìjì
四外 sìwài	寺庙 sìmiào	寺院 sìyuàn	佛寺 fósì

似乎 sìhū	酷似 kùsì	好似 hǎosì	相似 xiāngsì
肆意 sìyì	祭祀 jìsì	诉讼 sùsòng	素材 sùcái
塑造 sùzào	俗称 súchēng	素质 sùzhì	宿舍 sùshè
诉说 sùshuō	速成 sùchéng	苏醒 sūxǐng	复苏 fùsū
俗名 súmíng	俗话 súhuà	俗人 súrén	俗语 súyǔ
通俗 tōngsú	习俗 xísú	庸俗 yōngsú	诉苦 sùkǔ
投诉 tóusù	公诉 gōngsù	控诉 kòngsù	哭诉 kūsù
起诉 qǐsù	肃穆 sùmù	肃清 sùqīng	素描 sùmiáo
素来 sùlái	素养 sùyǎng	朴素 pǔsù	毒素 dúsù
激素 jīsù	要素 yàosù	元素 yuánsù	速度 sùdù
速率 sùlǜ	速写 sùxiě	飞速 fēisù	流速 liúsù
高速 gāosù	光速 guāngsù	快速 kuàisù	急速 jísù
加速 jiāsù	减速 jiǎnsù	迅速 xùnsù	宿营 sùyíng
归宿 guīsù	塑料 sùliào	塑像 sùxiàng	泥塑 nísù
酸枣 suānzǎo	算帐 suànzhàng	酸痛 suāntòng	算术 suànshù
估算 gūsuàn	合算 hésuàn	核算 hésuàn	计算 jìsuàn
决算 juésuàn	预算 yùsuàn	运算 yùnsuàn	损失 sǔnshī
损伤 sǔnshāng	损害 sǔnhài	损耗 sǔnhào	磨损 mósǔn
所在 suǒzài	琐碎 suǒsuì	唆使 suōshǐ	琐事 suǒshì
所属 suǒshǔ	缩短 suōduǎn	缩减 suōjiǎn	缩小 suōxiǎo
缩影 suōyǐng	退缩 tuìsuō	浓缩 nóngsuō	压缩 yāsuō
蓑衣 suōyī	所以 suǒyǐ	所有 suǒyǒu	所谓 suǒwèi
寓所 yùsuǒ	锁链 suǒliàn	连锁 liánsuǒ	索取 suǒqǔ
索性 suǒxìng	铁索 tiěsuǒ	检索 jiǎnsuǒ	线索 xiànsuǒ
随从 suícóng	虽说 suīshuō	随处 suíchù	随时 suíshí
随身 suíshēn	虽然 suīrán	脑髓 nǎosuǐ	骨髓 gǔsuǐ
随便 suíbiàn	随同 suítóng	随后 suíhòu	随即 suíjí
随意 suíyì	未遂 wèisuì	隧道 suìdào	岁月 suìyuè
年岁 niánsuì	破碎 pòsuì	零碎 língsuì	细碎 xìsuì

zh -

废渣 fèizhā	扎根 zhāgēn	闸门 zhámén	眨眼 zhǎyǎn

诈骗 zhàpiàn　　欺诈 qīzhà　　炸弹 zhàdàn　　炸药 zhàyào

爆炸 bàozhà　　轰炸 hōngzhà　　榨取 zhàqǔ　　压榨 yāzhà

蚱蜢 zhàměng　　展翅 zhǎnchì　　崭新 zhǎnxīn　　展示 zhǎnshì

辗转 zhǎnzhuǎn　　战争 zhànzhēng　　战场 zhànchǎng　　战事 zhànshì

战胜 zhànshèng　　战术 zhànshù　　瞻仰 zhānyǎng　　战士 zhànshì

沾染 zhānrǎn　　占卜 zhānbǔ　　占用 zhànyòng　　占据 zhànjù

占有 zhànyǒu　　霸占 bàzhàn　　攻占 gōngzhàn　　独占 dúzhàn

站台 zhàntái　　站立 zhànlì　　驿站 yìzhàn　　战败 zhànbài

战备 zhànbèi　　战俘 zhànfú　　战地 zhàndì　　战斗 zhàndòu

战栗 zhànlì　　战略 zhànlüè　　战国 zhànguó　　战壕 zhànháo

战火 zhànhuǒ　　战绩 zhànjì　　战局 zhànjú　　战区 zhànqū

战线 zhànxiàn　　战役 zhànyì　　战友 zhànyǒu　　备战 bèizhàn

挑战 tiǎozhàn　　论战 lùnzhàn　　苦战 kǔzhàn　　开战 kāizhàn

激战 jīzhàn　　决战 juézhàn　　宣战 xuānzhàn　　展开 zhǎnkāi

展销 zhǎnxiāo　　展现 zhǎnxiàn　　开展 kāizhǎn　　扩展 kuòzhǎn

招致 zhāozhì　　招收 zhāoshōu　　招手 zhāoshǒu　　打颤 dǎzhàn

招生 zhāoshēng　　诏书 zhàoshū　　照常 zhàocháng　　照射 zhàoshè

肇事 zhàoshì　　招标 zhāobiāo　　招聘 zhāopìn　　招募 zhāomù

招待 zhāodài　　招徕 zhāolái　　招考 zhāokǎo　　沼气 zhǎoqì

沼泽 zhǎozé　　召开 zhàokāi　　召唤 zhàohuàn　　召集 zhàojí

召见 zhàojiàn　　号召 hàozhào　　照搬 zhàobān　　照办 zhàobàn

照片 zhàopiàn　　照明 zhàomíng　　照料 zhàoliào　　照例 zhàolì

照管 zhàoguǎn　　照看 zhàokàn　　照会 zhàohuì　　照旧 zhàojiù

照相 zhàoxiàng　　照耀 zhàoyào　　照样 zhàoyàng　　拍照 pāizhào

对照 duìzhào　　关照 guānzhào　　光照 guāngzhào　　写照 xiězhào

依照 yīzhào　　朝气 zhāoqì　　朝夕 zhāoxī　　朝霞 zhāoxiá

朝阳 zhāoyáng　　着迷 zháomí　　着火 zháohuǒ　　着急 zháojí

爪牙 zhǎoyá　　魔爪 mózhǎo　　找寻 zhǎoxún　　寻找 xúnzhǎo

高涨 gāozhǎng　　扩张 kuòzhāng　　债权 zhàiquán　　择菜 zháicài

债券 zhàiquàn　　家长 jiāzhǎng　　公债 gōngzhài　　负债 fùzhài

章程 zhāngchéng　　长者 zhǎngzhě　　涨潮 zhǎngcháo　　外债 wàizhài

张贴 zhāngtiē	开张 kāizhāng	夸张 kuāzhāng	狭窄 xiázhǎi
长辈 zhǎngbèi	长老 zhǎnglǎo	长官 zhǎngguān	债务 zhàiwù
外长 wàizhǎng	暴涨 bàozhǎng	飞涨 fēizhǎng	口罩 kǒuzhào
账目 zhàngmù	章节 zhāngjié	规章 guīzhāng	章法 zhāngfǎ
乐章 yuèzhāng	违章 wéizhāng	表彰 biǎozhāng	故障 gùzhàng
障碍 zhàng'ài	保障 bǎozhàng	樟脑 zhāngnǎo	掌握 zhǎngwò
掌舵 zhǎngduò	鼓掌 gǔzhǎng	拐杖 guǎizhàng	依仗 yīzhàng
周折 zhōuzhé	周转 zhōuzhuǎn	周身 zhōushēn	周岁 zhōusuì
周报 zhōubào	周末 zhōumò	周年 zhōunián	周刊 zhōukān
周期 zhōuqī	周旋 zhōuxuán	周延 zhōuyán	周围 zhōuwéi
圆周 yuánzhōu	忠贞 zhōngzhēn	轴线 zhóuxiàn	昼夜 zhòuyè
白昼 báizhòu	种植 zhòngzhí	皱纹 zhòuwén	骤然 zhòurán
终止 zhōngzhǐ	终身 zhōngshēn	终生 zhōngshēng	步骤 bùzhòu
中止 zhōngzhǐ	中转 zhōngzhuǎn	中枢 zhōngshū	绿洲 lùzhōu
忠诚 zhōngchéng	忠实 zhōngshí	肿胀 zhǒngzhàng	咒骂 zhòumà
众生 zhòngshēng	重视 zhòngshì	重伤 zhòngshāng	中子 zhōngzǐ
中层 zhōngcéng	仲裁 zhòngcái	终年 zhōngnián	种族 zhǒngzú
终了 zhōngliǎo	终归 zhōngguī	终究 zhōngjiū	终极 zhōngjí
终结 zhōngjié	终日 zhōngrì	年终 niánzhōng	终于 zhōngyú
临终 línzhōng	告终 gàozhōng	中年 zhōngnián	中途 zhōngtú
中立 zhōnglì	中华 zhōnghuá	中介 zhōngjiè	中级 zhōngjí
中间 zhōngjiān	中期 zhōngqī	中秋 zhōngqiū	中西 zhōngxī
中学 zhōngxué	中心 zhōngxīn	中旬 zhōngxún	中叶 zhōngyè
中药 zhōngyào	中游 zhōngyóu	中原 zhōngyuán	中医 zhōngyī
中外 zhōngwài	中文 zhōngwén	高中 gāozhōng	中午 zhōngwǔ
空中 kōngzhōng	集中 jízhōng	其中 qízhōng	中毒 zhòngdú
忠厚 zhōnghòu	苦衷 kǔzhōng	钟表 zhōngbiǎo	中意 zhòngyì
钟头 zhōngtóu	肿瘤 zhǒngliú	臃肿 yōngzhǒng	浮肿 fúzhǒng
种类 zhǒnglèi	种群 zhǒngqún	配种 pèizhǒng	特种 tèzhǒng
良种 liángzhǒng	工种 gōngzhǒng	选种 xuǎnzhǒng	剧种 jùzhǒng
育种 yùzhǒng	物种 wùzhǒng	接种 jiēzhòng	种地 zhòngdì

重大 zhòngdà	重点 zhòngdiǎn	重量 zhòngliàng	重力 zhònglì
重要 zhòngyào	比重 bǐzhòng	保重 bǎozhòng	负重 fùzhòng
体重 tǐzhòng	贵重 guìzhòng	加重 jiāzhòng	举重 jǔzhòng
借重 jièzhòng	众多 zhòngduō	观众 guānzhòng	器重 qìzhòng
公众 gōngzhòng	群众 qúnzhòng	折中 zhézhōng	折射 zhéshè
褶皱 zhězhòu	折算 zhésuàn	遮挡 zhēdǎng	遮掩 zhēyǎn
折叠 zhédié	折旧 zhéjiù	波折 bōzhé	骨折 gǔzhé
曲折 qūzhé	哲人 zhérén	哲学 zhéxué	海蜇 hǎizhé
动辄 dòngzhé	读者 dúzhě	老者 lǎozhě	记者 jìzhě
学者 xuézhě	这些 zhèxiē	这样 zhèyàng	侦查 zhēnchá
侦察 zhēnchá	珍珠 zhēnzhū	珍重 zhēnzhòng	珍视 zhēnshì
真知 zhēnzhī	真正 zhēnzhèng	真诚 zhēnchéng	真挚 zhēnzhì
真实 zhēnshí	斟酌 zhēnzhuó	震颤 zhènchàn	诊治 zhěnzhì
镇守 zhènshǒu	贞操 zhēncāo	珍藏 zhēncáng	真丝 zhēnsī
诊所 zhěnsuǒ	振作 zhènzuò	针对 zhēnduì	针头 zhēntóu
针灸 zhēnjiǔ	侦破 zhēnpò	侦探 zhēntàn	真皮 zhēnpí
真理 zhēnlǐ	真空 zhēnkōng	真迹 zhēnjì	真菌 zhēnjūn
真切 zhēnqiè	真情 zhēnqíng	真相 zhēnxiàng	真心 zhēnxīn
逼真 bīzhēn	果真 guǒzhēn	镇定 zhèndìng	认真 rènzhēn
镇静 zhènjìng	整治 zhěngzhì	珍宝 zhēnbǎo	珍品 zhēnpǐn
珍贵 zhēnguì	震动 zhèndòng	诊断 zhěnduàn	麻疹 mázhěn
阵线 zhènxiàn	阵容 zhènróng	阵营 zhènyíng	阵地 zhèndì
阵亡 zhènwáng	振荡 zhèndàng	振动 zhèndòng	振奋 zhènfèn
振兴 zhènxīng	共振 gòngzhèn	震荡 zhèndàng	珍惜 zhēnxī
震撼 zhènhàn	震惊 zhènjīng	争吵 zhēngchǎo	地震 dìzhèn
争执 zhēngzhí	征兆 zhēngzhào	征收 zhēngshōu	镇压 zhènyā
整数 zhěngshù	正直 zhèngzhí	正中 zhèngzhōng	争议 zhēngyì
正式 zhèngshì	正视 zhèngshì	证实 zhèngshí	征集 zhēngjí
政治 zhèngzhì	政事 zhèngshì	症状 zhèngzhuàng	蒸汽 zhēngqì
正在 zhèngzài	正宗 zhèngzōng	争斗 zhēngdòu	政策 zhèngcè
争夺 zhēngduó	争论 zhēnglùn	争取 zhēngqǔ	争气 zhēngqì

正常 zhèngcháng	斗争 dòuzhēng	蒸馏 zhēngliú	蒸发 zhēngfā
蒸气 zhēngqì	郑重 zhèngzhòng	征服 zhēngfú	征途 zhēngtú
征购 zhēnggòu	证书 zhèngshū	征求 zhēngqiú	特征 tèzhēng
远征 yuǎnzhēng	症结 zhēngjié	正月 zhēngyuè	正比 zhèngbǐ
正派 zhèngpài	正道 zhèngdào	正统 zhèngtǒng	正步 zhèngbù
正规 zhèngguī	正轨 zhèngguǐ	正好 zhènghǎo	正极 zhèngjí
正气 zhèngqì	正巧 zhèngqiǎo	正确 zhèngquè	正义 zhèngyì
正午 zhèngwǔ	改正 gǎizhèng	公正 gōngzhèng	整体 zhěngtǐ
整理 zhěnglǐ	整个 zhěnggè	整洁 zhěngjié	整齐 zhěngqí
整修 zhěngxiū	调整 tiáozhěng	齐整 qízhěng	证据 zhèngjù
证件 zhèngjiàn	保证 bǎozhèng	公证 gōngzhèng	政法 zhèngfǎ
考证 kǎozhèng	确证 quèzhèng	论证 lùnzhèng	政府 zhèngfǔ
政客 zhèngkè	政体 zhèngtǐ	政界 zhèngjiè	政局 zhèngjú
政权 zhènquán	政委 zhèngwěi	拯救 zhěngjiù	政务 zhèngwù
支持 zhīchí	直至 zhízhì	只是 zhǐshì	指使 zhǐshǐ
指示 zhǐshì	制止 zhìzhǐ	致使 zhìshǐ	支柱 zhīzhù
支撑 zhīchēng	支出 zhīchū	职称 zhíchēng	只身 zhīshēn
执照 zhízhào	执政 zhízhèng	直肠 zhícháng	执着 zhízhuó
直属 zhíshǔ	直率 zhíshuài	直爽 zhíshuǎng	植株 zhízhū
置身 zhìshēn	纸张 zhǐzhāng	指摘 zhǐzhāi	指针 zhǐzhēn
指数 zhǐshù	至少 zhìshǎo	至上 zhìshàng	治水 zhìshuǐ
质子 zhìzǐ	至此 zhìcǐ	致死 zhìsǐ	职责 zhízé
指责 zhǐzé	制造 zhìzào	制作 zhìzuò	制裁 zhìcái
之后 zhīhòu	之前 zhīqián	乳汁 rǔzhī	支部 zhībù
支配 zhīpèi	支付 zhīfù	支队 zhīduì	支援 zhīyuán
开支 kāizhī	枪支 qiāngzhī	枝条 zhītiáo	枝叶 zhīyè
荔枝 lìzhī	知觉 zhījué	告知 gàozhī	求知 qiúzhī
先知 xiānzhī	须知 xūzhī	无知 wúzhī	智能 zhìnéng
智力 zhìlì	智慧 zhìhuì	机智 jīzhì	交织 jiāozhī
职能 zhínéng	职工 zhígōng	职权 zhíquán	职业 zhíyè
职员 zhíyuán	职务 zhíwù	离职 lízhí	官职 guānzhí

公职 gōngzhí　　兼职 jiānzhí　　就职 jiùzhí　　任职 rènzhí

只得 zhǐdé　　只顾 zhǐgù　　只好 zhǐhǎo　　只要 zhǐyào

只有 zhǐyǒu　　标识 biāozhì　　旗帜 qízhì　　脂肪 zhīfáng

指标 zhǐbiāo　　指明 zhǐmíng　　指导 zhǐdǎo　　指定 zhǐdìng

指令 zhǐlìng　　指挥 zhǐhuī　　直立 zhílì　　直观 zhíguān

直角 zhíjiǎo　　直接 zhíjiē　　直径 zhíjìng　　直觉 zhíjué

直线 zhíxiàn　　简直 jiǎnzhí　　一直 yīzhí　　值班 zhíbān

价值 jiàzhí　　植物 zhíwù　　培植 péizhí　　扶植 fúzhí

移植 yízhí　　殖民 zhímín　　布置 bùzhì　　配置 pèizhì

倒置 dàozhì　　购置 gòuzhì　　闲置 xiánzhì　　执行 zhíxíng

报纸 bàozhǐ　　图纸 túzhǐ　　稿纸 gǎozhǐ　　剪纸 jiǎnzhǐ

不止 bùzhǐ　　废止 fèizhǐ　　何止 hézhǐ　　举止 jǔzhǐ

截止 jiézhǐ　　休止 xiūzhǐ　　为止 wéizhǐ　　遏止 èzhǐ

旧址 jiùzhǐ　　遗址 yízhǐ　　脚趾 jiǎozhǐ　　至今 zhìjīn

至于 zhìyú　　冬至 dōngzhì　　截至 jiézhì　　以至 yǐzhì

致富 zhìfù　　大致 dàzhì　　导致 dǎozhì　　细致 xìzhì

一致 yīzhì　　以致 yǐzhì　　制品 zhìpǐn　　制订 zhìdìng

制定 zhìdìng　　制度 zhìdù　　制约 zhìyuē　　炮制 páozhì

配制 pèizhì　　法制 fǎzhì　　复制 fùzhì　　抵制 dǐzhì

特制 tèzhì　　调制 tiáozhì　　统制 tǒngzhì　　体制 tǐzhì

录制 lùzhì　　改制 gǎizhì　　管制 guǎnzhì　　克制 kèzhì

控制 kòngzhì　　机制 jīzhì　　节制 jiézhì　　建制 jiànzhì

牵制 qiānzhì　　强制 qiángzhì　　限制 xiànzhì　　学制 xuézhì

压制 yāzhì　　抑制 yìzhì　　质量 zhìliàng　　质变 zhìbiàn

地质 dìzhì　　特质 tèzhì　　体质 tǐzhì　　土质 tǔzhì

角质 jiǎozhì　　气质 qìzhì　　介质 jièzhì　　肉质 ròuzhì

优质 yōuzhì　　物质 wùzhì　　治安 zhì'ān　　治理 zhìlǐ

治疗 zhìliáo　　统治 tǒngzhì　　矫治 jiǎozhì　　秩序 zhìxù

同志 tóngzhì　　意志 yìzhì　　标志 biāozhì　　呆滞 dāizhì

对峙 duìzhì　　投掷 tóuzhì　　主张 zhǔzhāng　　主旨 zhǔzhǐ

主持 zhǔchí　　主食 zhǔshí　　主事 zhǔshì　　住址 zhùzhǐ

住宅 zhùzhái	注重 zhùzhòng	注射 zhùshè	注视 zhùshì
注释 zhùshì	驻扎 zhùzhā	驻守 zhùshǒu	助手 zhùshǒu
助长 zhùzhǎng	著者 zhùzhě	著称 zhùchēng	著述 zhùshù
竹笋 zhúsǔn	主宰 zhǔzǎi	主次 zhǔcì	住宿 zhùsù
住所 zhùsuǒ	注册 zhùcè	贮藏 zhùcáng	著作 zhùzuò
贮存 zhùcún	铸造 zhùzào	珠宝 zhūbǎo	露珠 lùzhū
株连 zhūlián	蛛网 zhūwǎng	诸侯 zhūhóu	诸如 zhūrú
诸位 zhūwèi	逐步 zhúbù	逐年 zhúnián	逐渐 zhújiàn
驱逐 qūzhú	角逐 juézhú	竹竿 zhúgān	爆竹 bàozhú
嘱托 zhǔtuō	遗嘱 yízhǔ	瞩目 zhǔmù	主办 zhǔbàn
主编 zhǔbiān	主峰 zhǔfēng	主导 zhǔdǎo	主动 zhǔdòng
主题 zhǔtí	主体 zhǔtǐ	主力 zhǔlì	主流 zhǔliú
主顾 zhǔgù	主干 zhǔgàn	主根 zhǔgēn	主观 zhǔguān
主管 zhǔguǎn	主攻 zhǔgōng	主考 zhǔkǎo	主机 zhǔjī
主教 zhǔjiào	主角 zhǔjué	主将 zhǔjiàng	主见 zhǔjiàn
主权 zhǔquán	主席 zhǔxí	主线 zhǔxiàn	主任 zhǔrèn
主义 zhǔyì	主语 zhǔyǔ	主要 zhǔyào	主演 zhǔyǎn
买主 mǎizhǔ	卖主 màizhǔ	地主 dìzhǔ	雇主 gùzhǔ
公主 gōngzhǔ	寄主 jìzhǔ	君主 jūnzhǔ	业主 yèzhǔ
住房 zhùfáng	住户 zhùhù	住家 zhùjiā	住院 zhùyuàn
居住 jūzhù	注目 zhùmù	注定 zhùdìng	注解 zhùjiě
注销 zhùxiāo	注意 zhùyì	注音 zhùyīn	关注 guānzhù
灌注 guànzhù	驻防 zhùfáng	驻地 zhùdì	驻军 zhùjūn
脊柱 jǐzhù	圆柱 yuánzhù	著名 zhùmíng	土著 tǔzhù
论著 lùnzhù	巨著 jùzhù	显著 xiǎnzhù	原著 yuánzhù
助理 zhùlǐ	助教 zhùjiào	补助 bǔzhù	扶助 fúzhù
辅助 fǔzhù	救助 jiùzhù	借助 jièzhù	求助 qiúzhù
协助 xiézhù	援助 yuánzhù	祝福 zhùfú	祝贺 zhùhè
祝愿 zhùyuàn	构筑 gòuzhù	建筑 jiànzhù	修筑 xiūzhù
专著 zhuānzhù	贮备 zhùbèi	抓获 zhuāhuò	抓紧 zhuājǐn
专职 zhuānzhí	专制 zhuānzhì	专注 zhuānzhù	伫立 zhùlì

专政 zhuānzhèng　专车 zhuānchē　专长 zhuāncháng　专题 zhuāntí

转折 zhuǎnzhé　专程 zhuānchéng　转战 zhuǎnzhàn　专利 zhuānlì

转身 zhuǎnshēn　转瞬 zhuǎnshùn　转手 zhuǎnshǒu　专一 zhuānyī

转轴 zhuànzhóu　转速 zhuànsù　专卖 zhuānmài　转移 zhuǎnyí

专科 zhuānkē　转产 zhuǎnchǎn　专家 zhuānjiā　专业 zhuānyè

专用 zhuānyòng　砖头 zhuāntóu　转变 zhuǎnbiàn　转播 zhuǎnbō

转达 zhuǎndá　转告 zhuǎngào　转嫁 zhuǎnjià　转机 zhuǎnjī

转交 zhuǎnjiāo　专门 zhuānmén　逆转 nìzhuǎn　传记 zhuànjì

流转 liúzhuǎn　好转 hǎozhuǎn　旋转 xuánzhuǎn　准时 zhǔnshí

公转 gōngzhuàn　扭转 niǔzhuǎn　撰写 zhuànxiě　篆刻 zhuànkè

运转 yùnzhuǎn　准绳 zhǔnshéng　标准 biāozhǔn　准则 zhǔnzé

着重 zhuózhòng　茁壮 zhuózhuàng　着手 zhuóshǒu　着实 zhuóshí

圆桌 yuánzhuō　卓著 zhuózhù　捉拿 zhuōná　捕捉 bǔzhuō

卓越 zhuóyuè　灼热 zhuórè　焦灼 jiāozhuó　污浊 wūzhuó

雕琢 diāozhuó　着力 zhuólì　着陆 zhuólù　着落 zhuóluò

着想 zhuóxiǎng　着意 zhuóyì　着眼 zhuóyǎn　附着 fùzhuó

装修 zhuāngxiū　状况 zhuàngkuàng　追查 zhuīchá　赘述 zhuìshù

追踪 zhuīzōng　壮丽 zhuànglì　追随 zhuīsuí　追捕 zhuībǔ

追肥 zhuīféi　追悼 zhuīdào　追赶 zhuīgǎn　追击 zhuījī

壮烈 zhuàngliè　追究 zhuījiū　状语 zhuàngyǔ　追寻 zhuīxún

军装 jūnzhuāng　追问 zhuīwèn　圆锥 yuánzhuī　脊椎 jǐzhuī

庄重 zhuāngzhòng　装置 zhuāngzhì　装饰 zhuāngshì　坠落 zhuìluò

装束 zhuāngshù　壮志 zhuàngzhì　壮士 zhuàngshì　追溯 zhuīsù

西装 xīzhuāng　装载 zhuāngzài　庄严 zhuāngyán　追逐 zhuīzhú

装备 zhuāngbèi　装配 zhuāngpèi　装卸 zhuāngxiè　衣着 yīzhuó

服装 fúzhuāng　改装 gǎizhuāng　假装 jiǎzhuāng　追忆 zhuīyì

武装 wǔzhuāng　伪装 wěizhuāng　壮大 zhuàngdà　追加 zhuījiā

悲壮 bēizhuàng　雄壮 xióngzhuàng　状态 zhuàngtài　追求 zhuīqiú

告状 gàozhuàng　原状 yuánzhuàng　撞击 zhuàngjī

ch -

插手 chāshǒu　茶水 cháshuǐ　查找 cházhǎo　查处 cháchǔ

差错 chācuò	插嘴 chāzuǐ	差别 chābié	差距 chājù
差价 chājià	差异 chāyì	差额 chā'é	逆差 nìchā
落差 luòchā	级差 jíchā	误差 wùchā	插队 chāduì
插图 chātú	插话 chāhuà	插曲 chāqǔ	插秧 chāyāng
叉腰 chāyāo	交叉 jiāochā	茶点 chádiǎn	茶花 cháhuā
茶几 chájī	茶具 chájù	茶叶 cháyè	茶园 cháyuán
油茶 yóuchá	查对 cháduì	查看 chákàn	查获 cháhuò
查禁 chájìn	查询 cháxún	查阅 cháyuè	查问 cháwèn
普查 pǔchá	复查 fùchá	调查 diàochá	考查 kǎochá
检查 jiǎnchá	察看 chákàn	察觉 chájué	洞察 dòngchá
体察 tǐchá	观察 guānchá	考察 kǎochá	觉察 juéchá
监察 jiānchá	检察 jiǎnchá	刹那 chànà	诧异 chàyì
打岔 dǎchà	拆除 chāichú	公差 gōngchāi	差使 chāishǐ
拆毁 chāihuǐ	拆迁 chāiqiān	拆卸 chāixiè	柴油 cháiyóu
木柴 mùchái	蟾蜍 chánchú	阐释 chǎnshì	阐述 chǎnshù
产值 chǎnzhí	产生 chǎnshēng	禅宗 chánzōng	铲除 chǎnchú
搀扶 chānfú	缠绕 chánrào	潺潺 chánchán	产妇 chǎnfù
产地 chǎndì	产销 chǎnxiāo	产业 chǎnyè	产物 chǎnwù
破产 pòchǎn	动产 dòngchǎn	特产 tèchǎn	土产 tǔchǎn
投产 tóuchǎn	流产 liúchǎn	高产 gāochǎn	国产 guóchǎn
矿产 kuàngchǎn	家产 jiāchǎn	遗产 yíchǎn	物产 wùchǎn
忏悔 chànhuǐ	颤抖 chàndǒu	超产 chāochǎn	超出 chāochū
超常 chāocháng	朝政 cháozhèng	潮水 cháoshuǐ	潮湿 cháoshī
吵嘴 chǎozuǐ	超脱 chāotuō	超过 chāoguò	超级 chāojí
超前 chāoqián	超然 chāorán	超人 chāorén	超越 chāoyuè
超额 chāo'é	高超 gāochāo	抄袭 chāoxí	抄写 chāoxiě
钞票 chāopiào	吵闹 chǎonào	吵架 chǎojià	朝拜 cháobài
朝代 cháodài	朝廷 cháotíng	朝向 cháoxiàng	朝野 cháoyě
朝阳 cháoyáng	潮流 cháoliú	潮汐 cháoxī	大潮 dàcháo
低潮 dīcháo	浪潮 làngcháo	高潮 gāocháo	海潮 hǎicháo
嘲笑 cháoxiào	嘲讽 cháofěng	嘲弄 cháonòng	热潮 rècháo

长征 chángzhēng　长城 chángchéng　长寿 chángshòu　巢穴 cháoxué
尝试 chángshì　常识 chángshí　常设 chángshè　唱戏 chàngxì
常住 chángzhù　厂商 chǎngshāng　场所 chǎngsuǒ　长足 chángzú
倡导 chàngdǎo　猖獗 chāngjué　娼妓 chāngjì　唱词 chàngcí
独唱 dúchàng　提倡 tíchàng　常数 chángshù　倡议 chàngyì
长袍 chángpáo　合唱 héchàng　歌唱 gēchàng　长波 chángbō
长跑 chángpǎo　常人 chángrén　长短 chángduǎn　长度 chángdù
长途 chángtú　长久 chángjiǔ　常态 chángtài　长夜 chángyè
长于 chángyú　长远 chángyuǎn　波长 bōcháng　长期 chángqī
特长 tècháng　常年 chángnián　常规 chángguī　长笛 chángdí
常温 chángwēn　常委 chángwěi　非常 fēicháng　常务 chángwù
通常 tōngcháng　家常 jiācháng　寻常 xúncháng　日常 rìcháng
未尝 wèicháng　异常 yìcháng　无常 wúcháng　何尝 hécháng
偿付 chángfù　偿还 chánghuán　赔偿 péicháng　补偿 bǔcháng
无偿 wúcháng　肠胃 chángwèi　场面 chǎngmiàn　场地 chǎngdì
场合 chǎnghé　牧场 mùchǎng　农场 nóngchǎng　抽搐 chōuchù
过场 guòchǎng　官场 guānchǎng　广场 guǎngchǎng　渔场 yúchǎng
工场 gōngchǎng　开场 kāichǎng　考场 kǎochǎng　抽查 chōuchá
剧场 jùchǎng　浴场 yùchǎng　圆场 yuánchǎng　抽穗 chōusuì
用场 yòngchǎng　舞场 wǔchǎng　畅销 chàngxiāo　筹措 chóucuò
厂家 chǎngjiā　工厂 gōngchǎng　敞开 chǎngkāi　抽取 chōuqǔ
踌躇 chóuchú　仇视 chóushì　惆怅 chóuchàng　抽泣 chōuqì
通畅 tōngchàng　抽打 chōudǎ　抽调 chōudiào　仇敌 chóudí
抽空 chōukòng　抽签 chōuqiān　抽象 chōuxiàng　仇恨 chóuhèn
抽样 chōuyàng　仇人 chóurén　报仇 bàochóu　复仇 fùchóu
绸缎 chóuduàn　稠密 chóumì　愁苦 chóukǔ　发愁 fāchóu
忧愁 yōuchóu　哀愁 āichóu　筹备 chóubèi　筹办 chóubàn
筹划 chóuhuà　筹集 chóují　筹建 chóujiàn　运筹 yùnchóu
统筹 tǒngchóu　小丑 xiǎochǒu　丑陋 chǒulòu　丑恶 chǒu'è
臭氧 chòuyǎng　冲撞 chōngzhuàng　冲刷 chōngshuā　恶臭 èchòu
充斥 chōngchì　充实 chōngshí　崇尚 chóngshàng　充塞 chōngsè

重申 chóngshēn	充足 chōngzú	冲破 chōngpò	冲击 chōngjī
冲淡 chōngdàn	冲突 chōngtū	充满 chōngmǎn	冲积 chōngjī
脉冲 màichōng	俯冲 fǔchōng	充沛 chōngpèi	冲洗 chōngxǐ
充分 chōngfèn	补充 bǔchōng	充血 chōngxuè	充饥 chōngjī
冒充 màochōng	扩充 kuòchōng	重叠 chóngdié	重复 chóngfù
重合 chónghé	重修 chóngxiū	重新 chóngxīn	撤职 chèzhí
重演 chóngyǎn	重围 chóngwéi	崇拜 chóngbài	车身 chēshēn
崇高 chónggāo	推崇 tuīchóng	虫害 chónghài	车站 chēzhàn
害虫 hàichóng	毛虫 máochóng	甲虫 jiǎchóng	车头 chētóu
幼虫 yòuchóng	宠爱 chǒng'ài	车床 chēchuáng	车门 chēmén
车辆 chēliàng	车厢 chēxiāng	车间 chējiān	车祸 chēhuò
拖车 tuōchē	通车 tōngchē	列车 lièchē	马车 mǎchē
轿车 jiàochē	客车 kèchē	开车 kāichē	机车 jīchē
汽车 qìchē	驱车 qūchē	小车 xiǎochē	彻底 chèdǐ
透彻 tòuchè	贯彻 guànchè	撤离 chèlí	撤回 chèhuí
撤销 chèxiāo	沉着 chénzhuó	沉重 chénzhòng	陈述 chénshù
沉睡 chénshuì	陈设 chénshè	衬衫 chènshān	趁势 chènshì
称职 chènzhí	沉醉 chénzuì	趁早 chènzǎo	沉思 chénsī
凌晨 língchén	沉淀 chéndiàn	陈旧 chénjiù	晨曦 chénxī
沉默 chénmò	惩治 chéngzhì	功臣 gōngchén	沉寂 chénjì
沉郁 chényù	成虫 chéngchóng	陈列 chénliè	陈腐 chénfǔ
成长 chéngzhǎng	承受 chéngshòu	宣称 xuānchēng	大臣 dàchén
统称 tǒngchēng	撑腰 chēngyāo	程式 chéngshì	衬衣 chènyī
成书 chéngshū	成熟 chéngshú	诚挚 chéngzhì	陪衬 péichèn
城市 chéngshì	城镇 chéngzhèn	惩处 chéngchǔ	尘土 chéntǔ
称赞 chēngzàn	称颂 chēngsòng	成才 chéngcái	沉没 chénmò
成材 chéngcái	乘坐 chéngzuò	称号 chēnghào	成立 chénglì
称谓 chēngwèi	号称 hàochēng	通称 tōngchēng	成绩 chéngjì
成败 chéngbài	成本 chéngběn	成套 chéngtào	承继 chéngjì
成年 chéngnián	成果 chéngguǒ	成功 chénggōng	承袭 chéngxí
成活 chénghuó	成家 chéngjiā	成交 chéngjiāo	城区 chéngqū

成就 chéngjiù　　成效 chéngxiào　　成人 chéngrén　　成语 chéngyǔ

成员 chéngyuán　　成为 chéngwéi　　落成 luòchéng　　乘法 chéngfǎ

构成 gòuchéng　　合成 héchéng　　诚恳 chéngkěn　　乘客 chéngkè

诚然 chéngrán　　热诚 rèchéng　　城堡 chéngbǎo　　得逞 déchěng

都城 dūchéng　　承包 chéngbāo　　承担 chéngdān　　启程 qǐchéng

惩戒 chéngjiè　　呈现 chéngxiàn　　疗程 liáochéng　　乘积 chéngjī

过程 guòchéng　　工程 gōngchéng　　持重 chízhòng　　惩罚 chéngfá

驰骋 chíchěng　　赤诚 chìchéng　　规程 guīchéng　　程度 chéngdù

远程 yuǎnchéng　　城楼 chénglóu　　程序 chéngxù　　路程 lùchéng

承认 chéngrèn　　吃水 chīshuǐ　　赤字 chìzì　　斥责 chìzé

吃饭 chīfàn　　吃苦 chīkǔ　　吃惊 chījīng　　吃亏 chīkuī

小吃 xiǎochī　　痴呆 chīdāi　　池塘 chítáng　　浴池 yùchí

疾驰 jíchí　　飞驰 fēichí　　持久 chíjiǔ　　持续 chíxù

保持 bǎochí　　扶持 fúchí　　相持 xiāngchí　　维持 wéichí

迟到 chídào　　迟缓 chíhuǎn　　推迟 tuīchí　　尺度 chǐdù

标尺 biāochǐ　　炽热 chìrè　　齿轮 chǐlún　　锯齿 jùchǐ

臼齿 jiùchǐ　　牙齿 yáchǐ　　耻辱 chǐrǔ　　可耻 kěchǐ

羞耻 xiūchǐ　　无耻 wúchǐ　　驳斥 bóchì　　排斥 páichì

痛斥 tòngchì　　呵斥 hēchì　　翅膀 chìbǎng　　训斥 xùnchì

赤道 chìdào　　出众 chūzhòng　　出征 chūzhēng　　不啻 bùchì

出差 chūchāi　　出厂 chūchǎng　　出场 chūchǎng　　出产 chūchǎn

出师 chūshī　　出使 chūshǐ　　出示 chūshì　　出世 chūshì

出事 chūshì　　出手 chūshǒu　　出售 chūshòu　　出山 chūshān

出身 chūshēn　　出生 chūshēng　　初中 chūzhōng　　出神 chūshén

橱窗 chúchuāng　　初春 chūchūn　　除尘 chúchén　　厨师 chúshī

处置 chǔzhì　　处世 chǔshì　　触手 chùshǒu　　处事 chǔshì

出资 chūzī　　出租 chūzū　　出走 chūzǒu　　出色 chūsè

储藏 chǔcáng　　储存 chǔcún　　处死 chǔsǐ　　处所 chùsuǒ

出版 chūbǎn　　出兵 chūbīng　　出品 chūpǐn　　出马 chūmǎ

出没 chūmò　　出卖 chūmài　　出苗 chūmiáo　　出面 chūmiàn

出门 chūmén　　出名 chūmíng　　出发 chūfā　　出动 chūdòng

出土 chūtǔ	出台 chūtái	出头 chūtóu	出力 chūlì
出路 chūlù	出国 chūguó	出工 chūgōng	出口 chūkǒu
出海 chūhǎi	出击 chūjī	出家 chūjiā	出嫁 chūjià
出境 chūjìng	出奇 chūqí	出气 chūqì	出勤 chūqín
出席 chūxí	出血 chūxiě	出现 chūxiàn	出入 chūrù
出任 chūrèn	出院 chūyuàn	出外 chūwài	发出 fāchū
付出 fùchū	突出 tūchū	退出 tuìchū	杰出 jiéchū
析出 xīchū	外出 wàichū	初步 chūbù	初等 chūděn
初冬 chūdōng	初年 chūnián	初恋 chūliàn	初级 chūjí
初期 chūqī	初秋 chūqiū	初夏 chūxià	初学 chūxué
年初 niánchū	起初 qǐchū	月初 yuèchū	除法 chúfǎ
除非 chúfēi	除夕 chúxī	除外 chúwài	拔除 báchú
排除 páichú	破除 pòchú	废除 fèichú	剔除 tīchú
革除 géchú	开除 kāichú	扣除 kòuchú	解除 jiěchú
驱除 qūchú	厨房 chúfáng	消除 xiāochú	切除 qiēchú
雏形 chúxíng	痛楚 tòngchǔ	基础 jīchǔ	凄楚 qīchǔ
储备 chǔbèi	储量 chǔliàng	储蓄 chǔxù	处罚 chǔfá
处方 chǔfāng	处分 chǔfèn	处女 chǔnǚ	处理 chǔlǐ
相处 xiāngchǔ	处决 chǔjué	处境 chǔjìng	处于 chǔyú
到处 dàochù	畜力 chùlì	家畜 jiāchù	触摸 chùmō
触动 chùdòng	触发 chùfā	触犯 chùfàn	触电 chùdiàn
穿插 chuānchā	传真 chuánzhēn	传承 chuánchéng	触及 chùjí
传说 chuánshuō	传授 chuánshòu	船只 chuánzhī	触角 chùjiǎo
传神 chuánshén	传输 chuánshū	船闸 chuánzhá	触觉 chùjué
船长 chuánzhǎng	传送 chuánsòng	传诵 chuánsòng	触须 chùxū
穿戴 chuāndài	贯穿 guànchuān	揭穿 jiēchuān	笔触 bǐchù
传递 chuándì	传导 chuándǎo	传统 chuántǒng	抵触 dǐchù
穿着 chuānzhuó	穿梭 chuānsuō	船舱 chuáncāng	接触 jiēchù
流传 liúchuán	宣传 xuānchuán	揣测 chuǎicè	矗立 chùlì
船家 chuánjiā	飞船 fēichuán	渡船 dùchuán	揣摩 chuǎimó
创伤 chuāngshāng	创制 chuàngzhì	创始 chuàngshǐ	穿刺 chuāncì

锤炼 chuíliàn　　纯真 chúnzhēn　　纯正 chúnzhèng　　传播 chuánbō

创立 chuànglì　　创建 chuàngjiàn　　独创 dúchuàng　　传达 chuándá

创设 chuàngshè　　创造 chuàngzào　　创作 chuàngzuò　　传奇 chuánqí

传教 chuánjiào　　轮船 lúnchuán　　渔船 yúchuán　　船舶 chuánbó

冻疮 dòngchuāng　　床位 chuángwèi　　临床 línchuáng　　遗传 yíchuán

窗口 chuāngkǒu　　疮疤 chuāngbā　　河床 héchuáng　　船夫 chuánfū

卧床 wòchuáng　　开创 kāichuàng　　戳穿 chuōchuān　　喘息 chuǎnxī

串联 chuànlián　　纯粹 chúncuì　　春天 chūntiān　　垂直 chuízhí

垂钓 chuídiào　　垂危 chuíwēi　　垂死 chuísǐ　　吹奏 chuīzòu

炊烟 chuīyān　　春节 chūnjié　　春秋 chūnqiū　　吹拂 chuīfú

鼓吹 gǔchuī　　蠢事 chǔnshì　　春色 chūnsè　　春季 chūnjì

纯度 chúndù　　纯洁 chúnjié　　淳朴 chúnpǔ　　愚蠢 yúchǔn

啜泣 chuòqì　　绰号 chuòhào

sh -

杀伤 shāshāng　　刹车 shāchē　　霎时 shàshí　　杀戮 shālù

杀害 shāhài　　杀菌 shājūn　　捕杀 bǔshā　　抹杀 mǒshā

谋杀 móushā　　屠杀 túshā　　枪杀 qiāngshā　　扼杀 èshā

沙漠 shāmò　　沙发 shāfā　　沙土 shātǔ　　沙滩 shātān

沙丘 shāqiū　　沙哑 shāyǎ　　纱锭 shādìng　　纱布 shābù

杉木 shāmù　　傻瓜 shǎguā　　筛选 shāixuǎn　　大厦 dàshà

山楂 shānzhā　　山川 shānchuān　　山水 shānshuǐ　　山茶 shānchá

闪烁 shǎnshuò　　善战 shànzhàn　　擅长 shàncháng　　膳食 shànshí

山村 shāncūn　　擅自 shànzì　　山脉 shānmài　　山地 shāndì

山头 shāntóu　　山路 shānlù　　山歌 shāngē　　山麓 shānlù

山谷 shāngǔ　　山沟 shāngōu　　山脚 shānjiǎo　　山河 shānhé

山区 shānqū　　山系 shānxì　　山腰 shānyāo　　山崖 shānyá

山野 shānyě　　山岳 shānyuè　　山坳 shān'ào　　开山 kāishān

靠山 kàoshān　　矿山 kuàngshān　　河山 héshān　　雪山 xuěshān

珊瑚 shānhú　　扇动 shāndòng　　闪电 shǎndiàn　　衣衫 yīshān

善良 shànliáng　　闪耀 shǎnyào　　躲闪 duǒshǎn　　善后 shànhòu

善于 shànyú　　不善 búshàn　　妥善 tuǒshàn　　善意 shànyì

赡养 shànyǎng	改善 gǎishàn	扇贝 shànbèi	伪善 wěishàn
哨所 shàosuǒ	稍稍 shāoshāo	烧伤 shāoshāng	少数 shǎoshù
烧杯 shāobēi	烧瓶 shāopíng	烧毁 shāohuǐ	烧火 shāohuǒ
烧酒 shāojiǔ	烧香 shāoxiāng	高烧 gāoshāo	发烧 fāshāo
红烧 hóngshāo	少量 shǎoliàng	稍微 shāowēi	末梢 mòshāo
少见 shǎojiàn	减少 jiǎnshǎo	缺少 quēshǎo	稀少 xīshǎo
少将 shàojiàng	少年 shàonián	少妇 shàofù	少女 shàonǚ
哨兵 shàobīng	口哨 kǒushào	老少 lǎoshào	介绍 jièshào
前哨 qiánshào	伤势 shāngshì	商场 shāngchǎng	上诉 shàngsù
商船 shāngchuán	赏识 shǎngshí	上涨 shàngzhǎng	伤疤 shāngbā
上肢 shàngzhī	上阵 shàngzhèn	上场 shàngchǎng	客商 kèshāng
上市 shàngshì	上书 shàngshū	上述 shàngshù	商业 shāngyè
上山 shàngshān	上身 shàngshēn	上升 shàngshēng	上臂 shàngbì
上座 shàngzuò	上层 shàngcéng	伤口 shāngkǒu	上古 shànggǔ
伤害 shānghài	伤心 shāngxīn	伤员 shāngyuán	负伤 fùshāng
悲伤 bēishāng	外伤 wàishāng	商品 shāngpǐn	商议 shāngyì
哀伤 āishāng	商标 shāngbiāo	商店 shāngdiàn	商务 shāngwù
商讨 shāngtǎo	商会 shānghuì	商榷 shāngquè	商贾 shānggǔ
商人 shāngrén	通商 tōngshāng	协商 xiéshāng	上帝 shàngdì
外商 wàishāng	观赏 guānshǎng	尚且 shàngqiě	赏赐 shǎngcì
高尚 gāoshàng	上报 shàngbào	上班 shàngbān	上路 shànglù
上吊 shàngdiào	上台 shàngtái	上列 shàngliè	上级 shàngjí
上流 shàngliú	上好 shànghǎo	上缴 shàngjiǎo	上课 shàngkè
上下 shàngxià	上学 shàngxué	上游 shàngyóu	上衣 shàngyī
上午 shàngwǔ	收场 shōuchǎng	首创 shǒuchuàng	马上 mǎshàng
首长 shǒuzhǎng	手掌 shǒuzhǎng	手杖 shǒuzhàng	上马 shàngmǎ
手指 shǒuzhǐ	手势 shǒushì	手术 shǒushù	受制 shòuzhì
受伤 shòushāng	收藏 shōucáng	收缩 shōusuō	手册 shǒucè
受灾 shòuzāi	受罪 shòuzuì	守则 shǒuzé	受阻 shòuzǔ
手足 shǒuzú	受挫 shòucuò	收买 shōumǎi	收发 shōufā
收留 shōuliú	收敛 shōuliǎn	收听 shōutīng	收复 shōufù

收工 shōugōng	收看 shōukàn	收回 shōuhuí	收录 shōulù
收缴 shōujiǎo	收养 shōuyǎng	手枪 shǒuqiāng	收割 shōugē
收购 shōugòu	收容 shōuróng	收获 shōuhuò	收集 shōují
手段 shǒuduàn	手套 shǒutào	收效 shōuxiào	收取 shōuqǔ
麦收 màishōu	接收 jiēshōu	歉收 qiànshōu	收入 shōurù
秋收 qiūshōu	手工 shǒugōng	手铐 shǒukào	收益 shōuyì
手脚 shǒujiǎo	没收 mòshōu	手表 shǒubiǎo	手帕 shǒupà
吸收 xīshōu	手臂 shǒubì	手背 shǒubèi	手法 shǒufǎ
手稿 shǒugǎo	手续 shǒuxù	手下 shǒuxià	手心 shǒuxīn
手软 shǒuruǎn	手腕 shǒuwàn	拍手 pāishǒu	手艺 shǒuyì
对手 duìshǒu	动手 dòngshǒu	能手 néngshǒu	徒手 túshǒu
高手 gāoshǒu	拱手 gǒngshǒu	下手 xiàshǒu	歌手 gēshǒu
选手 xuǎnshǒu	凶手 xiōngshǒu	首领 shǒulǐng	棘手 jíshǒu
首脑 shǒunǎo	右手 yòushǒu	首先 shǒuxiān	入手 rùshǒu
首相 shǒuxiàng	握手 wòshǒu	首府 shǒufǔ	首都 shǒudū
首届 shǒujiè	首尾 shǒuwěi	首要 shǒuyào	首席 shǒuxí
元首 yuánshǒu	为首 wéishǒu	匕首 bǐshǒu	俯首 fǔshǒu
守候 shǒuhòu	守备 shǒubèi	守法 shǒufǎ	守护 shǒuhù
守恒 shǒuhéng	守旧 shǒujiù	守卫 shǒuwèi	把守 bǎshǒu
保守 bǎoshǒu	退守 tuìshǒu	留守 liúshǒu	固守 gùshǒu
坚守 jiānshǒu	狩猎 shòuliè	受骗 shòupiàn	受理 shòulǐ
受命 shòumìng	受难 shòunàn	受害 shòuhài	受苦 shòukǔ
受贿 shòuhuì	受奖 shòujiǎng	受精 shòujīng	受戒 shòujiè
受惊 shòujīng	受训 shòuxùn	享受 xiǎngshòu	受气 shòuqì
教授 jiàoshòu	讲授 jiǎngshòu	寿命 shòumìng	受热 shòurè
好受 hǎoshòu	接受 jiēshòu	授粉 shòufěn	受益 shòuyì
难受 nánshòu	瘦小 shòuxiǎo	瘦弱 shòuruò	授课 shòukè
授权 shòuquán	消瘦 xiāoshòu	销售 xiāoshòu	授予 shòuyǔ
零售 língshòu	野兽 yěshòu	兽医 shòuyī	发售 fāshòu
奢侈 shēchǐ	舍身 shěshēn	设置 shèzhì	设施 shèshī
摄食 shèshí	摄制 shèzhì	射程 shèchéng	射手 shèshǒu

涉足 shèzú	毒蛇 dúshé	舌苔 shétāi	舍弃 shěqì
取舍 qǔshě	校舍 xiàoshè	设法 shèfǎ	设计 shèjì
设想 shèxiǎng	附设 fùshè	开设 kāishè	假设 jiǎshè
架设 jiàshè	建设 jiànshè	社论 shèlùn	社会 shèhuì
社交 shèjiāo	社区 shèqū	公社 gōngshè	报社 bàoshè
结社 jiéshè	射箭 shèjiàn	射线 shèxiàn	射击 shèjī
投射 tóushè	交涉 jiāoshè	涉及 shèjí	跋涉 báshè
牵涉 qiānshè	摄影 shèyǐng	赦免 shèmiǎn	拍摄 pāishè
身长 shēncháng	身世 shēnshì	深重 shēnzhòng	特赦 tèshè
深沉 shēnchén	深山 shēnshān	伸展 shēnzhǎn	绅士 shēnshì
伸张 shēnzhāng	伸手 shēnshǒu	神州 shénzhōu	神志 shénzhì
神圣 shénshèng	审查 shěnchá	审慎 shěnshèn	审视 shěnshì
慎重 shènzhòng	身材 shēncái	深造 shēnzào	甚至 shènzhì
深层 shēncéng	深思 shēnsī	深邃 shēnsuì	申诉 shēnsù
伸缩 shēnsuō	神采 shéncǎi	肾脏 shènzàng	神色 shénsè
身边 shēnbiān	海参 hǎishēn	渗透 shèntòu	神速 shénsù
身段 shēnduàn	身高 shēngāo	身后 shēnhòu	身体 shēntǐ
身价 shēnjià	身影 shēnyǐng	独身 dúshēn	身躯 shēnqū
动身 dòngshēn	投身 tóushēn	脱身 tuōshēn	起身 qǐshēn
切身 qièshēn	全身 quánshēn	人身 rénshēn	腰身 yāoshēn
深海 shēnhǎi	深厚 shēnhòu	深度 shēndù	深刻 shēnkè
深化 shēnhuà	深切 shēnqiè	深浅 shēnqiǎn	深秋 shēnqiū
深情 shēnqíng	深渊 shēnyuān	深入 shēnrù	深夜 shēnyè
深远 shēnyuǎn	深奥 shēn'ào	高深 gāoshēn	申报 shēnbào
申请 shēnqǐng	呻吟 shēnyín	神态 shéntài	神秘 shénmì
神经 shénjīng	神话 shénhuà	神化 shénhuà	神奇 shénqí
神学 shénxué	神韵 shényùn	凝神 níngshén	留神 liúshén
鬼神 guǐshén	审核 shěnhé	审讯 shěnxùn	审批 shěnpī
候审 hòushěn	声称 shēngchēng	审美 shěnměi	审理 shěnlǐ
声势 shēngshì	生殖 shēngzhí	生长 shēngzhǎng	审议 shěnyì
生产 shēngchǎn	生成 shēngchéng	生疏 shēngshū	生死 shēngsǐ

牲畜 shēngchù	胜仗 shèngzhàng	省城 shěngchéng	声速 shēngsù
省事 shěngshì	圣旨 shèngzhǐ	盛装 shèngzhuāng	生字 shēngzì
盛产 shèngchǎn	生存 shēngcún	绳索 shéngsuǒ	生怕 shēngpà
生命 shēngmìng	生态 shēngtài	生动 shēngdòng	生发 shēngfā
生活 shēnghuó	生肖 shēngxiào	生效 shēngxiào	生理 shēnglǐ
派生 pàishēng	陌生 mòshēng	共生 gòngshēng	生路 shēnglù
考生 kǎoshēng	接生 jiēshēng	写生 xiěshēng	生机 shēngjī
谋生 móushēng	生前 shēngqián	外省 wàishěng	生计 shēngjì
生气 shēngqì	生息 shēngxī	生涯 shēngyá	生育 shēngyù
生物 shēngwù	发生 fāshēng	胎生 tāishēng	毕生 bìshēng
女生 nǚshēng	人生 rénshēng	医生 yīshēng	野生 yěshēng
优生 yōushēng	永生 yǒngshēng	卫生 wèishēng	牺牲 xīshēng
武生 wǔshēng	胜任 shèngrèn	取胜 qǔshèng	胜地 shèngdì
胜利 shènglì	升华 shēnghuá	升学 shēngxué	升级 shēngjí
抬升 táishēng	声部 shēngbù	声带 shēngdài	声波 shēngbō
声调 shēngdiào	声学 shēngxué	声乐 shēngyuè	声息 shēngxī
声誉 shēngyù	声音 shēngyīn	声援 shēngyuán	歌声 gēshēng
和声 héshēng	尾声 wěishēng	省份 shěngfèn	无声 wúshēng
省略 shěnglüè	省会 shěnghuì	节省 jiéshěng	圣母 shèngmǔ
圣经 shèngjīng	圣人 shèngrén	盛开 shèngkāi	圣地 shèngdì
盛会 shènghuì	盛夏 shèngxià	盛行 shèngxíng	盛大 shèngdà
盛怒 shèngnù	茂盛 màoshèng	过剩 guòshèng	剩余 shèngyú
失职 shīzhí	失实 shīshí	食指 shízhǐ	实质 shízhì
实施 shíshī	实事 shíshì	时事 shíshì	时势 shíshì
史诗 shǐshī	史实 shǐshí	事实 shìshí	世事 shìshì
适时 shìshí	逝世 shìshì	试制 shìzhì	试纸 shìzhǐ
失重 shīzhòng	失常 shīcháng	失传 shīchuán	失真 shīzhēn
师长 shīzhǎng	失声 shīshēng	失神 shīshén	失守 shīshǒu
施展 shīzhǎn	施政 shīzhèng	施舍 shīshě	时针 shízhēn
时钟 shízhōng	时装 shízhuāng	时常 shícháng	使者 shǐzhě
时尚 shíshàng	实战 shízhàn	实证 shízhèng	实数 shíshù

始终 shǐzhōng　市镇 shìzhèn　市政 shìzhèng　史书 shǐshū
市场 shìchǎng　示众 shìzhòng　适中 shìzhōng　视察 shìchá
师资 shīzī　识字 shízì　失踪 shīzōng　失散 shīsàn
失足 shīzú　十足 shízú　石笋 shísǔn　实测 shícè
史册 shǐcè　始祖 shǐzǔ　士族 shìzú　氏族 shìzú
世俗 shìsú　侍从 shìcóng　诗歌 shīgē　诗句 shījù
诗篇 shīpiān　诗人 shīrén　侍奉 shìfèng　诗意 shīyì
侍候 shìhòu　侍卫 shìwèi　尸体 shītǐ　失败 shībài
失眠 shīmián　失明 shīmíng　失掉 shīdiào　失调 shītiáo
失礼 shīlǐ　失落 shīluò　失恋 shīliàn　失火 shīhuǒ
失去 shīqù　失效 shīxiào　失血 shīxuè　失业 shīyè
失望 shīwàng　失误 shīwù　得失 déshī　丢失 diūshī
流失 liúshī　过失 guòshī　消失 xiāoshī　师母 shīmǔ
师范 shīfàn　大师 dàshī　导师 dǎoshī　技师 jìshī
教师 jiàoshī　讲师 jiǎngshī　医师 yīshī　乐师 yuèshī
施放 shīfàng　施工 shīgōng　施行 shīxíng　施肥 shīféi
湿度 shīdù　湿润 shīrùn　石板 shíbǎn　石墨 shímò
石膏 shígāo　石刻 shíkè　石窟 shíkū　石灰 shíhuī
石油 shíyóu　石英 shíyīng　矿石 kuàngshí　宝石 bǎoshí
基石 jīshí　礁石 jiāoshí　结石 jiéshí　时髦 shímáo
时分 shífèn　时代 shídài　时光 shíguāng　时刻 shíkè
时空 shíkōng　时机 shíjī　时局 shíjú　时节 shíjié
时间 shíjiān　时期 shíqī　时兴 shíxīng　时区 shíqū
时务 shíwù　不时 bùshí　同时 tóngshí　临时 línshí
过时 guòshí　工时 gōngshí　及时 jíshí　即时 jíshí
几时 jǐshí　小时 xiǎoshí　一时 yīshí　有时 yǒushí
识别 shíbié　识破 shípò　相识 xiāngshí　结识 jiéshí
学识 xuéshí　实体 shítǐ　实力 shílì　实例 shílì
实况 shíkuàng　实话 shíhuà　实惠 shíhuì　实际 shíjì
实践 shíjiàn　实情 shíqíng　实权 shíquán　实现 shíxiàn
实心 shíxīn　实行 shíxíng　实用 shíyòng　实验 shíyàn

实物 shíwù	朴实 pǔshí	落实 luòshí	果实 guǒshí
核实 héshí	纪实 jìshí	切实 qièshí	其实 qíshí
确实 quèshí	求实 qiúshí	虚实 xūshí	写实 xiěshí
现实 xiànshí	如实 rúshí	食谱 shípǔ	食品 shípǐn
食道 shídào	食堂 shítáng	食性 shíxìng	食管 shíguǎn
食欲 shíyù	食盐 shíyán	食用 shíyòng	食物 shíwù
捕食 bǔshí	副食 fùshí	吞食 tūnshí	绝食 juéshí
吸食 xīshí	肉食 ròushí	衣食 yīshí	月食 yuèshí
剥蚀 bōshí	腐蚀 fǔshí	史前 shǐqián	史学 shǐxué
历史 lìshǐ	使命 shǐmìng	使馆 shǐguǎn	使节 shǐjié
使劲 shǐjìn	使用 shǐyòng	公使 gōngshǐ	迫使 pòshǐ
驱使 qūshǐ	即使 jíshǐ	假使 jiǎshǐ	驾驶 jiàshǐ
开始 kāishǐ	原始 yuánshǐ	是非 shìfēi	是否 shìfǒu
可是 kěshì	既是 jìshì	就是 jiùshì	于是 yúshì
士兵 shìbīng	博士 bóshì	女士 nǔshì	烈士 lièshì
教士 jiàoshì	将士 jiàngshì	学士 xuéshì	人士 rénshì
院士 yuànshì	勇士 yǒngshì	武士 wǔshì	卫士 wèishì
示范 shìfàn	示弱 shìruò	示威 shìwēi	表示 biǎoshì
提示 tíshì	揭示 jiēshì	启示 qǐshì	显示 xiǎnshì
预示 yùshì	世面 shìmiàn	世代 shìdài	世道 shìdào
世故 shìgù	世界 shìjiè	世间 shìjiān	世纪 shìjì
世人 shìrén	后世 hòushì	前世 qiánshì	去世 qùshì
市面 shìmiàn	市民 shìmín	市价 shìjià	都市 dūshì
集市 jíshì	夜市 yèshì	事变 shìbiàn	事态 shìtài
事例 shìlì	事故 shìgù	事后 shìhòu	事迹 shìjì
事件 shìjiàn	事先 shìxiān	事项 shìxiàng	事业 shìyè
事务 shìwù	事物 shìwù	没事 méishì	大事 dàshì
多事 duōshì	同事 tóngshì	能事 néngshì	闹事 nàoshì
农事 nóngshì	领事 lǐngshì	怪事 guàishì	国事 guóshì
管事 guǎnshì	工事 gōngshì	公事 gōngshì	记事 jìshì
共事 gòngshì	急事 jíshì	军事 jūnshì	起事 qǐshì

启事 qǐshì	喜事 xǐshì	叙事 xùshì	人事 rénshì
外事 wàishì	势必 shìbì	势能 shìnéng	大势 dàshì
地势 dìshì	国势 guóshì	攻势 gōngshì	局势 júshì
气势 qìshì	趋势 qūshì	权势 quánshì	优势 yōushì
式样 shìyàng	模式 móshì	公式 gōngshì	老式 lǎoshì
款式 kuǎnshì	旧式 jiùshì	试点 shìdiǎn	仪式 yíshì
试图 shìtú	试探 shìtàn	试管 shìguǎn	试看 shìkàn
试卷 shìjuàn	试行 shìxíng	试用 shìyòng	试验 shìyàn
试问 shìwèn	调试 tiáoshì	考试 kǎoshì	视图 shìtú
视觉 shìjué	视线 shìxiàn	视野 shìyě	鄙视 bǐshì
漠视 mòshì	俯视 fǔshì	凝视 níngshì	透视 tòushì
监视 jiānshì	歧视 qíshì	巡视 xúnshì	无视 wúshì
适度 shìdù	适当 shìdàng	适应 shìyìng	适宜 shìyí
适用 shìyòng	适合 shìhé	合适 héshì	不适 búshì
墓室 mùshì	科室 kēshì	教室 jiàoshì	居室 jūshì
浴室 yùshì	誓言 shìyán	宣誓 xuānshì	发誓 fāshì
释放 shìfàng	解释 jiěshì	稀释 xīshì	流逝 liúshì
消逝 xiāoshì	修饰 xiūshì	服饰 fúshì	嗜好 shìhào
吞噬 tūnshì	书桌 shūzhuō	书生 shūshēng	输出 shūchū
舒畅 shūchàng	舒展 shūzhǎn	舒张 shūzhāng	舒心 shūxīn
舒适 shūshì	熟知 shúzhī	熟睡 shúshuì	数值 shùzhí
树种 shùzhǒng	述说 shùshuō	输送 shūsòng	树脂 shùzhī
疏散 shūsàn	疏松 shūsōng	蔬菜 shūcài	赎罪 shúzuì
数字 shùzì	树丛 shùcóng	书包 shūbāo	书本 shūběn
书目 shūmù	书面 shūmiàn	书房 shūfáng	书法 shūfǎ
书刊 shūkān	书画 shūhuà	书籍 shūjí	书局 shūjú
书架 shūjià	书卷 shūjuàn	书写 shūxiě	书信 shūxìn
书院 shūyuàn	秘书 mìshū	读书 dúshū	图书 túshū
历书 lìshū	悬殊 xuánshū	古书 gǔshū	特殊 tèshū
大叔 dàshū	抒发 shūfā	抒情 shūqíng	输入 shūrù
灌输 guànshū	运输 yùnshū	疏通 shūtōng	疏导 shūdǎo

疏远 shūyuǎn	稀疏 xīshū	梳理 shūlǐ	枢纽 shūniǔ
倏然 shūrán	熟练 shúliàn	熟悉 shúxī	熟人 shúrén
娴熟 xiánshú	属性 shǔxìng	属于 shǔyú	部属 bùshǔ
附属 fùshǔ	归属 guīshǔ	家属 jiāshǔ	军属 jūnshǔ
下属 xiàshǔ	暑假 shǔjià	酷暑 kùshǔ	部署 bùshǔ
署名 shǔmíng	签署 qiānshǔ	曙光 shǔguāng	白薯 báishǔ
术语 shùyǔ	法术 fǎshù	美术 měishù	魔术 móshù
技术 jìshù	学术 xuéshù	艺术 yìshù	武术 wǔshù
述评 shùpíng	表述 biǎoshù	描述 miáoshù	复述 fùshù
论述 lùnshù	概述 gàishù	讲述 jiǎngshù	记述 jìshù
叙述 xùshù	树木 shùmù	树苗 shùmiáo	树立 shùlì
树林 shùlín	树干 shùgàn	树冠 shùguān	果树 guǒshù
建树 jiànshù	数码 shùmǎ	数量 shùliàng	数目 shùmù
数据 shùjù	数学 shùxué	数额 shù'é	倍数 bèishù
读数 dúshù	代数 dàishù	对数 duìshù	多数 duōshù
基数 jīshù	计数 jìshù	系数 xìshù	序数 xùshù
小数 xiǎoshù	无数 wúshù	庶民 shùmín	富庶 fùshù
束缚 shùfù	光束 guāngshù	拘束 jūshù	结束 jiéshù
约束 yuēshù	宽恕 kuānshù	衰竭 shuāijié	牙刷 yáshuā
衰败 shuāibài	衰变 shuāibiàn	衰老 shuāilǎo	刷新 shuāxīn
衰减 shuāijiǎn	衰亡 shuāiwáng	摔跤 shuāijiāo	水质 shuǐzhì
率领 shuàilǐng	率先 shuàixiān	表率 biǎoshuài	水车 shuǐchē
统率 tǒngshuài	统帅 tǒngshuài	元帅 yuánshuài	水闸 shuǐzhá
水准 shuǐzhǔn	水肿 shuǐzhǒng	水产 shuǐchǎn	水势 shuǐshì
水手 shuǐshǒu	税收 shuìshōu	水灾 shuǐzāi	水草 shuǐcǎo
水泵 shuǐbèng	水兵 shuǐbīng	水平 shuǐpíng	水波 shuǐbō
水面 shuǐmiàn	水分 shuǐfèn	水稻 shuǐdào	水塔 shuǐtǎ
水獭 shuǐtǎ	水土 shuǐtǔ	水鸟 shuǐniǎo	水泥 shuǐní
水牛 shuǐniú	水利 shuǐlì	水力 shuǐlì	水路 shuǐlù
水陆 shuǐlù	水流 shuǐliú	水果 shuǐguǒ	水库 shuǐkù
水晶 shuǐjīng	水井 shuǐjǐng	水情 shuǐqíng	水汽 shuǐqì

水仙 shuǐxiān	水乡 shuǐxiāng	水箱 shuǐxiāng	水系 shuǐxì
水星 shuǐxīng	水性 shuǐxìng	水银 shuǐyín	水位 shuǐwèi
水文 shuǐwén	肥水 féishuǐ	废水 fèishuǐ	墨水 mòshuǐ
沸水 fèishuǐ	跳水 tiàoshuǐ	脱水 tuōshuǐ	泪水 lèishuǐ
流水 liúshuǐ	落水 luòshuǐ	冷水 lěngshuǐ	开水 kāishuǐ
口水 kǒushuǐ	降水 jiàngshuǐ	潜水 qiánshuǐ	汽水 qìshuǐ
泉水 quánshuǐ	香水 xiāngshuǐ	药水 yàoshuǐ	雨水 yǔshuǐ
睡眠 shuìmián	睡梦 shuìmèng	睡觉 shuìjiào	入睡 rùshuì
午睡 wǔshuì	税法 shuìfǎ	税额 shuì'é	税务 shuìwù
关税 guānshuì	捐税 juānshuì	顺手 shùnshǒu	顺势 shùnshì
瞬时 shùnshí	顺从 shùncóng	吸吮 xīshǔn	顺利 shùnlì
顺序 shùnxù	说唱 shuōchàng	说穿 shuōchuān	硕士 shuòshì
说明 shuōmíng	说服 shuōfú	说理 shuōlǐ	说话 shuōhuà
说谎 shuōhuǎng	说教 shuōjiào	说笑 shuōxiào	难说 nánshuō
论说 lùnshuō	好说 hǎoshuō	据说 jùshuō	假说 jiǎshuō
解说 jiěshuō	劝说 quànshuō	爽朗 shuǎnglǎng	叙说 xùshuō
双重 shuāngchóng	双边 shuāngbiān	双方 shuāngfāng	硕大 shuòdà
双亲 shuāngqīn	双向 shuāngxiàng	霜冻 shuāngdòng	学说 xuéshuō
霜期 shuāngqī	豪爽 háoshuǎng		

r -

然后 ránhòu	必然 bìrán	不然 bùrán	漠然 mòrán
蓦然 mòrán	默然 mòrán	陡然 dǒurán	突然 tūrán
徒然 túrán	固然 gùrán	果然 guǒrán	公然 gōngrán
既然 jìrán	居然 jūrán	凄然 qīrán	依然 yīrán
已然 yǐrán	燃烧 ránshāo	染色 rǎnsè	污染 wūrǎn
冉冉 rǎnrǎn	饶恕 ráoshù	富饶 fùráo	绕道 ràodào
围绕 wéirào	扰动 rǎodòng	扰乱 rǎoluàn	打扰 dǎrǎo
土壤 tǔrǎng	接壤 jiērǎng	喧嚷 xuānrǎng	让步 ràngbù
让位 ràngwèi	退让 tuìràng	割让 gēràng	柔美 róuměi
柔道 róudào	柔和 róuhé	柔弱 róuruò	柔软 róuruǎn
蹂躏 róulìn	肉体 ròutǐ	肉眼 ròuyǎn	皮肉 píròu

骨肉 gǔròu　　果肉 guǒròu　　肌肉 jīròu　　血肉 xuèròu
荣获 rónghuò　　荣耀 róngyào　　容貌 róngmào　　荣誉 róngyù
容纳 róngnà　　容积 róngjī　　容器 róngqì　　容许 róngxǔ
容忍 róngrěn　　不容 bùróng　　美容 měiróng　　溶剂 róngjì
溶化 rónghuà　　溶解 róngjiě　　溶血 róngxuè　　溶液 róngyè
熔点 róngdiǎn　　熔化 rónghuà　　绒毛 róngmáo　　融合 rónghé
融化 rónghuà　　融洽 róngqià　　交融 jiāoróng　　融资 róngzī
热度 rèdù　　热带 rèdài　　热力 rèlì　　热烈 rèliè
热流 rèliú　　热恋 rèliàn　　热气 rèqì　　热切 rèqiè
热爱 rè'ài　　发热 fārè　　高热 gāorè　　过热 guòrè
酷热 kùrè　　加热 jiārè　　仁慈 réncí　　仁义 rényì
人马 rénmǎ　　人道 réndào　　人体 réntǐ　　人力 rénlì
人类 rénlèi　　人流 rénliú　　人伦 rénlún　　人格 réngé
人口 rénkǒu　　人和 rénhé　　人际 rénjì　　人迹 rénjì
人间 rénjiān　　人均 rénjūn　　人世 rénshì　　人手 rénshǒu
人造 rénzào　　人次 réncì　　人才 réncái　　人材 réncái
人为 rénwéi　　人文 rénwén　　白人 báirén　　仆人 púrén
迷人 mírén　　美人 měirén　　法人 fǎrén　　敌人 dírén
丢人 diūrén　　动人 dòngrén　　他人 tārén　　路人 lùrén
个人 gèrén　　古人 gǔrén　　国人 guórén　　过人 guòrén
黑人 hēirén　　后人 hòurén　　巨人 jùrén　　家人 jiārén
军人 jūnrén　　喜人 xǐrén　　外人 wàirén　　伟人 wěirén
恶人 èrén　　认购 rèngòu　　认可 rènkě　　认罪 rènzuì
认错 rèncuò　　认为 rènwéi　　公认 gōngrèn　　确认 quèrèn
忍耐 rěnnài　　忍受 rěnshòu　　任教 rènjiào　　任何 rènhé
任期 rènqī　　任意 rènyì　　继任 jìrèn　　委任 wěirèn
韧带 rèndài　　仍旧 réngjiù　　仍然 réngrán　　日报 rìbào
日后 rìhòu　　日记 rìjì　　日见 rìjiàn　　日渐 rìjiàn
日期 rìqī　　日趋 rìqū　　日前 rìqián　　日夜 rìyè
日用 rìyòng　　白日 báirì　　末日 mòrì　　即日 jírì
节日 jiérì　　昔日 xīrì　　如果 rúguǒ　　如何 rúhé

如下 rúxià	如期 rúqī	如此 rúcǐ	如意 rúyì
不如 bùrú	比如 bǐrú	譬如 pìrú	假如 jiǎrú
恰如 qiàrú	有如 yǒurú	儒家 rújiā	儒学 rúxué
蠕动 rúdòng	乳白 rǔbái	乳房 rǔfáng	乳牛 rǔniú
入迷 rùmí	入门 rùmén	入股 rùgǔ	入口 rùkǒu
入学 rùxué	入座 rùzuò	入夜 rùyè	入伍 rùwǔ
投入 tóurù	加入 jiārù	陷入 xiànrù	被褥 bèirù
软骨 ruǎngǔ	软件 ruǎnjiàn	软禁 ruǎnjìn	软弱 ruǎnruò
若干 ruògān	雄蕊 xióngruǐ	锐利 ruìlì	润滑 rùnhuá
红润 hóngrùn	圆润 yuánrùn	若是 ruòshì	假若 jiǎruò
弱点 ruòdiǎn	弱小 ruòxiǎo	薄弱 bóruò	减弱 jiǎnruò
细弱 xìruò	虚弱 xūruò	削弱 xuēruò	微弱 wēiruò

二、普通话测试用词语表中含有 j、q、x 声母的词语训练

j -

肌肤 jīfū	机密 jīmì	机体 jītǐ	机械 jīxiè
击毙 jībì	打击 dǎjī	积压 jīyā	体积 tǐjī
基地 jīdì	地基 dìjī	激发 jīfā	以及 yǐjí
低级 dījí	极地 jídì	极度 jídù	极其 jíqí
即位 jíwèi	急救 jíjiù	急切 jíqiè	疾苦 jíkǔ
嫉妒 jídù	集体 jítǐ	集结 jíjié	集邮 jíyóu
密集 mìjí	脊背 jǐbèi	几何 jǐhé	济济 jǐjǐ
药剂 yàojì	异己 yìjǐ	笔记 bǐjì	纪要 jìyào
计价 jìjià	大计 dàjì	技巧 jìqiǎo	技艺 jìyì
季节 jìjié	遗迹 yíjì	继母 jìmǔ	寂寞 jìmò
寄托 jìtuō	加以 jiāyǐ	家务 jiāwù	大家 dàjiā
嫁接 jiàjiē	价格 jiàgé	比价 bǐjià	交付 jiāofù
交代 jiāodài	交替 jiāotì	交际 jiāojì	交易 jiāoyì
骄傲 jiāo'ào	焦急 jiāojí	芭蕉 bājiāo	角度 jiǎodù
脚步 jiǎobù	脚下 jiǎoxià	打搅 dǎjiǎo	较为 jiàowéi
比较 bǐjiào	教导 jiàodǎo	教义 jiàoyì	发酵 fājiào

地窖 dìjiào	歼灭 jiānmiè	尖利 jiānlì	坚毅 jiānyì
间距 jiānjù	间谍 jiàndié	间隔 jiàngé	间接 jiànjiē
间隙 jiànxì	间歇 jiànxiē	间作 jiànzuò	简朴 jiǎnpǔ
简陋 jiǎnlòu	简洁 jiǎnjié	简介 jiǎnjiè	简易 jiǎnyì
简要 jiǎnyào	肩负 jiānfù	肩胛 jiānjiǎ	艰难 jiānnán
监督 jiāndū	监牢 jiānláo	兼备 jiānbèi	缄默 jiānmò
减低 jiǎndī	煎熬 jiān'áo	剪刀 jiǎndāo	箭头 jiàntóu
检讨 jiǎntǎo	检修 jiǎnxiū	检疫 jiǎnyì	见地 jiàndì
见解 jiànjiě	见效 jiànxiào	建交 jiànjiāo	建议 jiànyì
健美 jiànměi	鉴别 jiànbié	讲台 jiǎngtái	江湖 jiānghú
僵死 jiāngsǐ	将来 jiānglái	将要 jiāngyào	践踏 jiàntà
讲话 jiǎnghuà	讲解 jiǎngjiě	讲求 jiǎngqiú	讲理 jiǎnglǐ
讲义 jiǎngyì	奖励 jiǎnglì	降落 jiàngluò	降低 jiàngdī
降价 jiàngjià	阶级 jiējí	接待 jiēdài	街道 jiēdào
大街 dàjiē	节目 jiémù	洁白 jiébái	结合 jiéhé
姐妹 jiěmèi	大姐 dàjiě	解答 jiědá	解脱 jiětuō
借口 jièkǒu	啤酒 píjiǔ	救济 jiùjì	搭救 dājiù
就业 jiùyè	依旧 yījiù		

q -

栖息 qīxī	凄厉 qīlì	欺压 qīyā	欺侮 qīwǔ
漆器 qīqì	油漆 yóuqī	一齐 yīqí	歧义 qíyì
祈求 qíqiú	奇妙 qímiào	奇迹 qíjì	奇异 qíyì
其他 qítā	旗袍 qípáo	乞讨 qǐtǎo	乞求 qǐqiú
企业 qǐyè	企鹅 qǐ'é	启迪 qǐdí	起步 qǐbù
起伏 qǐfú	起飞 qǐfēi	起家 qǐjiā	起义 qǐyì
发起 fāqǐ	提起 tíqǐ	一起 yīqǐ	气派 qìpài
气泡 qìpào	气魄 qìpò	气度 qìdù	气体 qìtǐ
气态 qìtài	气概 qìgài	气候 qìhòu	气急 qìjí
气节 qìjié	气球 qìqiú	气息 qìxī	气压 qìyā
一气 yīqì	汽笛 qìdí	遗弃 yíqì	契机 qìjī
器械 qìxiè	仪器 yíqì	打架 dǎjià	恰好 qiàhǎo

悄悄 qiāoqiāo　　千卡 qiānkǎ　　千克 qiānkè　　千瓦 qiānwǎ

迁移 qiānyí　　　铅笔 qiānbǐ　　牵制 qiānzhì　　签字 qiānzì

前臂 qiánbì　　　前辈 qiánbèi　　前列 qiánliè　　前提 qiántí

前期 qiánqī　　　前夕 qiánxī　　前卫 qiánwèi　　前夜 qiányè

前额 qián'é　　　钱币 qiánbì　　潜力 qiánlì　　潜入 qiánrù

浅海 qiǎnhǎi　　腔调 qiāngdiào　谴责 qiǎnzé　　歉意 qiànyì

抢购 qiǎnggòu　　枪弹 qiāngdàn　抢夺 qiǎngduó　枪毙 qiāngbì

抢劫 qiǎngjié　　抢救 qiǎngjiù　抢修 qiǎngxiū　墙壁 qiángbì

墙头 qiángtóu　　墙角 qiángjiǎo　强大 qiángdà　强度 qiángdù

强渡 qiángdù　　强盗 qiángdào　强调 qiángdiào　强力 qiánglì

强烈 qiángliè　　强国 qiángguó　强加 qiángjiā　密切 mìqiè

压强 yāqiáng　　强求 qiǎngqiú　一切 yīqiè　　秋季 qiūjì

皮球 píqiú　　　发球 fāqiú　　地球 dìqiú

x -

西服 xīfú　　　西医 xīyī　　西欧 xī'ōu　　吸附 xīfù

希冀 xījì　　　稀奇 xīqí　　依稀 yīxī　　蜥蜴 xīyì

熄灭 xīmiè　　嬉戏 xīxì　　喜爱 xǐ'ài　　大喜 dàxǐ

习题 xítí　　　席位 xíwèi　　袭击 xíjī　　洗涤 xǐdí

把戏 bǎxì　　　马戏 mǎxì　　细密 xìmì　　细节 xìjié

细小 xìxiǎo　　细微 xìwēi　　体系 tǐxì　　狭义 xiáyì

狭隘 xiá'ài　　下达 xiàdá　　下颌 xiàhé　　下级 xiàjí

下游 xiàyóu　　下午 xiàwǔ　　打下 dǎxià　　低下 dīxià

以下 yǐxià　　协调 xiétiáo　巧妙 qiǎomiào　夏季 xiàjì

消灭 xiāomiè　消费 xiāofèi　消耗 xiāohào　消毒 xiāodú

消极 xiāojí　　小麦 xiǎomài　大小 dàxiǎo　效益 xiàoyì

仙鹤 xiānhè　　纤毛 xiānmáo　纤维 xiānwéi　纤细 xiānxì

鲜美 xiānměi　先辈 xiānbèi　先导 xiāndǎo　掀起 xiānqǐ

闲暇 xiánxiá　先例 xiānlì　　先后 xiānhòu　宪法 xiànfǎ

悠闲 yōuxián　衔接 xiánjiē　嫌弃 xiánqì　显赫 xiǎnhè

险恶 xiǎn'è　　现代 xiàndài　内线 nèixiàn　限期 xiànqī

限额 xiàn'é　　陷害 xiànhài　线条 xiàntiáo　现役 xiànyì

胰腺 yíxiàn	香料 xiāngliào	香炉 xiānglú	羡慕 xiànmù
香蕉 xiāngjiāo	乡土 xiāngtǔ	他乡 tāxiāng	乡里 xiānglǐ
异乡 yìxiāng	相符 xiāngfú	相对 xiāngduì	相隔 xiānggé
相干 xiānggān	相互 xiānghù	相交 xiāngjiāo	相继 xiāngjì
相宜 xiāngyí	相貌 xiàngmào	相机 xiàngjī	想必 xiǎngbì
想来 xiǎnglái	理想 lǐxiǎng	料想 liàoxiǎng	意想 yìxiǎng
详细 xiángxì	享福 xiǎngfú	享有 xiǎngyǒu	享乐 xiǎnglè
向导 xiàngdǎo	向来 xiànglái	内向 nèixiàng	一向 yīxiàng
意向 yìxiàng	项目 xiàngmù	象棋 xiàngqí	象牙 xiàngyá
录像 lùxiàng	橡胶 xiàngjiāo	遗像 yíxiàng	橡皮 xiàngpí
协议 xiéyì	携带 xiédài	修复 xiūfù	修改 xiūgǎi

三、普通话测试用词语表中含有多音字的词语训练

柏油 bǎiyóu	背包 bèibāo	投奔 tóubèn	颤抖 chàndǒu
家畜 jiāchù	逮捕 dàibǔ	分外 fènwài	佛教 fójiào
呼号 hūhào	哗然 huárán	几乎 jīhū	雪茄 xuějiā
假期 jiàqī	咀嚼 jǔjué	角色 juésè	角逐 juézhú
结婚 jiéhūn	慰藉 wèijiè	烙印 làoyìn	绿林 lùlín
掠夺 lüèduó	没落 mòluò	闷热 mēnrè	郁闷 yùmèn
抹布 mābù	抹杀 mǒshā	包扎 bāozā	拘泥 jūní
眩晕 xuànyùn	散射 sǎnshè	散落 sànluò	活塞 huósāi
搪塞 tángsè	说服 shuōfú	铜臭 tóngxiù	吐血 tùxiě
纤维 xiānwéi	兴奋 xīngfèn	削减 xuējiǎn	削弱 xuēruò
占卜 zhānbǔ	粘连 zhānlián	参与 cānyù	与会 yùhuì
与其 yǔqí	记载 jìzǎi	载体 zàitǐ	血液 xuèyè
症结 zhēngjié	中意 zhòngyì	公转 gōngzhuàn	揣测 chuǎicè
着想 zhuóxiǎng	着落 zhuóluò	雇佣 gùyōng	佣金 yòngjīn
殷红 yānhóng	吞咽 tūnyàn	旋风 xuànfēng	相似 xiāngsì
旋转 xuánzhuàn	生肖 shēngxiào	肖像 xiàoxiàng	杉木 shānmù
强求 qiǎngqiú	倔强 juéjiàng	丧气 sàngqì	炮制 páozhì
公仆 gōngpú	胸脯 xiōngpú	关卡 guānqiǎ	模板 múbǎn

模样 múyàng	宁愿 nìngyuàn	校对 jiàoduì	间隔 jiàngé
尽管 jǐnguǎn	伎俩 jìliǎng	横向 héngxiàng	恐吓 kǒnghè
附和 fùhè	巷道 hàngdào	剥离 bōlí	停泊 tíngbó
湖泊 húbō	寒颤 hánzhàn	称职 chènzhí	处置 chǔzhì
当做 dàngzuò	当成 dàngchéng	高涨 gāozhǎng	当地 dāngdì
供奉 gòngfèng	桂冠 guìguān	提供 tígōng	供给 gōngjǐ
刚劲 gāngjìng	劲旅 jìnglǚ	刹那 chànà	看护 kānhù
躯壳 qūqiào	创口 chuāngkǒu	悄然 qiǎorán	地壳 dìqiào

四、普通话测试用词语表中容易误读的词语训练

按捺 ànnà	冰雹 bīngbáo	迸发 bèngfā	包庇 bāobì
被褥 bèirù	捕捞 bǔlāo	哺乳 bǔrǔ	痴呆 chīdāi
抽搐 chōuchù	炽热 chìrè	粗犷 cūguǎng	粗糙 cūcāo
雕塑 diāosù	雕凿 diāozáo	发酵 fājiào	堆积 duījī
飞跃 fēiyuè	分娩 fēnmiǎn	附庸 fùyōng	干涸 gānhé
隔阂 géhé	皈依 guīyī	混淆 hùnxiáo	机械 jīxiè
汲取 jíqǔ	歼灭 jiānmiè	奖券 jiǎngquàn	畸形 jīxíng
接触 jiēchù	秸秆 jiēgǎn	解剖 jiěpōu	恪守 kèshǒu
铿锵 kēngqiāng	利润 lìrùn	氯气 lùqì	麻痹 mábì
谬论 miùlùn	蓦然 mòrán	赔偿 péicháng	契约 qìyuē
妊娠 rènshēn	摄影 shèyǐng	侍候 shìhòu	损害 sǔnhài
特殊 tèshū	挑衅 tiǎoxìn	同胞 tóngbāo	蜕变 tuìbiàn
吸吮 xīshǔn	狭隘 xiá'ài	药物 yàowù	勇敢 yǒnggǎn
拥护 yōnghù	糟粕 zāopò	造诣 zàoyì	秩序 zhìxù
竹笋 zhúsǔn	贮藏 zhùcáng	遵循 zūnxún	伫立 zhùlì
白桦 báihuà	编纂 biānzuǎn	放置 fàngzhì	敷衍 fūyǎn
符合 fúhé	教室 jiàoshì	召开 zhàokāi	友谊 yǒuyì
脂肪 zhīfáng	质量 zhìliàng	照片 zhàopiàn	挫折 cuòzhé
儒家 rújiā	新颖 xīnyǐng	仍然 réngrán	嫉妒 jídù
成绩 chéngjì	乘客 chéngkè	罕见 hǎnjiàn	狩猎 shòuliè
围绕 wéirào	邮票 yóupiào	戳穿 chuōchuān	遨游 áoyóu

嘈杂 cáozá	氛围 fēnwéi	婢女 bìnǚ	布匹 bùpǐ
啜泣 chuòqì	档次 dàngcì	订正 dìngzhèng	璀璨 cuǐcàn
戈壁 gēbì	涟漪 liányī	诙谐 huīxié	苛求 kēqiú
肋骨 lèigǔ	棱角 léngjiǎo	矫健 jiǎojiàn	缄默 jiānmò
教诲 jiàohuì	亢奋 kàngfèn	框架 kuàngjià	窥探 kuītàn
踉跄 liàngqiàng	搜刮 sōuguā	呻吟 shēnyín	逾期 yúqī
贪婪 tānlán	俨然 yǎnrán	瞥见 piējiàn	未遂 wèisuì
奚落 xīluò	酝酿 yùnniàng	棕榈 zōnglú	诏书 zhàoshū
憎恨 zēnghèn	卓著 zhuózhù	珍稀 zhēnxī	绮丽 qǐlì

五、普通话测试用词语表中上声连读词语

保管 bǎoguǎn	保守 bǎoshǒu	本领 běnlǐng	保险 bǎoxiǎn
表演 biǎoyǎn	采访 cǎifǎng	本体 běntǐ	彼此 bǐcǐ
产品 chǎnpǐn	场所 chǎngsuǒ	笔者 bǐzhě	采取 cǎiqǔ
导管 dǎoguǎn	处理 chǔlǐ	打倒 dǎdǎo	党委 dǎngwěi
导体 dǎotǐ	导演 dǎoyǎn	顶点 dǐngdiǎn	岛屿 dǎoyǔ
腐朽 fǔxiǔ	改组 gǎizǔ	赶紧 gǎnjǐn	感慨 gǎnkǎi
感染 gǎnrǎn	港口 gǎngkǒu	给以 gěiyǐ	古典 gǔdiǎn
古老 gǔlǎo	鼓舞 gǔwǔ	管理 guǎnlǐ	济济 jǐjǐ
广场 guǎngchǎng	好比 hǎobǐ	好转 hǎozhuǎn	给予 jǐyǔ
甲板 jiǎbǎn	减少 jiǎnshǎo	尽管 jǐnguǎn	假使 jiǎshǐ
考古 kǎogǔ	可以 kěyǐ	口语 kǒuyǔ	苦恼 kǔnǎo
老板 lǎobǎn	冷水 lěngshuǐ	老虎 lǎohǔ	老鼠 lǎoshǔ
理想 lǐxiǎng	了解 liǎojiě	领导 lǐngdǎo	理解 lǐjiě
领土 lǐngtǔ	勉强 miǎnqiǎng	旅馆 lǚguǎn	蚂蚁 mǎyǐ
美感 měigǎn	美好 měihǎo	敏感 mǐngǎn	母体 mǔtǐ
哪里 nǎlǐ	扭转 niǔzhuǎn	女子 nǚzǐ	偶尔 ǒuěr
品种 pǐnzhǒng	起点 qǐdiǎn	审美 shěnměi	起码 qǐmǎ
手表 shǒubiǎo	手法 shǒufǎ	手脚 shǒujiǎo	手指 shǒuzhǐ
首领 shǒulǐng	首长 shǒuzhǎng	水果 shuǐguǒ	所属 suǒshǔ
土壤 tǔrǎng	水手 shuǐshǒu	所以 suǒyǐ	土匪 tǔfěi

往往 wǎngwǎng	洗澡 xǐzǎo	享有 xiǎngyǒu	侮辱 wǔrǔ
舞蹈 wǔdǎo	想法 xiǎngfǎ	小姐 xiǎojiě	小组 xiǎozǔ
许可 xǔkě	选手 xuǎnshǒu	演讲 yǎnjiǎng	也许 yěxǔ
以免 yǐmiǎn	以往 yǐwǎng	引导 yǐndǎo	引起 yǐngqǐ
影响 yǐngxiǎng	永远 yǒngyuǎn	勇敢 yǒnggǎn	友好 yǒuhǎo
予以 yǔyǐ	雨水 yǔshuǐ	语法 yǔfǎ	允许 yǔnxǔ
早已 zǎoyǐ	展览 zhǎnlǎn	整理 zhěnglǐ	只好 zhǐhǎo
指导 zhǐdǎo	主导 zhǔdǎo	主管 zhǔguǎn	只有 zhǐyǒu
总理 zǒnglǐ	总体 zǒngtǐ	总理 zǒnglǐ	主体 zhǔtǐ
主语 zhǔyǔ	子女 zǐnǚ	总统 zǒngtǒng	阻止 zǔzhǐ
祖母 zǔmǔ	左手 zuǒshǒu	把柄 bǎbǐng	矮小 ǎixiǎo
靶场 bǎchǎng	版本 bǎnběn	饱满 bǎomǎn	把手 bǎshǒu
尽早 jǐnzǎo	宝塔 bǎotǎ	保养 bǎoyǎng	保姆 bǎomǔ
堡垒 bǎolěi	本土 běntǔ	匕首 bǐshǒu	比拟 bǐnǐ
比武 bǐwǔ	笔法 bǐfǎ	补给 bǔjǐ	哺乳 bǔrǔ
采写 cǎixiě	彩礼 cǎilǐ	惨死 cǎnsǐ	草本 cǎoběn
草场 cǎochǎng	草拟 cǎonǐ	场景 chǎngjǐng	吵嘴 chǎozuǐ
耻辱 chǐrǔ	处女 chǔnǚ	处死 chǔsǐ	打赌 dǎdǔ
打搅 dǎjiǎo	打扰 dǎrǎo	打铁 dǎtiě	导语 dǎoyǔ
捣鬼 dǎoguǐ	捣毁 dǎohuǐ	诋毁 dǐhuǐ	抵挡 dǐdǎng
典礼 diǎnlǐ	点火 diǎnhuǒ	短跑 duǎnpǎo	抖擞 dǒusǒu
短小 duǎnxiǎo	短语 duǎnyǔ	躲闪 duǒshǎn	耳语 ěryǔ
法宝 fǎbǎo	法典 fǎdiǎn	反感 fǎngǎn	反比 fǎnbǐ
反响 fǎnxiǎng	反省 fǎnxǐng	抚养 fǔyǎng	粉笔 fěnbǐ
俯首 fǔshǒu	辅导 fǔdǎo	改悔 gǎihuǐ	改口 gǎikǒu
改写 gǎixiě	赶场 gǎnchǎng	感想 gǎnxiǎng	改选 gǎixuǎn
橄榄 gǎnlǎn	稿纸 gǎozhǐ	拱手 gǒngshǒu	苟且 gǒuqiě
古董 gǔdǒng	鼓掌 gǔzhǎng	鬼脸 guǐliǎn	骨髓 gǔsuǐ
果品 guǒpǐn	海岛 hǎidǎo	海港 hǎigǎng	海口 hǎikǒu
海里 hǎilǐ	好歹 hǎodǎi	缓解 huǎnjiě	好感 hǎogǎn
悔改 huǐgǎi	火海 huǒhǎi	火种 huǒzhǒng	火把 huǒbǎ

给养 jǐyǎng	假想 jiǎxiǎng	检举 jiǎnjǔ	脊髓 jǐsuǐ
检索 jiǎnsuǒ	减产 jiǎnchǎn	减免 jiǎnmiǎn	检讨 jiǎntǎo
剪纸 jiǎnzhǐ	简短 jiǎnduǎn	讲解 jiǎngjiě	简朴 jiǎnpǔ
讲理 jiǎnglǐ	讲演 jiǎngyǎn	奖赏 jiǎngshǎng	解体 jiětǐ
奖品 jiǎngpǐn	脚掌 jiǎozhǎng	脚趾 jiǎozhǐ	解渴 jiěkě
警犬 jǐngquǎn	炯炯 jiǒngjiǒng	久远 jiǔyuǎn	举止 jǔzhǐ
坎坷 kǎnkě	考场 kǎochǎng	考取 kǎoqǔ	烤火 kǎohuǒ
可耻 kěchǐ	口角 kǒujiǎo	口水 kǒushuǐ	可喜 kěxǐ
口吻 kǒuwěn	苦果 kǔguǒ	傀儡 kuǐlěi	懒散 lǎnsǎn
老总 lǎozǒng	冷暖 lěngnuǎn	冷眼 lěngyǎn	老者 lǎozhě
冷饮 lěngyǐn	礼法 lǐfǎ	礼品 lǐpǐn	理睬 lǐcǎi
领海 lǐnghǎi	领取 lǐngqǔ	领口 lǐngkǒu	脸谱 liǎnpǔ
领主 lǐngzhǔ	笼统 lǒngtǒng	鲁莽 lǔmǎng	卤水 lǔshuǐ
卵子 luǎnzǐ	裸体 luǒtǐ	马桶 mǎtǒng	马匹 mǎpǐ
玛瑙 mǎnǎo	买主 mǎizhǔ	满口 mǎnkǒu	满嘴 mǎnzuǐ
美景 měijǐng	美满 měimǎn	渺小 miǎoxiǎo	美女 měinǚ
拇指 mǔzhǐ	奶粉 nǎifěn	恼火 nǎohuǒ	脑海 nǎohǎi
脑髓 nǎosuǐ	袅袅 niǎoniǎo	普选 pǔxuǎn	普法 pǔfǎ
谱写 pǔxiě	乞讨 qǐtǎo	起草 qǐcǎo	起火 qǐhuǒ
浅海 qiǎnhǎi	浅显 qiǎnxiǎn	抢险 qiǎngxiǎn	取暖 qǔnuǎn
取舍 qǔshě	犬齿 quǎnchǐ	冉冉 rǎnrǎn	软骨 ruǎngǔ
审理 shěnlǐ	使馆 shǐguǎn	使者 shǐzhě	始祖 shǐzǔ
手稿 shǒugǎo	手软 shǒuruǎn	守法 shǒufǎ	首府 shǒufǔ
首脑 shǒunǎo	手尾 shǒuwěi	爽朗 shuǎnglǎng	水草 shuǐcǎo
水产 shuǐchǎn	水火 shuǐhuǒ	水井 shuǐjǐng	水塔 shuǐtǎ
水鸟 shuǐniǎo	水肿 shuǐzhǒng	水獭 shuǐtǎ	水土 shuǐtǔ
水准 shuǐzhǔn	死板 sǐbǎn	怂恿 sǒngyǒng	索取 suǒqǔ
倘使 tǎngshǐ	讨好 tǎohǎo	体检 tǐjiǎn	铁轨 tiěguǐ
铁索 tiěsuǒ	统领 tǒnglǐng	土产 tǔchǎn	土语 tǔyǔ
腿脚 tuǐjiǎo	婉转 wǎnzhuǎn	网点 wǎngdiǎn	瓦解 wǎjiě
往返 wǎngfǎn	委婉 wěiwǎn	稳产 wěnchǎn	稳妥 wěntuǒ

舞场 wǔchǎng	舞女 wǔnǚ	五谷 wǔgǔ	武打 wǔdǎ
舞曲 wǔqǔ	小丑 xiǎochǒu	显眼 xiǎnyǎn	洗礼 xǐlǐ
小脑 xiǎonǎo	小品 xiǎopǐn	小鬼 xiǎoguǐ	小米 xiǎomǐ
小巧 xiǎoqiǎo	小雪 xiǎoxuě	小腿 xiǎotuǐ	写法 xiěfǎ
许久 xǔjiǔ	选取 xuǎnqǔ	选种 xuǎnzhǒng	眼底 yǎndǐ
眼睑 yǎnjiǎn	眼角 yǎnjiǎo	养老 yǎnglǎo	窈窕 yǎotiǎo
以往 yǐwǎng	勇猛 yǒngměng	引水 yǐnshuǐ	饮水 yǐnshuǐ
远古 yuǎngǔ	有理 yǒulǐ	雨点 yǔdiǎn	雨伞 yǔsǎn
远景 yuǎnjǐng	早点 zǎodiǎn	早晚 zǎowǎn	眨眼 zhǎyǎn
辗转 zhǎnzhuǎn	长老 zhǎnglǎo	长者 zhǎngzhě	指使 zhǐshǐ
掌管 zhǎngguǎn	指点 zhǐdiǎn	指引 zhǐyǐn	主考 zhǔkǎo
主演 zhǔyǎn	主宰 zhǔzǎi	转产 zhuǎnchǎn	主旨 zhǔzhǐ
转脸 zhuǎnliǎn	转手 zhuǎnshǒu	转眼 zhuǎnyǎn	准许 zhǔnxǔ
总得 zǒngděi	总管 zǒngguǎn	走访 zǒufǎng	阻挡 zǔdǎng
嘴脸 zuǐliǎn			

六、试题自测

训练要求:除了要求每个音节准确、清晰、饱满外,还要考虑到以多音节词语为单位,注意音节之间的内部联系。

第一组

办法	恳切	走访	卑鄙	孩子	牛奶	把门儿	选举	用处
草地	整体	熊猫	指甲	慌乱	绝对	意思	轻松	迅速
全部	军官	豆角儿	女儿	夏天	贫困	有机	怀旧	删节
小丑儿	百般	烹饪	养料	畅通	窜改	双亲	打盹儿	荣辱
测绘	画轴	闰年	囊括	怪罪	掠夺	缩写	憎恨	香椿
肥效	扒手	车站	前仆后继					

第二组

拥抱	训斥	穷苦	军事	捐税	宏伟	需要	虐待	创新
公费	掠取	软弱	光明	囤积	快餐	准备	窜逃	权益
坏处	凉棚	破裂	有点儿	座谈	仰角	画家	袜子	抵挡
评审	恋爱	留念	而且	僧俗	民航	下课	病号儿	眼色

感想	振奋	口语	老伴儿	手段	刺杀	这会儿	玻璃	挂彩
赞美	答应	法规	此起彼伏					

第三组

产品	咖啡	距离	女人	生长	钻研	下面	状况	素质
恳求	瓜分	个头儿	泊位	枢纽	群婚	把手	从容	美妙
损害	刁难	累赘	妥帖	翅膀	空儿	加工	熊猫	保管
纯粹	平凡	抉择	黄芪	脸蛋儿	享用	打听	脑袋	化学
宣传	档次	谱曲	豁亮	钦差	协同	扇面儿	缺乏	坏处
军队	尽快	若干	即刻	乒乓球				

第四组

倒退	恶心	防御	骨肉	混乱	闺女	被子	表扬	病菌
彩色	公斤	用处	粮食	排球	区别	学院	盼望	英雄
火罐儿	攫取	巡逻	决定	衰弱	瓦解	漂流	奶水	假托
深浅	雨点儿	铁证	磨难	卡钳	拷打	夸赞	虾酱	唇裂
穿刺	美感	透支	一圈儿	粉笔	而后	容易	作者	嗓音
短促	波动	纳闷儿	潜移默化					

第五组

群众	草地	偶尔	综合	恳切	吵嘴	森林	跑腿儿	油井
革命	四肢	裁缝	存在	花样	一下儿	构造	月球	调整
冤枉	装潢	将军	悲叹	不休	樊笼	拼音	女婿	党团
老头儿	胸怀	收获	蜷缩	点子	评估	美丽	那些	心眼儿
悔改	垃圾	重围	决裂	软禁	夸张	运用	朗读	咳嗽
外婆	偌大	失血	主人翁					

第六组

小说	软骨	考虑	平凡	火苗儿	嘶哑	特点	根苗	配偶
心得	和气	日程	捐赠	群岛	粉笔	害处	金鱼儿	扭转
瓦砾	博爱	率领	规矩	宽广	损失	佛教	参谋	内兄
祖国	宣讲	品种	手枪	窘况	农业	怪话	刺耳	正确
庞杂	垂柳	雪白	打扮	让位	否则	夏季	别针儿	状态
马路	陨灭	从速	尊敬	大腕儿				

第七组

略微	孙女	草稿	转让	年轻	假条	逗乐儿	雌雄	贫穷
版本	暖和	冤枉	打杂儿	体面	阻拦	夸奖	快餐	消息
求饶	翻译	化学	主观	总得	旦角儿	肿瘤	茶馆儿	全部
黄油	剪除	捏造	扩大	虽然	疲劳	马上	刷子	现实
仿佛	搜查	彩绘	串门儿	普通	四肢	破灭	人命	风头
教育	顺利	下列	葡萄糖	胡同儿				

第八组

杯子	草地	恰巧	柏树	昂扬	产量	耳朵	饱满	突击
苍蝇	法律	厂商	反正	恩人	品种	废话	便宜	女性
格外	写作	叫好儿	困苦	捐款	雄壮	模式	洒扫	化学
傻劲儿	算了	推广	雀跃	泉水	穷忙	求婚	挂彩	苟且
年号	篡夺	军队	了解	可能	热爱	日程	后边	总统
老翁	熏陶	老本儿	猫头鹰	配角儿				

第九组

穷酸	开春儿	猿人	鼓手	喧嚷	拉链儿	训话	藤子	紧凑
裙带	窘况	打转儿	拍打	秉公	虐杀	律诗	约摸	辅佐
分娩	发慌	顶牛儿	管教	赚头	屈从	铲除	牙刷	债权
两可	屯垦	遵照	瑞雪	瘪三	配色	捏挤	更动	好赖
每年	扒糕	求助	圣母	贪嘴	唯恐	线装	仰仗	志向
灯花	快慰	揣测	摈弃	轻而易举				

第十组

润资	摧残	穷苦	训练	魂魄	所有	坎肩儿	把手	更生
道路	趋向	洽谈	旁边	加塞儿	凝结	最好	丑恶	军垦
凉快	精彩	繁荣	公司	转达	早晚	悲痛	屡次	狭窄
砂轮儿	全体	飞船	妇女	损失	然而	别扭	卷尺	配合
窘迫	拼写	民歌	嫩绿	出落	避免	雪花	形状	真挚
渺茫	挂心	怀表	顶牛儿	必需品				

附录一：

普通话水平测试用儿化词语表

说 明

1. 本表选自《普通话水平测试实施纲要》。

2. 本表仅供普通话水平测试第二项——读多音节词语测试使用。本表的儿化音节，在书面上一律加"儿"，但并不表明所列词语在任何语用场合都必须儿化。

3. 本表共收词 189 条，按儿化韵母的汉语拼音声母顺序排列。

4. ＞前后分别是原形韵母和所对应的儿化韵，儿化韵注音只在基本形式后面加 r，如"小孩儿 xiǎoháir"，不标语音上的实际变化。

一

a＞ar	刀把儿 dāobàr	号码儿 hàomǎr
	戏法儿 xìfǎr	在哪儿 zàinǎr
	找茬儿 zhǎochár	打杂儿 dǎzár
	板擦儿 bǎncār	
ai＞ar	名牌儿 míngpáir	鞋带儿 xiédàir
	壶盖儿 húgàir	小孩儿 xiǎoháir
	加塞儿 jiāsāir	
an＞ar	快板儿 kuàibǎnr	老伴儿 lǎobànr
	蒜瓣儿 suànbànr	脸盘儿 liǎnpánr
	脸蛋儿 liǎndànr	收摊儿 shōutānr
	栅栏儿 zhàlanr	包干儿 bāogānr
	笔杆儿 bǐgǎnr	门槛儿 ménkǎnr

二

| ang＞ar(鼻化) | 药方儿 yàofāngr | 赶趟儿 gǎntàngr |
| | 香肠儿 xiāngchángr | 瓜瓤儿 guāràngr |

三

| ia＞iar | 掉价儿 diàojiàr | 一下儿 yīxiàr |

	豆芽儿 dòuyár	
ian>iar	小辫儿 xiǎobiànr	照片儿 zhàopiānr
	扇面儿 shànmiànr	差点儿 chàdiǎnr
	一点儿 yīdiǎnr	雨点儿 yǔdiǎnr
	聊天儿 liáotiānr	拉链儿 lāliànr
	冒尖儿 màojiānr	坎肩儿 kǎnjiānr
	牙签儿 yáqiānr	露馅儿 lòuxiànr
	心眼儿 xīnyǎnr	

四

| iang>iar(鼻化) | 鼻梁儿 bíliángr | 透亮儿 tòuliàngr |
| | 花样儿 huāyàngr | |

五

ua>uar	脑瓜儿 nǎoguār	大褂儿 dàguàr
	麻花儿 máhuār	笑话儿 xiàohuar
	牙刷儿 yáshuār	
uai>uar	一块儿 yīkuàir	
uan>uar	茶馆儿 cháguǎnr	饭馆儿 fànguǎnr
	火罐儿 huǒguànr	落款儿 luòkuǎnr
	打转儿 dǎzhuànr	拐弯儿 guǎiwānr
	好玩儿 hǎowánr	大腕儿 dàwànr

六

| uang>uar(鼻化) | 蛋黄儿 dànhuángr | 打晃儿 dǎhuàngr |
| | 天窗儿 tiānchuāngr | |

七

üan>üar	烟卷儿 yānjuǎnr	手绢儿 shǒujuànr
	出圈儿 chūquānr	包圆儿 bāoyuánr
	人缘儿 rényuánr	绕远儿 ràoyuǎnr
	杂院儿 záyuànr	

八

| ei>er | 刀背儿 dāobèir | 摸黑儿 mōhēir |
| en>er | 老本儿 lǎoběnr | 花盆儿 huāpénr |

嗓门儿 sǎngménr　　　　　　把门儿 bǎménr

哥们儿 gēmenr　　　　　　　纳闷儿 nàmènr

后跟儿 hòugēnr　　　　　　　高跟儿鞋 gāogēnrxié

别针儿 biézhēnr　　　　　　 一阵儿 yīzhènr

走神儿 zǒushénr　　　　　　 大婶儿 dàshěnr

小人儿书 xiǎorénrshū　　　　杏仁儿 xìngrénr

刀刃儿 dāorènr

九

eng＞er(鼻化)　　　钢镚 gāngbèngr　　　　　　夹缝儿 jiāfèngr

　　　　　　　　　　脖颈儿 bógěngr　　　　　　提成儿 tíchéngr

十

ie＞ier　　　　　　　半截儿 bànjiér　　　　　　 小鞋儿 xiǎoxiér

üe＞üer　　　　　　 旦角儿 dànjuér　　　　　　 主角儿 zhǔjuér

十一

uei＞uer　　　　　　 跑腿儿 pǎotuǐr　　　　　　 一会儿 yīhuìr

　　　　　　　　　　 耳垂儿 ěrchuír　　　　　　 墨水儿 mòshuǐr

　　　　　　　　　　 围嘴儿 wéizuǐr　　　　　　 走味儿 zǒuwèir

uen＞uer　　　　　　 打盹儿 dǎdǔnr　　　　　　 胖墩儿 pàngdūnr

　　　　　　　　　　 砂轮儿 shālúnr　　　　　　 冰棍儿 bīnggùnr

　　　　　　　　　　 没准儿 méizhǔnr　　　　　　开春儿 kāichūnr

ueng＞uer(鼻化)　小瓮儿 xiǎowèngr

十二

-i(前)＞er　　　　　 瓜子儿 guāzǐr　　　　　　　石子儿 shízǐr

　　　　　　　　　　 没词儿 méicír　　　　　　　挑刺儿 tiāocìr

-i(后)＞er　　　　　 墨汁儿 mòzhīr　　　　　　　锯齿儿 jùchǐr

　　　　　　　　　　 记事儿 jìshìr

十三

i＞i：er　　　　　　　针鼻儿 zhēnbír　　　　　　垫底儿 diàndǐr

　　　　　　　　　　 肚脐儿 dùqír　　　　　　　玩意儿 wányìr

in＞i：er　　　　　　 有劲儿 yǒujìnr　　　　　　送信儿 sòngxìnr

　　　　　　　　　　 脚印儿 jiǎoyìnr

十四

ing＞iːer(鼻化)　花瓶儿 huāpíngr　　　　打鸣儿 dǎmíngr
　　　　　　　图钉儿 túdīngr　　　　　门铃儿 ménlíngr
　　　　　　　眼镜儿 yǎnjìngr　　　　　蛋清儿 dànqīngr
　　　　　　　火星儿 huǒxīngr　　　　　人影儿 rényǐngr

十五

ü＞üːer　　　毛驴儿 máolúr　　　　　小曲儿 xiǎoqǔr
　　　　　　　痰盂儿 tányúr
üe＞üːer　　　合群儿 héqúnr

十六

e＞er　　　　模特儿 mótèr　　　　　逗乐儿 dòulèr
　　　　　　　唱歌儿 chànggēr　　　　　挨个儿 āigèr
　　　　　　　打嗝儿 dǎgér　　　　　　饭盒儿 fànhér
　　　　　　　在这儿 zàizhèr

十七

u＞ur　　　　碎步儿 suìbùr　　　　　没谱儿 méipǔr
　　　　　　　儿媳妇儿 érxífur　　　　梨核儿 líhúr
　　　　　　　泪珠儿 lèizhūr　　　　　有数儿 yǒushùr

十八

ong＞or(鼻化)　果冻儿 guǒdòngr　　　　门洞儿 méndòngr
　　　　　　　胡同儿 hútòngr　　　　　抽空儿 chōukòngr
　　　　　　　酒盅儿 jiǔzhōngr　　　　小葱儿 xiǎocōngr
iong＞ior(鼻化)　小熊儿 xiǎoxióngr

十九

ao＞aor　　　红包儿 hóngbāor　　　　灯泡儿 dēngpàor
　　　　　　　半道儿 bàndàor　　　　　手套儿 shǒutàor
　　　　　　　跳高儿 tiàogāor　　　　　叫好儿 jiàohǎor
　　　　　　　口罩儿 kǒuzhàor　　　　　绝着儿 juézhāor
　　　　　　　口哨儿 kǒushàor　　　　　蜜枣儿 mìzǎor

二十

iao＞iaor　　　鱼漂儿 yúpiāor　　　　火苗儿 huǒmiáor

跑调儿 pǎodiàor	面条儿 miàntiáor
豆角儿 dòujiǎor	开窍儿 kāiqiàor

二十一

ou＞our

衣兜儿 yīdōur	老头儿 lǎotóur
年头儿 niántóur	小偷儿 xiǎotōur
门口儿 ménkǒur	纽扣儿 niǔkòur
线轴儿 xiànzhóur	小丑儿 xiǎochǒur

二十二

iou＞iour

顶牛儿 dǐngniúr	抓阄儿 zhuājiūr
棉球儿 miánqiúr	加油儿 jiāyóur

二十三

uo＞uor

火锅儿 huǒguōr	做活儿 zuòhuór
大伙儿 dàhuǒr	邮戳儿 yóuchuōr
小说儿 xiǎoshuōr	被窝儿 bèiwōr

(o)＞or

耳膜儿 ěrmór	粉末儿 fěnmòr

附录二：

普通话水平测试用必读轻声词语表

说 明

1. 本表根据《普通话水平测试用普通话词语表》编制。

2. 本表供普通话水平测试第二项——读多音节词语（100 个音节）测试使用。

3. 本表共收词 546 条（其中"子"尾词 206 条），按汉语拼音字母顺序排列。

4. 条目中的非轻声音节只标本调，不标变调；条目中的轻声音节，注音不标调号，如："明白 míngbai"。

1. 爱人	àiren		21. 本事	běnshi
2. 案子	ànzi		22. 本子	běnzi
3. 巴掌	bāzhang		23. 鼻子	bízi
4. 把子	bǎzi		24. 比方	bǐfang
5. 把子	bàzi		25. 鞭子	biānzi
6. 爸爸	bàba		26. 扁担	biǎndan
7. 白净	báijing		27. 辫子	biànzi
8. 班子	bānzi		28. 别扭	bièniu
9. 板子	bǎnzi		29. 饼子	bǐngzi
10. 帮手	bāngshou		30. 拨弄	bōnong
11. 梆子	bāngzi		31. 脖子	bózi
12. 膀子	bǎngzi		32. 簸箕	bòji
13. 棒槌	bàngchui		33. 补丁	bǔding
14. 棒子	bàngzi		34. 不由得	bùyóude
15. 包袱	bāofu		35. 不在乎	bùzàihu
16. 包涵	bāohan		36. 步子	bùzi
17. 包子	bāozi		37. 部分	bùfen
18. 豹子	bàozi		38. 裁缝	cáifeng
19. 杯子	bēizi		39. 财主	cáizhu
20. 被子	bèizi		40. 苍蝇	cāngying

41. 差事　chāishi
42. 柴火　cháihuo
43. 肠子　chángzi
44. 厂子　chǎngzi
45. 场子　chǎngzi
46. 车子　chēzi
47. 称呼　chēnghu
48. 池子　chízi
49. 尺子　chǐzi
50. 虫子　chóngzi
51. 绸子　chóuzi
52. 除了　chúle
53. 锄头　chútou
54. 畜生　chùsheng
55. 窗户　chuānghu
56. 窗子　chuāngzi
57. 锤子　chuízi
58. 刺猬　cìwei
59. 凑合　còuhe
60. 村子　cūnzi
61. 奓拉　dāla
62. 答应　dāying
63. 打扮　dǎban
64. 打点　dǎdian
65. 打发　dǎfa
66. 打量　dǎliang
67. 打算　dǎsuan
68. 打听　dǎting
69. 大方　dàfang
70. 大爷　dàye
71. 大夫　dàifu

72. 带子　dàizi
73. 袋子　dàizi
74. 耽搁　dānge
75. 耽误　dānwu
76. 单子　dānzi
77. 胆子　dǎnzi
78. 担子　dànzi
79. 刀子　dāozi
80. 道士　dàoshi
81. 稻子　dàozi
82. 灯笼　dēnglong
83. 凳子　dèngzi
84. 提防　dīfang
85. 笛子　dízi
86. 底子　dǐzi
87. 地道　dìdao
88. 地方　dìfang
89. 弟弟　dìdi
90. 弟兄　dìxiong
91. 点心　diǎnxin
92. 调子　diàozi
93. 钉子　dīngzi
94. 东家　dōngjia
95. 东西　dōngxi
96. 动静　dòngjing
97. 动弹　dòngtan
98. 豆腐　dòufu
99. 豆子　dòuzi
100. 嘟囔　dūnang
101. 肚子　dǔzi
102. 肚子　dùzi

103. 缎子	duànzi	134. 个子	gèzi
104. 对付	duìfu	135. 根子	gēnzi
105. 对头	duìtou	136. 跟头	gēntou
106. 队伍	duìwu	137. 工夫	gōngfu
107. 多么	duōme	138. 弓子	gōngzi
108. 蛾子	ézi	139. 公公	gōnggong
109. 儿子	érzi	140. 功夫	gōngfu
110. 耳朵	ěrduo	141. 钩子	gōuzi
111. 贩子	fànzi	142. 姑姑	gūgu
112. 房子	fángzi	143. 姑娘	gūniang
113. 废物	fèiwu	144. 谷子	gǔzi
114. 份子	fènzi	145. 骨头	gǔtou
115. 风筝	fēngzheng	146. 故事	gùshi
116. 疯子	fēngzi	147. 寡妇	guǎfu
117. 福气	fúqi	148. 褂子	guàzi
118. 斧子	fǔzi	149. 怪物	guàiwu
119. 盖子	gàizi	150. 关系	guānxi
120. 甘蔗	gānzhe	151. 官司	guānsi
121. 杆子	gānzi	152. 罐头	guàntou
122. 杆子	gǎnzi	153. 罐子	guànzi
123. 干事	gànshi	154. 规矩	guīju
124. 杠子	gàngzi	155. 闺女	guīnü
125. 高粱	gāoliang	156. 鬼子	guǐzi
126. 膏药	gāoyao	157. 柜子	guìzi
127. 稿子	gǎozi	158. 棍子	gùnzi
128. 告诉	gàosu	159. 锅子	guōzi
129. 疙瘩	gēda	160. 果子	guǒzi
130. 哥哥	gēge	161. 蛤蟆	háma
131. 胳膊	gēbo	162. 孩子	háizi
132. 鸽子	gēzi	163. 含糊	hánhu
133. 格子	gézi	164. 汉子	hànzi

165. 行当	hángdang		196. 见识	jiànshi
166. 合同	hétong		197. 毽子	jiànzi
167. 和尚	héshang		198. 将就	jiāngjiu
168. 核桃	hétao		199. 交情	jiāoqing
169. 盒子	hézi		200. 饺子	jiǎozi
170. 红火	hónghuo		201. 叫唤	jiàohuan
171. 猴子	hóuzi		202. 轿子	jiàozi
172. 后头	hòutou		203. 结实	jiēshi
173. 厚道	hòudao		204. 街坊	jiēfang
174. 狐狸	húli		205. 姐夫	jiěfu
175. 胡萝卜	húluóbo		206. 姐姐	jiějie
176. 胡琴	húqin		207. 戒指	jièzhi
177. 糊涂	hútu		206. 金子	jīnzi
178. 护士	hùshi		209. 精神	jīngshen
179. 皇上	huángshang		210. 镜子	jìngzi
180. 幌子	huǎngzi		211. 舅舅	jiùjiu
181. 活泼	huópo		212. 橘子	júzi
182. 火候	huǒhou		213. 句子	jùzi
183. 伙计	huǒji		214. 卷子	juànzi
184. 机灵	jīling		215. 咳嗽	késou
185. 脊梁	jǐliang		216. 客气	kèqi
186. 记号	jìhao		217. 空子	kòngzi
187. 记性	jìxing		218. 口袋	kǒudai
188. 夹子	jiāzi		219. 口子	kǒuzi
189. 家伙	jiāhuo		220. 扣子	kòuzi
190. 架势	jiàshi		221. 窟窿	kūlong
191. 架子	jiàzi		222. 裤子	kùzi
192. 嫁妆	jiàzhuang		223. 快活	kuàihuo
193. 尖子	jiānzi		224. 筷子	kuàizi
194. 茧子	jiǎnzi		225. 框子	kuàngzi
195. 剪子	jiǎnzi		226. 阔气	kuòqi

227. 喇叭 lǎba	258. 溜达 liūda
228. 喇嘛 lǎma	259. 聋子 lóngzi
229. 篮子 lánzi	260. 笼子 lóngzi
230. 懒得 lǎnde	261. 炉子 lúzi
231. 浪头 làngtou	262. 路子 lùzi
232. 老婆 lǎopo	263. 轮子 lúnzi
233. 老实 lǎoshi	264. 萝卜 luóbo
234. 老太太 lǎotaitai	265. 骡子 luózi
235. 老头子 lǎotóuzi	266. 骆驼 luòtuo
236. 老爷 lǎoye	267. 妈妈 māma
237. 老子 lǎozi	268. 麻烦 máfan
238. 姥姥 lǎolao	269. 麻利 máli
239. 累赘 léizhui	270. 麻子 mázi
240. 篱笆 líba	271. 马虎 mǎhu
241. 里头 lǐtou	272. 码头 mǎtou
242. 力气 lìqi	273. 买卖 mǎimai
243. 厉害 lìhai	274. 麦子 màizi
244. 利落 lìluo	275. 馒头 mántou
245. 利索 lìsuo	276. 忙活 mánghuo
246. 例子 lìzi	277. 冒失 màoshi
247. 栗子 lìzi	278. 帽子 màozi
248. 痢疾 lìji	279. 眉毛 méimao
249. 连累 liánlei	280. 媒人 méiren
250. 帘子 liánzi	281. 妹妹 mèimei
251. 凉快 liángkuai	282. 门道 méndao
252. 粮食 liángshi	283. 眯缝 mīfeng
253. 两口子 liǎngkǒuzi	284. 迷糊 míhu
254. 料子 liàozi	285. 面子 miànzi
255. 林子 línzi	286. 苗条 miáotiao
256. 翎子 língzi	287. 苗头 miáotou
257. 领子 lǐngzi	288. 名堂 míngtang

289.	名字	míngzi	320.	脾气	píqi
290.	明白	míngbai	321.	皮子	pízi
291.	模糊	móhu	322.	痞子	pǐzi
292.	蘑菇	mógu	323.	屁股	pìgu
293.	木匠	mùjiang	324.	片子	piānzi
294.	木头	mùtou	325.	便宜	piányi
295.	那么	nàme	326.	骗子	piànzi
296.	奶奶	nǎinai	327.	票子	piàozi
297.	难为	nánwei	328.	漂亮	piàoliang
298.	脑袋	nǎodài	329.	瓶子	píngzi
299.	脑子	nǎozi	330.	婆家	pójia
300.	能耐	néngnai	331.	婆婆	pópo
301.	你们	nǐmen	332.	铺盖	pùgai
302.	念叨	niàndao	333.	欺负	qīfu
303.	念头	niàntou	334.	旗子	qízi
304.	娘家	niángjia	335.	前头	qiántou
305.	镊子	nièzi	336.	钳子	qiánzi
306.	奴才	núcai	337.	茄子	qiézi
307.	女婿	nǚxu	338.	亲戚	qīnqi
308.	暖和	nuǎnhuo	339.	勤快	qínkuai
309.	疟疾	nüèji	340.	清楚	qīngchu
310.	拍子	pāizi	341.	亲家	qìngjia
311.	牌楼	páilou	342.	曲子	qǔzi
312.	牌子	páizi	343.	圈子	quānzi
313.	盘算	pánsuan	344.	拳头	quántou
314.	盘子	pánzi	345.	裙子	qúnzi
315.	胖子	pàngzi	346.	热闹	rènào
316.	狍子	páozi	347.	人家	rénjia
317.	盆子	pénzi	348.	人们	rénmen
318.	朋友	péngyou	349.	认识	rènshi
319.	棚子	péngzi	350.	日子	rìzi

351. 褥子	rùzi	
352. 塞子	sāizi	
353. 嗓子	sǎngzi	
354. 嫂子	sǎozi	
355. 扫帚	sàozhou	
356. 沙子	shāzi	
357. 傻子	shǎzi	
358. 扇子	shànzi	
359. 商量	shāngliang	
360. 晌午	shǎngwu	
361. 上司	shàngsi	
362. 上头	shàngtou	
363. 烧饼	shāobing	
364. 勺子	sháozi	
365. 少爷	shàoye	
366. 哨子	shàozi	
367. 舌头	shétou	
368. 身子	shēnzi	
369. 什么	shénme	
370. 婶子	shěnzi	
371. 生意	shēngyi	
372. 牲口	shēngkou	
373. 绳子	shéngzi	
374. 师父	shīfu	
375. 师傅	shīfu	
376. 虱子	shīzi	
377. 狮子	shīzi	
378. 石匠	shíjiang	
379. 石榴	shíliu	
380. 石头	shítou	
381. 时候	shíhou	

382. 实在	shízai	
383. 拾掇	shíduo	
384. 使唤	shǐhuan	
385. 世故	shìgu	
386. 似的	shìde	
387. 事情	shìqing	
388. 柿子	shìzi	
389. 收成	shōucheng	
390. 收拾	shōushi	
391. 首饰	shǒushi	
392. 叔叔	shūshu	
393. 梳子	shūzi	
394. 舒服	shūfu	
395. 舒坦	shūtan	
396. 疏忽	shūhu	
397. 爽快	shuǎngkuai	
398. 思量	sīliang	
399. 算计	suànji	
400. 岁数	suìshu	
401. 孙子	sūnzi	
402. 他们	tāmen	
403. 它们	tāmen	
404. 她们	tāmen	
405. 台子	táizi	
406. 太太	tàitai	
407. 摊子	tānzi	
408. 坛子	tánzi	
409. 毯子	tǎnzi	
410. 桃子	táozi	
411. 特务	tèwu	
412. 梯子	tīzi	

413. 蹄子	tízi	444. 下巴	xiàba
414. 挑剔	tiāoti	445. 吓唬	xiàhu
415. 挑子	tiāozi	446. 先生	xiānsheng
416. 条子	tiáozi	447. 乡下	xiāngxia
417. 跳蚤	tiàozao	448. 箱子	xiāngzi
418. 铁匠	tiějiang	449. 相声	xiàngsheng
419. 亭子	tíngzi	450. 消息	xiāoxi
420. 头发	tóufa	451. 小伙子	xiǎohuǒzi
421. 头子	tóuzi	452. 小气	xiǎoqi
422. 兔子	tùzi	453. 小子	xiǎozi
423. 妥当	tuǒdang	454. 笑话	xiàohua
424. 唾沫	tuòmo	455. 谢谢	xièxie
425. 挖苦	wāku	456. 心思	xīnsi
426. 娃娃	wáwa	457. 星星	xīngxing
427. 袜子	wàzi	458. 猩猩	xīngxing
428. 晚上	wǎnshang	459. 行李	xíngli
429. 尾巴	wěiba	460. 性子	xìngzi
430. 委屈	wěiqu	461. 兄弟	xiōngdi
431. 为了	wèile	462. 休息	xiūxi
432. 位置	wèizhi	463. 秀才	xiùcai
433. 位子	wèizi	464. 秀气	xiùqi
434. 蚊子	wénzi	465. 袖子	xiùzi
435. 稳当	wěndang	466. 靴子	xuēzi
436. 我们	wǒmen	467. 学生	xuésheng
437. 屋子	wūzi	468. 学问	xuéwen
438. 稀罕	xīhan	469. 丫头	yātou
439. 席子	xízi	470. 鸭子	yāzi
440. 媳妇	xífu	471. 衙门	yámen
441. 喜欢	xǐhuan	472. 哑巴	yǎba
442. 瞎子	xiāzi	473. 胭脂	yānzhi
443. 匣子	xiázi	474. 烟筒	yāntong

475.	眼睛	yǎnjing	506.	眨巴	zhǎba
476.	燕子	yànzi	507.	栅栏	zhàlan
477.	秧歌	yāngge	508.	宅子	zháizi
478.	养活	yǎnghuo	509.	寨子	zhàizi
479.	样子	yàngzi	510.	张罗	zhāngluo
480.	吆喝	yāohe	511.	丈夫	zhàngfu
481.	妖精	yāojing	512.	帐篷	zhàngpeng
482.	钥匙	yàoshi	513.	丈人	zhàngren
483.	椰子	yēzi	514.	帐子	zhàngzi
484.	爷爷	yéye	515.	招呼	zhāohu
485.	叶子	yèzi	516.	招牌	zhāopai
486.	一辈子	yībèizi	517.	折腾	zhēteng
487.	衣服	yīfu	518.	这个	zhège
488.	衣裳	yīshang	519.	这么	zhème
489.	椅子	yǐzi	520.	枕头	zhěntou
490.	意思	yìsi	521.	芝麻	zhīma
491.	银子	yínzi	522.	知识	zhīshi
492.	影子	yǐngzi	523.	侄子	zhízi
493.	应酬	yìngchou	524.	指甲	zhǐjia(zhījia)
494.	柚子	yòuzi	525.	指头	zhǐtou(zhítou)
495.	冤枉	yuānwang	526.	种子	zhǒngzi
496.	院子	yuànzi	527.	珠子	zhūzi
497.	月饼	yuèbing	528.	竹子	zhúzi
498.	月亮	yuèliang	529.	主意	zhǔyi(zhúyi)
499.	云彩	yúncai	530.	主子	zhǔzi
500.	运气	yùnqi	531.	柱子	zhùzi
501.	在乎	zàihu	532.	爪子	zhuǎzi
502.	咱们	zánmen	533.	转悠	zhuànyou
503.	早上	zǎoshang	534.	庄稼	zhuāngjia
504.	怎么	zěnme	535.	庄子	zhuāngzi
505.	扎实	zhāshi	536.	壮实	zhuàngshi

537. 状元　zhuàngyuan

538. 锥子　zhuīzi

539. 桌子　zhuōzi

540. 字号　zìhao

541. 自在　zìzai

542. 粽子　zòngzi

543. 祖宗　zǔzong

544. 嘴巴　zuǐba

545. 作坊　zuōfang

546. 琢磨　zuómo

附录三：

常见的多音字

阿	ā	阿姨		辟	bì	复辟
	ē	阿胶			pì	开辟
挨	āi	挨个儿		便	biàn	方便
	ái	挨打			pián	便宜
熬	āo	熬豆腐		别	bié	分别
	áo	煎熬			biè	别扭
拗	ào	拗口		剥	bāo	剥果皮
	niù	执拗			bō	剥夺
扒	bā	扒土		泊	bó	漂泊
	pá	扒手			pō	湖泊
把	bǎ	把握		薄	báo	薄冰
	bà	把儿			bó	薄弱
膀	bǎng	翅膀			bò	薄荷
	pāng	膀肿		簸	bǒ	颠簸
	páng	膀胱			bò	簸箕
磅	bàng	磅秤		卜	bǔ	占卜
	páng	磅礴			bo	萝卜
堡	bǎo	城堡		参	cān	参加
	pù	七里堡			shēn	人参
	bǔ	瓦窑堡（地名）			cēn	参差
背	bēi	背包		藏	cáng	隐藏
	bèi	背景			zàng	宝藏
奔	bēn	奔跑		差	chā	差别
	bèn	投奔			chà	差点儿
绷	bēng	绷带			chāi	钦差
	běng	绷脸		叉	chā	交叉
	bèng	绷了一道缝			chǎ	叉着腿

颤	chàn	颤抖		撮	cuō	撮合
	zhàn	颤栗			zuǒ	一撮
禅	chán	禅宗		答	dā	答应
	shàn	禅让			dá	答案
长	cháng	长城		打	dá	一打毛巾
	zhǎng	成长			dǎ	打败
场	cháng	场院		大	dà	大伯
	chǎng	市场			dài	大夫
朝	cháo	朝廷		待	dāi	待一会儿
	zhāo	朝气			dài	待遇
车	chē	车间		逮	dǎi	逮老鼠
	jū	车(象棋棋子的一种)			dài	逮捕
称	chèn	称职		单	dān	单纯
	chēng	称呼			shàn	单(姓)
澄	chéng	澄清		担	dān	担心
	dēng	黄澄澄			dàn	担子
冲	chōng	冲动		弹	dàn	导弹
	chòng	冲(冲床)			tán	弹簧
仇	chóu	仇恨		当	dāng	当场
	qiú	仇(姓)			dàng	当成
臭	chòu	臭氧			dang	行当
	xiù	乳臭		倒	dǎo	倒霉
处	chǔ	处罚			dào	倒数
	chù	长处		得	dé	得意
揣	chuāi	怀揣			děi	总得
	chuǎi	揣测			de	不由得
传	chuán	传播		的	dí	的确
	zhuàn	传记			dì	标的
创	chuāng	创伤			de	似的
	chuàng	创办		调	diào	单调
					tiáo	调和

钉	dīng	钉子		杆	gān	栏杆
	dìng	钉钉子			gǎn	杠杆
斗	dǒu	斗笠		岗	gǎng	岗位
	dòu	斗争			gāng	花岗岩
都	dōu	都是		膏	gāo	膏药
	dū	都市			gào	膏笔
肚	dù	肚皮　肚子		葛	gé	纠葛
	dǔ	肚子			Gě	葛（姓）
度	dù	长度		给	gěi	给以
	duó	揣度			jǐ	供给
垛	duǒ	垛子		更	gēng	变更
	duò	麦垛			gèng	更加
囤	dùn	粮囤		供	gōng	供给
	tún	囤积			gòng	供奉
恶	è	恶化		勾	gōu	勾结
	wù	厌恶			gòu	勾当
发	fā	爆发		贾	Jiǎ	贾（姓）
	fà	发型			gǔ	商贾
	fa	头发		观	guān	观摩
分	fēn	分辨			guàn	白云观
	fèn	本分		冠	guān	桂冠
缝	féng	缝合			guàn	冠军
	fèng	缝隙		号	háo	呼号
	feng	裁缝			hào	称号
服	fú	服从			hao	记号
	fù	一服药		好	hǎo	好处
	fu	舒服			hào	爱好
佛	fú	仿佛		还	hái	还有
	fó	佛教			huán	还原
干	gān	包干儿		喝	hē	吃喝
	gàn	干部			hè	喝彩

	he	吆喝		jì	经济
和	hé	饱和	纪	Jǐ	纪(姓)
	hè	唱和		jì	纪录
	hú	和(麻将术语)	夹	jiā	夹击
	huó	和面		jiá	夹袄
	huò	和稀泥	假	jiǎ	假定
	huo	暖和		jià	放假
核	hé	核算	将	jiāng	即将
	hú	核儿		jiàng	健将
荷	hè	负荷	教	jiāo	教学
	hé	荷包		jiào	道教
横	héng	横向	降	jiàng	降低
	hèng	蛮横		xiáng	投降
华	huá	华侨	角	jiǎo	触角
	Huà	华(姓)		jué	旦角儿
划	huá	划船	剿	jiǎo	围剿
	huà	规划		chāo	剿袭
晃	huǎng	人影一晃	结	jiē	结实
	huàng	摇晃		jié	勾结
会	huì	大会	解	jiě	辩解
	kuài	会计		xiè	解数
混	hún	混沌	尽	jǐn	尽管
	hùn	混合		jìn	尽头
哄	hōng	哄抬	禁	jīn	不禁
	hǒng	哄骗		jìn	禁止
	hòng	起哄	劲	jìn	费劲
豁	huō	豁口		jìng	刚劲
	huò	豁免	颈	jǐng	颈椎
几	jī	茶几		gěng	脖颈儿
	jǐ	几何	觉	jiào	睡觉
济	jǐ	济济		jué	感觉

嚼	jiáo	嚼舌			liang	打量
	jué	咀嚼	凉	liáng	悲凉
卷	juǎn	卷烟		liàng	凉(使物体温度
	juàn	卷子			降低)
倔	jué	倔强	撩	liāo	撩起帘子
	juè	脾气倔		liáo	撩拨
卡	kǎ	卡车	了	liǎo	不得了
	qiǎ	关卡		le	除了
看	kān	看护	笼	lóng	笼子
	kàn	看待		lǒng	笼罩
壳	ké	贝壳		long	灯笼
	qiào	地壳	露	lòu	泄露
空	kōng	航空		lù	暴露
	kòng	空地	令	lǐng	一令纸
拉	lā	拖拉机		lìng	命令
	lá	手上拉了个口子	溜	liū	溜达
	la	奎拉		liù	一溜烟跑了
乐	lè	安居乐业	蹓	liū	蹓跶
	yuè	管弦乐		liù	遛早
勒	lè	勾勒	陆	liù	陆(六的大写)
	lēi	勒紧		lù	大陆
擂	léi	擂鼓	罗	luó	罗列
	lèi	擂台		luo	张罗
累	lèi	劳累	率	lǜ	比率
	léi	累赘		shuài	表率
	lěi	积累	绿	lǜ	碧绿
	lei	连累		lù	绿林
俩	liǎ	咱俩	捋	lǚ	捋麻绳
	liǎng	伎俩		luō	捋虎须
量	liáng	测量	落	là	落(遗落或跟不
	liàng	产量			上)

	lào	落枕		lòng	里弄
	luò	部落		nong	拨弄
	luo	利落	耙	pá	耙子
蔓	màn	蔓延		bà	耙(用耙子弄碎土块)
	wàn	瓜蔓儿	泡	pāo	眼泡
没	méi	没事		pào	灯泡儿
	mò	沉没	刨	páo	刨土
闷	mēn	闷热		bào	刨刀
	mèn	沉闷	炮	pào	大炮
蒙	mēng	蒙骗		páo	炮制
	méng	蒙蔽	片	piān	片子
	měng	蒙古包		piàn	片面
模	mó	规模	漂	piāo	漂泊
	mú	模样		piǎo	漂白粉
抹	mā	抹布		piào	漂亮
	mǒ	抹杀	屏	píng	屏幕
	mò	抹墙		bǐng	屏息
磨	mó	折磨　琢磨	朴	Piáo	朴(姓)
	mò	磨坊		pǔ	朴素
	mo	琢磨	撇	piē	撇开
难	nán	艰难		piě	撇弃
	nàn	苦难	铺	pū	铺盖
	nan	困难		pù	床铺
泥	ní	泥土	仆	pū	前仆后继
	nì	拘泥		pú	公仆
宁	níng	宁静	强	qiáng	加强
	nìng	宁可		qiǎng	强求
拧	níng	拧毛巾		jiàng	倔强
	nǐng	拧螺丝	呛	qiāng	呛(吃饭吃呛了)
	nìng	脾气拧		qiàng	呛(味儿呛人)
弄	nòng	嘲弄			

悄	qiāo	悄悄		色	sè	白色
	qiǎo	悄然			shǎi	掉色
翘	qiáo	翘首		刹	shā	刹车
	qiào	翘尾巴			chà	刹那
切	qiē	切除		煞	shā	煞尾
	qiè	密切			shà	煞白
茄	qié	茄子		杉	shā	杉木
	jiā	雪茄			shān	水杉
亲	qīn	亲戚		扇	shān	扇动
	qìng	亲家			shàn	扇子
曲	qū	曲线		上	shǎng	上（上声）
	qǔ	歌曲			shàng	马上
圈	quān	花圈		少	shǎo	多少
	juān	圈（用栅栏围起来）			shào	少年
	juàn	猪圈		舍	shě	取舍
任	Rén	任（姓）			shè	宿舍
	rèn	责任		省	shěng	节省
撒	sā	撒谎			xǐng	反省
	sǎ	撒播		盛	shèng	鼎盛
塞	sāi	活塞			chéng	盛饭
	sài	要塞		什	shén	什么
	sè	闭塞			shí	什锦
散	sǎn	散文		石	shí	宝石
	sàn	分散			dàn	石（容量单位）
丧	sāng	丧事		识	shí	常识
	sàng	丧失			zhì	博闻强识
扫	sǎo	扫荡			shi	认识
	sào	扫帚		熟	shóu	熟（多在口语中单用）
臊	sāo	腥臊			shú	熟悉
	sào	害臊		谁	shéi	谁（多用于口语）

	shuí	谁（多用于书面语）			tù	呕吐
数	shǔ	倒数	为	wéi	成为
	shù	常数		wèi	因为
属	shǔ	家属	系	xì	联系
	zhǔ	属望		jì	系（系鞋带）
似	shì	似的		xi	关系
	sì	近似	吓	xià	惊吓
宿	sù	宿舍		hè	恐吓
	xiǔ	宿（量词，多用于计算夜）	纤	xiān	纤维
	xiù	宿（星宿）		qiàn	纤（拉船用的绳子）
遂	suí	半身不遂	鲜	xiān	鲜花
	suì	未遂		xiǎn	鲜见
拓	tà	拓片	相	xiāng	互相
	tuò	开拓		xiàng	照相
苔	tāi	舌苔	巷	xiàng	巷（大街小巷）
	tái	青苔		hàng	巷道
提	tí	孩提	削	xiāo	削（削铅笔）
	dī	提防		xuē	剥削
挑	tiāo	挑选	校	xiào	校风
	tiǎo	挑衅		jiào	校对
帖	tiě	请帖	行	xíng	暴行
	tiè	碑帖		háng	行列
通	tōng	沟通	畜	xù	畜牧
	tòng	通（打了一通鼓）		chù	家畜
同	tóng	共同	血	xiě	吐血
	tòng	胡同儿		xuè	流血
	tong	合同	旋	xuán	凯旋
吐	tǔ	谈吐		xuàn	旋风
			咽	yān	咽喉
				yàn	吞咽

	yè	哽咽
燕	Yān	燕（姓、周朝国名）
	yàn	燕子
殷	yān	殷红
	yīn	殷勤
约	yāo	约（约重量）
	yuē	节约
要	yāo	要求
	yào	必要
掖	yē	掖（掖在怀里）
	yè	掖（扶掖）
饮	yǐn	饮食
	yìn	饮（饮牲口）
应	yīng	应该
	yìng	答应
佣	yōng	雇佣
	yòng	佣金
与	yǔ	与其
	yù	参与
予	yǔ	赐予
	yú	予（〈书面语〉我）
晕	yūn	晕厥
	yùn	眩晕
载	zǎi	记载
	zài	负载
攒	zǎn	积攒
	cuán	攒聚
脏	zāng	肮脏
	zàng	脏腑

择	zé	选择
	zhái	择菜
曾	zēng	曾（曾祖）
	céng	曾经
扎	zā	包扎
	zhā	扎根
轧	zhá	轧钢
	yà	轧（轧道机）
炸	zhá	炸糕
	zhà	爆炸
占	zhān	占卜
	zhàn	侵占
涨	zhǎng	高涨
	zhàng	涨（头昏脑涨）
折	zhē	折腾
	zhé	挫折
	shé	折（折本）
正	zhēng	正月
	zhèng	正好
症	zhēng	症结
	zhèng	症状
挣	zhēng	挣扎
	zhèng	挣脱
只	zhī	船只
	zhǐ	只好
中	zhōng	集中
	zhòng	中毒
种	zhǒng	物种
	zhòng	种植
重	zhòng	保重
	chóng	重复

爪	zhǎo	爪牙
	zhuǎ	爪子
转	zhuǎn	扭转
	zhuàn	自转
幢	zhuàng	幢(一幢楼)
	chuáng	幢(经幢)
着	zháo	着急
	zhāo	着(着数)
	zhuó	穿着

琢	zhuó	雕琢
	zuó	琢磨
仔	zǐ	仔细
	zǎi	牛仔裤
钻	zuān	钻研
	zuàn	钻石
作	zuō	作坊
	zuò	操作

附录四：

普通话异读词审音表

说　明

一、本表所审，主要是普通话有异读的词和有异读的作为"语素"的字。不列出多音多义字的全部读音和全部义项，与字典、词典形式不同。例如："和"字有多种义项和读音，而本表仅列出原有异读的八条词语，分别于 hè 和 huo 两种读音之下（有多种读音，较常见的在前。下同）；其余无异读的音、义均不涉及。

二、在字后注明"统读"的，表示此字不论用于任何词语中只读一音（轻声变读不受此限），本表不再举出词例。例如："阀"字注明"fá（统读）"，原表"军阀"、"学阀"、"财阀"条和原表所无的"阀门"等词均不再举。

三、在字后不注"统读"的，表示此字有几种读音，本表只审订其中有异读的词语的读音。例如"艾"字本有 ài 和 yì 两音，本表只举"自怨自艾"一词，注明此处读 yì 音；至于 ài 音及其义项，并无异读，不再赘列。

四、有些字有文白二读，本表以"文"和"语"作注。前者一般用于书面语言，用于复音词和文言成语中；后者多用于口语中的单音词及少数日常生活事物的复音词中。这种情况在必要时各举词语为例。例如："杉"字下注"（一） shān（文）：紫～、红～、水～；（二） shā（语）：～篙、～木"。

五、有些字除附举词例之外，酌加简单说明，以便读者分辨。说明或按具体字义，或按"动作义"、"名物义"等区分，例如："畜"字下注"（一） chù（名物义）：～力、家～、牲～、幼～；（二） xù（动作义）：～产、～牧、～养"。

六、有些字的几种读音中某音用处较窄，另音用处甚宽，则注"除 xx（较少的词）念乙音外，其他都念甲音"，以避免列举词条繁而未尽、挂一漏万的缺点。例如："结"字下注"除'～了个果子'、'开花～果'、'～巴'、'～实'念 jiē 之外，其他都念 jié"。

七、由于轻声问题比较复杂，除《初稿》涉及的部分轻声词之外，本表一般不予审订，并删去部分原审的轻声词，例如"麻刀（dao）"、"容易（yi）"等。

八、本表酌增少量有异读的字或词，作了审订。

九、除因第二、六、七各条说明中所举原因而删略的词条之外，本表又删汰了部分词条。主要原因是：1. 现已无异读（如"队伍"、"理会"）；2. 罕用词语（如

"俵分"、"仔密");3. 方言土音(如"归里包堆〔zuī〕"、"告送〔song〕");4. 不常用的文言词语(如"邹莪"、"氍毹");5. 音变现象(如"胡里八涂〔tū〕"、"毛毛腾腾〔tēng tēng〕");6. 重复累赘(如原表"色"字的有关词语分列达 23 条之多)。删汰条目不再编入。

十、人名、地名的异读审订,除原表已涉及的少量词条外,留待以后再审。

A

阿(一) ā
　～訇　～罗汉　～木林　～姨
　(二) ē
　～谀　～附　～胶　～弥陀佛

挨(一) āi
　～个　～近
　(二) ái
　～打　～说

癌 ái(统读)

霭 ǎi(统读)

蔼 ǎi(统读)

隘 ài(统读)

谙 ān(统读)

埯 ǎn(统读)

昂 áng(统读)

凹 āo(统读)

拗(一) ào
　～口
　(二) niù
　执～　脾气很～

坳 ào(统读)

B

拔 bá(统读)

把 bà
　印～子

白 bái(统读)

膀 bǎng
　翅～

蚌(一) bàng
　蛤～
　(二) bèng
　～埠

傍 bàng(统读)

磅 bàng
　过～

龅 bāo(统读)

胞 bāo(统读)

薄(一) báo(语)
　常单用,如"纸很～"。
　(二) bó(文)
　多用于复音词。
　～弱　稀～　淡～　尖嘴～舌
　单～　厚～

堡(一) bǎo
　碉～　～垒
　(二) bǔ
　～子　吴～　　瓦窑～　柴沟～
　(三) pù
　十里～

暴(一) bào

～露

（二）pù

一～（曝）十寒

爆 bào（统读）

焙 bèi（统读）

惫 bèi（统读）

背 bèi

　　～脊　　～静

鄙 bǐ（统读）

俾 bǐ（统读）

笔 bǐ（统读）

比 bǐ（统读）

臂（一）bì

　　手～　　～膀

（二）bei

　　胳～

庇 bì（统读）

髀 bì（统读）

避 bì（统读）

辟 bì

　　复～

裨 bì

　　～补　　～益

婢 bì（统读）

痹 bì（统读）

壁 bì（统读）

蝙 biān（统读）

遍 biàn（统读）

骠（一）biāo

　　黄～马

（二）piào

　　～骑　　～勇

傧 bīn（统读）

缤 bīn（统读）

濒 bīn（统读）

鬓 bìn（统读）

屏（一）bǐng

　　～除　～弃　～气　～息

（二）píng

　　～藩　～风

柄 bǐng（统读）

波 bō（统读）

播 bō（统读）

菠 bō（统读）

剥（一）bō（文）

　　～削

（二）bāo（语）

泊（一）bó

　　淡～　飘～　停～

（二）pō

　　湖～　血～

帛 bó（统读）

勃 bó（统读）

钹 bó（统读）

伯（一）bó

　　～～（bo）　老～

（二）bǎi

　　大～子（丈夫的哥哥）

箔 bó（统读）

簸（一）bǒ

　　颠～

（二）bò

　　～箕

脯 bo

胳～

卜 bo

　萝～

醭 bú(统读)

哺 bǔ(统读)

捕 bǔ(统读)

鹋 bǔ(统读)

埠 bù(统读)

C

残 cán(统读)

惭 cán(统读)

灿 càn(统读)

藏(一) cáng

　矿～

　(二) zàng

　宝～

糙 cāo(统读)

嘈 cáo(统读)

螬 cáo(统读)

厕 cè(统读)

岑 cén(统读)

差(一) chā(文)

　不～累黍　不～什么　偏～　色～

　～别　视～　误～　电势～　一念
之～　～池　～错　言～语错　一
～二错　阴错阳～　～等　～额
～价　～强人意　～数　～异

　(二) chà(语)

　～不多　～不离　～点儿

　(三)cī

参～

猹 chá(统读)

搽 chá(统读)

阐 chǎn(统读)

羼 chàn(统读)

颤(一) chàn

　～动　发～

　(二) zhàn

　～栗(战栗)　打～(打战)

鞟 chàn(统读)

伥 chāng(统读)

场(一) chǎng

　～合　～所　冷～　捧～

　(二) cháng

　外～　圩～　～院　一～雨

　(三)chang

　排～

钞 chāo(统读)

巢 cháo(统读)

嘲 cháo

　～讽　～骂　～笑

耖 chào(统读)

车(一) chē

　安步当～　杯水～薪　闭门造～
螳臂当～

　(二) jū

　(象棋棋子名称)

晨 chén(统读)

称 chèn

　～心　～意　～职　对～　相～

撑 chēng(统读)

乘(动作义,念 chéng)

　　包～制　～便　～风破浪　～客

　　～势　～兴

橙 chéng(统读)

惩 chéng(统读)

澄(一) chéng(文)

　　～清(如"～清混乱"、"～清问题")

　　(二) dèng(语)

　　单用,如"把水～清了"。

痴 chī(统读)

吃 chī(统读)

弛 chí(统读)

褫 chí(统读)

尺 chǐ

　　～寸　～头

豉 chǐ(统读)

侈 chǐ(统读)

炽 chì(统读)

舂 chōng(统读)

冲 chòng

　　～床　～模

臭(一) chòu

　　遗～万年

　　(二) xiù

　　乳～　铜～

储 chǔ(统读)

处 chǔ(动作义)

　　～罚　～分　～决　～理　～女

　　～置

畜(一) chù(名物义)

　　～力　家～　牲～　幼～

(二) xù(动作义)

　　～产　～牧　～养

触 chù(统读)

搐 chù(统读)

绌 chù(统读)

黜 chù(统读)

闯 chuǎng(统读)

创(一) chuàng

　　草～　～举　首～　～造　～作

　　(二) chuāng

　　～伤　重～

绰(一) chuò

　　～～有余

　　(二) chuo

　　宽～

疵 cī(统读)

雌 cí(统读)

赐 cì(统读)

伺 cì

　　～候

枞(一) cōng

　　～树

　　(二) zōng

　　～阳[地名]

从 cóng(统读)

丛 cóng(统读)

攒 cuán

　　万头～动　万箭～心

脆 cuì(统读)

撮(一) cuō

　　～儿　一～儿盐　一～儿匪帮

（二）zuǒ

一～儿毛

措 cuò（统读）

D

搭 dā（统读）

答（一）dá

报～　～复

（二）dā

～理　～应

打 dá

苏～　一～（十二个）

大（一）dà

～夫（古官名）　～王（如爆破～

王、钢铁～王）

（二）dài

～夫（医生）　～黄　～王（如山～

王）　～城［地名］

呆 dāi（统读）

傣 dǎi（统读）

逮（一）dài（文）如"～捕"。

（二）dǎi（语）单用，如"～蚊子"、

"～特务"。

当（一）dàng

～地　～间儿　～年（指过去）

～日（指过去）　～天（指过去）

～时（指过去）　螳臂～车

（二）dàng

一个～俩　安步～车　适～　～

年（同一年）　～日（同一时候）

～天（同一天）

档 dàng（统读）

蹈 dǎo（统读）

导 dǎo（统读）

倒（一）dǎo

颠～　颠～是非　颠～黑白　颠

三～四　倾箱～箧　排山～海

～板　～嚼　～仓　～嗓　～弋

潦～

（二）dào

～粪（把粪弄碎）

悼 dào（统读）

纛 dào（统读）

凳 dèng（统读）

羝 dī（统读）

氐 dī［古民族名］

堤 dī（统读）

提 dī

～防

的 dí

～当　～确

抵 dǐ（统读）

蒂 dì（统读）

缔 dì（统读）

谛 dì（统读）

点 dian

打～（收拾、贿赂）

跌 diē（统读）

蝶 dié（统读）

订 dìng（统读）

都（一）dōu

～来了

（二）dū

～市　首～　大～（大多）

堆 duī（统读）

吨 dūn（统读）

盾 dùn（统读）

多 duō（统读）

咄 duō（统读）

掇（一）duō（"拾取、采取"义）

（二）duo

撺～　掂～

裰 duō（统读）

踱 duó（统读）

度 duó

忖～　～德量力

E

婀 ē（统读）

F

伐 fá（统读）

阀 fá（统读）

砝 fǎ（统读）

法 fǎ（统读）

发 fà

理～　脱～　结～

帆 fān（统读）

藩 fān（统读）

梵 fàn（统读）

坊（一）fāng

牌～　～巷

（二）fáng

粉～　磨～　碾～　染～　油～

谷～

妨 fáng（统读）

防 fáng（统读）

肪 fáng（统读）

沸 fèi（统读）

汾 fén（统读）

讽 fěng（统读）

肤 fū（统读）

敷 fū（统读）

俘 fú（统读）

浮 fú（统读）

服 fú

～毒　～药

拂 fú（统读）

辐 fú（统读）

幅 fú（统读）

甫 fǔ（统读）

复 fù（统读）

缚 fù（统读）

G

噶 gá（统读）

冈 gāng（统读）

刚 gāng（统读）

岗 gǎng

～楼　～哨　～子　门～　站～

山～子

港 gǎng（统读）

葛（一）gé

～藤　～布　瓜～

（二）Gě[姓]（包括单、复姓）

隔 gé（统读）

革 gé

～命　～新　改～

合 gě（一升的十分之一）

给（一）gěi（语）单用。

（二）jǐ（文）

补～　供～　供～制　～予　配

～　自～自足

亘 gèn（统读）

更 gēng

五～　～生

颈 gěng

脖～子

供（一）gōng

～给　提～　～销

（二）gòng

口～　翻～　上～

佝 gōu（统读）

枸 gǒu

～杞

勾 gòu

～当

估（除"～衣"读 gù 外，都读 gū）

骨（除"～碌"、"～朵"读 gū 外，都读

gǔ）

谷 gǔ

～雨

锢 gù（统读）

冠（一）guān（名物义）

～心病

（二）guàn（动作义）

沐猴而～　～军

犷 guǎng（统读）

庋 guǐ（统读）

桧（一）guì[树名]

（二）huì[人名]

秦～

刿 guì（统读）

聒 guō（统读）

蝈 guō（统读）

过（除姓氏读 guō 外，都读 guò）

H

虾 há

～蟆

哈（一）hǎ

～达

（二）hà

～什蚂

汗 hán

可～

巷 hàng

～道

号 háo

寒～虫

和（一）hè

唱～　附～　曲高～寡

（二）huo

搀～　搅～　暖～　热～　软～

貉（一）hé（文）

一丘之～

（二）háo（语）

　　～绒　　～子

壑 hè（统读）

褐 hè（统读）

喝 hè

　　～采　　～道　　～令　　～止　　呼幺

　　～六

鹤 hè（统读）

黑 hēi（统读）

亨 hēng（统读）

横（一）héng

　　～肉　　～行霸道

　　（二）hèng

　　蛮～　　～财

訇 hōng（统读）

虹（一）hóng（文）

　　～彩　　～吸

　　（二）jiàng（语）单说。

讧 hòng（统读）

囫 hú（统读）

瑚 hú（统读）

蝴 hú（统读）

桦 huà（统读）

徊 huái（统读）

踝 huái（统读）

浣 huàn（统读）

黄 huáng（统读）

荒 huang

　　饥～（指经济困难）

诲 huì（统读）

贿 huì（统读）

会 huì

　　一～儿　　多～儿　　～厌（生理名

　　词）

混 hùn

　　～合　　～乱　　～凝土　　～淆

　　～血儿　　～杂

蠖 huò（统读）

霍 huò（统读）

豁 huò

　　～亮

获 huò（统读）

J

羁 jī（统读）

击 jī（统读）

奇 jī

　　～数

芨 jī（统读）

辑（一）jī

　　通～　　侦～

　　（二）qī

　　～鞋口

几 qī

　　茶～　　条～

圾 jī（统读）

戢 jí（统读）

疾 jí（统读）

汲 jí（统读）

棘 jí（统读）

藉 jí

　　狼～（籍）

嫉 jí(统读)

脊 jǐ(统读)

纪(一) Jǐ[姓]

　(二) jì

　～念　～律　纲～　～元

偈 jì

　～语

绩 jì(统读)

迹 jì(统读)

寂 jì(统读)

箕 ji

　簸～

辑 ji

　逻～

茄 jiā

　雪～

夹 jiā

　～带藏掖　～道儿　～攻　～棍
　～生　～杂　～竹桃　～注

浃 jiā(统读)

甲 jiǎ(统读)

歼 jiān(统读)

鞯 jiān(统读)

间(一) jiān

　～不容发　中～

　(二) jiàn

　中～儿　～道　～谍　～断　～
　或　～接　～距　～隙　～续
　～阻　～作　挑拨离～

趼 jiǎn(统读)

俭 jiǎn(统读)

缰 jiāng(统读)

膙 jiǎng(统读)

嚼(一) jiáo(语)

　味同～蜡

　咬文～字

　(二) jué(文)

　咀～　过屠门而大～

　(三) jiào

　倒～(倒嚼)

侥 jiǎo

　～幸

角(一) jiǎo

　八～(大茴香)　～落　独～戏
　～膜　～度　～儿　(犄～)　～
　楼　勾心斗～　号～　口～(嘴
　～)　鹿～菜　头～

　(二) jué

　～斗　～儿(脚色)　口～(吵嘴)
　主～儿　配～儿　～力　捧～儿

脚(一) jiǎo

　根～

　(二) jué

　～儿(也作"角儿",脚色)

剿(一) jiǎo

　围～

　(二) chāo

　～说　～袭

校 jiào

　～勘　～样　～正

较 jiào(统读)

酵 jiào(统读)

嗟 jiē(统读)

疖 jiē(统读)

结(除"～了个果子"、"开花～果"、
　"～巴"、"～实"念 jiē 之外,其他都
　念 jié)

睫 jié(统读)

芥(一) jiè

　～菜(一般的芥菜)　～末

　(二) gài

　～菜(也作"盖菜")　～蓝菜

矜 jīn

　～持　自～　～怜

仅 jǐn

　～～　绝无～有

谨 jǐn(统读)

觐 jìn(统读)

浸 jìn(统读)

斤 jin

　千～(起重的工具)

茎 jīng(统读)

粳 jīng(统读)

鲸 jīng(统读)

境 jìng(统读)

痉 jìng(统读)

劲 jìng

　刚～

窘 jiǒng(统读)

究 jiū(统读)

纠 jiū(统读)

鞠 jū(统读)

鞫 jū(统读)

掬 jū(统读)

苴 jū(统读)

咀 jǔ

　～嚼

矩(一) jǔ

　～形

　(二) ju

　规～

俱 jù(统读)

龟 jūn

　～裂(也作"皲裂")

菌(一) jūn

　细～　病～　杆～　霉～

　(二) jùn

　香～　～子

俊 jùn(统读)

K

卡(一) kǎ

　～宾枪　～车　～介苗　～片

　～通

　(二) qiǎ

　～子　关～

揩 kāi(统读)

慨 kǎi(统读)

忾 kài(统读)

勘 kān(统读)

看 kān

　～管　～护　～守

慷 kāng(统读)

拷 kǎo(统读)

坷 kē
　　～拉（垃）

疴 kē（统读）

壳（一）ké（语）
　　～儿　贝～儿　脑～　驳～枪

　（二）qiào（文）
　　地～　甲～　躯～

可（一）kě
　　～～儿的

　（二）kè
　　～汗

恪 kè（统读）

刻 kè（统读）

克 kè
　　～扣

空（一）kōng
　　～心砖　～城计

　（二）kòng
　　～心吃药

眍 kōu（统读）

矻 kū（统读）

酷 kù（统读）

框 kuàng（统读）

矿 kuàng（统读）

傀 kuǐ（统读）

溃（一）kuì
　　～烂

　（二）huì
　　～脓

篑 kuì（统读）

括 kuò（统读）

L

垃 lā（统读）

邋 lā（统读）

蓝 lǎn（统读）

缆 lǎn（统读）

蓝 lan
　　苤～

琅 láng（统读）

捞 lāo（统读）

劳 láo（统读）

醪 láo（统读）

烙（一）lào
　　～印　～铁　～饼

　（二）luò
　　炮～（古酷刑）

勒（一）lè（文）
　　～逼　～令　～派　～索　悬崖
　　～马

　（二）lēi（语）多单用。

擂（除“～台”、“打～”读 lèi 外，都
读 léi）

礌 léi（统读）

羸 léi（统读）

蕾 lěi（统读）

累（一）lèi
　　（辛劳义，如“受～”）［受劳～］

　（二）léi
　　（如“～赘”）

　（三）lěi
　　（牵连义，如“带～”、“～及”、“连

～"、"赔～"、"牵～"、"受～"［受牵～］）

蠡（一）lí

管窥～测

（二）lǐ

～县　范～

喱 lí（统读）

连 lián（统读）

敛 liǎn（统读）

恋 liàn（统读）

量（一）liàng

～入为出　忖～

（二）liang

打～　掂～

踉 liàng

～跄

潦 liáo

～草　～倒

劣 liè（统读）

捩 liè（统读）

趔 liè（统读）

拎 līn（统读）

遴 lín（统读）

淋（一）lín

～浴　～漓　～巴

（二）lìn

～硝　～盐　～病

蛉 líng（统读）

榴 liú（统读）

馏（一）liú（文）如"干～"、"蒸～"。

（二）liù（语）如"～馒头"。

镏 liú

～金

碌 liù

～碡

笼（一）lóng（名物义）

～子　牢～

（二）lǒng（动作义）

～络　～括　～统　～罩

偻（一）lóu

佝～

（二）lǔ

伛～

瞜 lou

眍～

虏 lǔ（统读）

掳 lǔ（统读）

露（一）lù（文）

赤身～体　～天　～骨　～头角

藏头～尾　抛头～面　～头（矿）

（二）lòu（语）

～富　～苗　～光　～相　～马

脚　～头

橹 lú（统读）

将（一）lǔ

～胡子

（二）luō

～袖子

绿（一）lǜ（语）

（二）lù（文）

～林　鸭～江

孪 luán（统读）

挛 luán(统读)

掠 lüè(统读)

囵 lún(统读)

络 luò

　～腮胡子

落(一) luò(文)

　～膘　～花生　～魄　涨～　～
　槽　着～

　(二) lào(语)

　～架　～色　～炕　～枕　～儿

　～子(一种曲艺)

　(三) là(语)遗落义。

　丢三～四　～在后面

M

脉(除"～～"念 mòmò 外,一律念
　mài)

漫 màn(统读)

蔓(一) màn(文)

　～延　不～不支

　(二) wàn(语)

　瓜～　压～

牤 māng(统读)

氓 máng

　流～

芒 máng(统读)

铆 mǎo(统读)

瑁 mào(统读)

虻 méng(统读)

盟 méng(统读)

祢 mí(统读)

眯(一) mí

　～了眼(灰尘等入目,也作"迷")

　(二) mī

　～了一会儿(小睡)

　～缝着眼(微微合目)

靡(一) mí

　～费

　(二) mǐ

　风～　委～　披～

秘(除"～鲁"读 bì 外,都读 mì)

泌(一) mì(语)

　分～

　(二) bì(文)

　～阳[地名]

娩 miǎn(统读)

渺 miǎo(统读)

皿 mǐn(统读)

闽 mǐn(统读)

茗 míng(统读)

酩 mǐng(统读)

谬 miù(统读)

摸 mō(统读)

模(一) mó

　～范　～式　～型　～糊　～特
　儿　～棱两可

　(二) mú

　～子　～具　～样

膜 mó(统读)

摩 mó

　按～　抚～

嬷 mó(统读)

墨 mò(统读)

糖 mò(统读)

沫 mò(统读)

缪 móu

　　绸～

N

难(一) nán

　　困～(或变轻声)　～兄～弟(难得的兄弟,现多用作贬义)

　　(二) nàn

　　排～解纷　发～　刁～　责～

　　～兄～弟(共患难或同受苦难的人)

蝻 nǎn(统读)

蛲 nán(统读)

讷 nè(统读)

馁 něi(统读)

嫩 nèn(统读)

恁 nèn(统读)

妮 nī(统读)

拈 niān(统读)

鲇 nián(统读)

酿 niàng(统读)

尿(一) niào

　　糖～症

　　(二) suī(只用于口语名词)

　　尿(niào)～　～脬

嗫 niè(统读)

宁(一) níng

　　安～

(二) nìng

　　～可　无～　[姓]

忸 niǔ(统读)

脓 nóng(统读)

弄(一) nòng

　　玩～

　　(二) lòng

　　～堂

暖 nuǎn(统读)

衄 nù(统读)

疟(一) nüè(文)

　　～疾

　　(二) yào(语)

　　发～子

娜(一) nuó

　　婀～　袅～

　　(二) nà

　　[人名]

O

殴 ōu(统读)

呕 ǒu(统读)

P

杷 pá(统读)

琶 pá(统读)

牌 pái(统读)

排 pǎi

　　～子车

迫 pǎi

　　～击炮

湃 pài(统读)

爿 pán(统读)

胖 pán

　　心广体～(～为安舒貌)

蹒 pán(统读)

畔 pàn(统读)

乓 pāng(统读)

滂 pāng(统读)

脬 pāo(统读)

胚 pēi(统读)

喷(一) pēn

　　～嚏

　　(二) pèn

　　～香

　　(三) pen

　　嚏～

澎 péng(统读)

坯 pī(统读)

披 pī(统读)

匹 pǐ(统读)

僻 pì(统读)

譬 pì(统读)

片(一) piàn

　　～子　唱～　画～　相～　影～

　　～儿会

　　(二) piān(口语一部分词)

　　～子　～儿　唱～儿　画～儿

　　相～儿　影～儿

剽 piāo(统读)

缥 piāo

　　～缈(飘渺)

撇 piē

　　～弃

聘 pìn(统读)

乒 pīng(统读)

颇 pō(统读)

剖 pōu(统读)

仆(一) pū

　　前～后继

　　(二) pú

　　～从

扑 pū(统读)

朴(一) pǔ

　　俭～　～素　～质

　　(二) pō

　　～刀

　　(三)pò

　　～硝　厚～

蹼 pǔ(统读)

瀑 pù

　　～布

曝(一) pù

　　一～十寒

　　(二) bào

　　～光(摄影术语)

　　　　　　　　　　Q

栖 qī

　　两～

戚 qī(统读)

漆 qī(统读)

期 qī(统读)

蹊 qī

　～跷

蛴 qí(统读)

畦 qí(统读)

萁 qí(统读)

骑 qí(统读)

企 qǐ(统读)

绮 qǐ(统读)

杞 qǐ(统读)

槭 qì(统读)

洽 qià(统读)

签 qiān(统读)

潜 qián(统读)

荨(一) qián(文)

　～麻

　(二) xún(语)

　～麻疹

嵌 qiàn(统读)

欠 qian

　打哈～

戕 qiāng(统读)

镪 qiāng

　～水

强(一) qiáng

　～渡　～取豪夺　～制　博闻～
识

　(二) qiǎng

　勉～　牵～　～词夺理　～迫
　～颜为笑

　(三) jiàng

　倔～

襁 qiǎng(统读)

跄 qiàng(统读)

悄(一) qiāo

　～～儿的

　(二) qiǎo

　～默声儿的

橇 qiāo(统读)

翘(一) qiào(语)

　～尾巴

　(二) qiáo(文)

　～首　～楚　连～

怯 qiè(统读)

挈 qiè(统读)

趄 qie

　趔～

侵 qīn(统读)

衾 qīn(统读)

噙 qín(统读)

倾 qīng(统读)

亲 qìng

　～家

穹 qióng(统读)

黢 qū(统读)

曲(麯) qū

　大～　红～　神～

渠 qú(统读)

瞿 qú(统读)

蠼 qú(统读)

苣 qǔ

　～荬菜

龋 qǔ(统读)

趣 qù(统读)

雀 què

　　～斑　　～盲症

R

髯 rán(统读)

攘 rǎng(统读)

桡 ráo(统读)

绕 rào(统读)

任 Rén[姓,地名]

妊 rèn(统读)

扔 rēng(统读)

容 róng(统读)

糅 róu(统读)

茹 rú(统读)

孺 rú(统读)

蠕 rú(统读)

辱 rǔ(统读)

挼 ruó(统读)

S

靸 sǎ(统读)

噻 sāi(统读)

散(一) sǎn

　　懒～　　零零～～　　～漫

　　(二) san

　　　零～

丧 sang

　　哭～着脸

扫(一) sǎo

　　～兴

(二) sào

　　～帚

埽 sào(统读)

色(一) sè(文)

　　(二) shǎi(语)

塞(一) sè(文)动作义。

　　(二) sāi(语)名物义,如"活～"、

"瓶～";动作义,如"把洞～住"。

森 sēn(统读)

煞(一) shā

　　～尾　　收～

　　(二) shà

　　～白

啥 shá(统读)

厦(一) shà(语)

　　(二) xià(文)

　　～门　　噶～

杉(一) shān(文)

　　紫～　　红～　　水～

　　(二) shā(语)

　　～篙　　～木

衫 shān(统读)

姗 shān(统读)

苫(一) shàn(动作义,如"～布")

　　(二) shān(名物义,如"草～子")

墒 shāng(统读)

猞 shē(统读)

舍 shè

　　宿～

慑 shè(统读)

摄 shè(统读)

射 shè(统读)

谁 shéi,又音 shuí

娠 shēn(统读)

什(甚)shén

　～么

蜃 shèn(统读)

葚(一)shèn(文)

　桑～

　(二)rèn(语)

　桑～儿

胜 shèng(统读)

识 shí

　常～　～货　～字

似 shì

　～的

室 shì(统读)

螫(一)shì(文)

　(二)zhē(语)

匙 shi

　钥～

殊 shū(统读)

蔬 shū(统读)

疏 shū(统读)

叔 shū(统读)

淑 shū(统读)

菽 shū(统读)

熟(一)shú(文)

　(二)shóu(语)

署 shǔ(统读)

曙 shǔ(统读)

漱 shù(统读)

戍 shù(统读)

蟀 shuài(统读)

孀 shuāng(统读)

说 shuì

　游～

数 shuò

　～见不鲜

硕 shuò(统读)

蒴 shuò(统读)

艘 sōu(统读)

嗾 sǒu(统读)

速 sù(统读)

塑 sù(统读)

虽 suī(统读)

绥 suí(统读)

髓 suǐ(统读)

遂(一)suì

　不～　毛～自荐

　(二)suí

　半身不～

隧 suì(统读)

隼 sǔn(统读)

莎 suō

　～草

缩(一)suō

　收～

　(二)sù

　～砂密(一种植物)

唆 suō(统读)

索 suǒ(统读)

T

跶 tā(统读)

鳎 tǎ(统读)

獭 tǎ(统读)

沓(一) tà

　重～

　(二) ta

　疲～

　(三)dá

　一～纸

苔(一) tái(文)

　(二) tāi(语)

探 tàn(统读)

涛 tāo(统读)

悌 tì(统读)

佻 tiāo(统读)

调 tiáo

　～皮

帖(一) tiē

　妥～　伏伏～～　俯首～耳

　(二) tiě

　请～　字～儿

　(三)tiè

　字～　碑～

听 tīng(统读)

庭 tíng(统读)

骰 tóu(统读)

凸 tū(统读)

突 tū(统读)

颓 tuí(统读)

蜕 tuì(统读)

臀 tún(统读)

唾 tuò(统读)

W

娲 wā(统读)

挖 wā(统读)

瓦 wà

　～刀

喎 wāi(统读)

蜿 wān(统读)

玩 wán(统读)

惋 wǎn(统读)

脘 wǎn(统读)

往 wǎng(统读)

忘 wàng(统读)

微 wēi(统读)

巍 wēi(统读)

薇 wēi(统读)

危 wēi(统读)

韦 wéi(统读)

违 wéi(统读)

唯 wéi(统读)

圩(一) wéi

　～子

　(二) xū

　～(墟)场

纬 wěi(统读)

委 wěi

　～靡

伪 wěi(统读)

萎 wěi(统读)

尾（一）wěi

　～巴

　（二）yǐ

　马～儿

尉 wèi

　～官

文 wén(统读)

闻 wén(统读)

紊 wěn(统读)

喔 wō(统读)

蜗 wō(统读)

硪 wò(统读)

诬 wū(统读)

梧 wú(统读)

牾 wǔ(统读)

乌 wù

　～拉（也作"靰鞡"）　～拉草

杌 wù(统读)

鹜 wù(统读)

X

夕 xī(统读)

汐 xī(统读)

晰 xī(统读)

析 xī(统读)

晳 xī(统读)

昔 xī(统读)

溪 xī(统读)

悉 xī(统读)

熄 xī(统读)

蜥 xī(统读)

螅 xī(统读)

惜 xī(统读)

锡 xī(统读)

樨 xī(统读)

袭 xí(统读)

檄 xí(统读)

峡 xiá(统读)

暇 xiá(统读)

吓 xià

　杀鸡～猴

鲜 xiān

　屡见不～　数见不～

锨 xiān(统读)

纤 xiān

　～维

涎 xián(统读)

弦 xián(统读)

陷 xiàn(统读)

霰 xiàn(统读)

向 xiàng(统读)

相 xiàng

　～机行事

淆 xiáo(统读)

哮 xiào(统读)

些 xiē(统读)

颉 xié(统读)

　～颃

携 xié(统读)

偕 xié(统读)

挟 xié(统读)

械 xiè（统读）

馨 xīn（统读）

囟 xìn（统读）

行 xíng

　　操～　德～　发～　品～

省 xǐng

　　内～　反～　～亲　不～人事

芎 xiōng（统读）

朽 xiǔ（统读）

宿 xiù

　　星～　二十八～

煦 xù（统读）

蓿 xu

　　苜～

癣 xuǎn（统读）

削（一）xuē（文）

　　剥～　～减　瘦～

　　（二）xiāo（语）

切～　～铅笔　～球

穴 xué（统读）

学 xué（统读）

雪 xuě（统读）

血（一）xuè（文）用于复音词及成语，

　　如"贫～"、"心～"、"呕心沥～"、

　　"～泪史"、"狗～喷头"等。

　　（二）xiě（语）口语多单用，如"流了

　　点儿～"及几个口语常用词，如"鸡

　　～"、"～晕"、"～块子"等。

谑 xuè（统读）

寻 xún（统读）

驯 xùn（统读）

逊 xùn（统读）

熏 xùn

　　煤气～着了

徇 xùn（统读）

殉 xùn（统读）

蕈 xùn（统读）

Y

押 yā（统读）

崖 yá（统读）

哑 yǎ

　　～然失笑

亚 yà（统读）

殷 yān

　　～红

芫 yán

　　～荽

筵 yán（统读）

沿 yán（统读）

焰 yàn（统读）

夭 yāo（统读）

肴 yáo（统读）

杳 yǎo（统读）

窅 yǎo（统读）

钥（一）yào（语）

　　～匙

　　（二）yuè（文）

　　锁～

曜 yào（统读）

耀 yào（统读）

椰 yē（统读）

噎 yē(统读)

叶 yè
　　～公好龙

曳 yè
　　弃甲～兵　摇～　　～光弹

屹 yì(统读)

轶 yì(统读)

谊 yì(统读)

懿 yì(统读)

诣 yì(统读)

艾 yì
　　自怨自～

荫 yìn(统读)
　　("树～"、"林～道"应作"树阴"、
　　"林阴道")

应(一) yīng
　　～届　～名儿　～许　提出的条
　　件他都～了　是我～下来的任务
　　(二) yìng
　　～承　～付　～声　～时　～验
　　　～邀　～用　～运　～征　里
　　～外合

萦 yíng(统读)

映 yìng(统读)

佣 yōng
　　～工

庸 yōng(统读)

臃 yōng(统读)

壅 yōng(统读)

拥 yōng(统读)

踊 yǒng(统读)

咏 yǒng(统读)

泳 yǒng(统读)

莠 yǒu(统读)

愚 yú(统读)

娱 yú(统读)

愉 yú(统读)

伛 yǔ(统读)

屿 yǔ(统读)

吁 yù(统读)
　　呼～

跃 yuè(统读)

晕(一) yūn
　　～倒　头～
　　(二) yùn
　　月～　血～　～车

酝 yùn(统读)

Z

匝 zā(统读)

杂 zá(统读)

载(一) zǎi
　　登～　记～
　　(二) zài
　　搭～　怨声～道　重～　装～
　　～歌～舞

簪 zān(统读)

咱 zán(统读)

暂 zàn(统读)

凿 záo(统读)

择(一) zé
　　选～

（二）zhái

　　～不开　～菜　～席

贼 zéi(统读)

憎 zēng(统读)

甑 zèng(统读)

喳 zhā

　　唧唧～～

轧(除"～钢"、"～辊"念 zhá 外,其他
　都念 yà)(gá 为方言,不审)

摘 zhāi(统读)

粘 zhān

　　～贴

涨 zhǎng

　　～落　高～

着（一）zháo

　　～慌　～急　～家　～凉　～忙
　　～迷　～水　～雨

　（二）zhuó

　　～落　～手　～眼　～意　～重
　　不～边际

　（三）zhāo

　　失～

沼 zhǎo(统读)

召 zhào(统读)

遮 zhē(统读)

蛰 zhé(统读)

辙 zhé(统读)

贞 zhēn(统读)

侦 zhēn(统读)

帧 zhēn(统读)

胗 zhēn(统读)

枕 zhěn(统读)

诊 zhěn(统读)

振 zhèn(统读)

知 zhī(统读)

织 zhī(统读)

脂 zhī(统读)

植 zhí(统读)

殖（一）zhí

　　繁～　生～　～民

　（二）shi

　　骨～

指 zhǐ(统读)

掷 zhì(统读)

质 zhì(统读)

蛭 zhì(统读)

秩 zhì(统读)

栉 zhì(统读)

炙 zhì(统读)

中 zhōng

　　人～(人口上唇当中处)

种 zhòng

　　点～(义同"点播"。动宾结构,念
　　diǎnzhǒng,义为点播种子)

诌 zhōu(统读)

骤 zhòu(统读)

轴 zhòu

　　大～子戏　压～子

碡 zhou

　　碌～

烛 zhú(统读)

逐 zhú(统读)

属 zhǔ
　～望
筑 zhù(统读)
著 zhù
　土～
转 zhuǎn
　运～
撞 zhuàng(统读)
幢(一) zhuàng
　一～楼房
　(二) chuáng
　经～(佛教所设刻有经咒的石柱)
拙 zhuō(统读)
茁 zhuó(统读)
灼 zhuó(统读)
卓 zhuó(统读)
综 zōng
　～合

纵 zòng(统读)
粽 zòng(统读)
镞 zú(统读)
组 zǔ(统读)
钻(一) zuān
　～探　　～孔
　(二) zuàn
　～床　　～杆　　～具
佐 zuǒ(统读)
唑 zuò(统读)
柞(一) zuò
　～蚕　　～绸
　(二) zhà
　～水(在陕西)
做 zuò(统读)
作(除"～坊"读 zuō 外,其余都读
　zuò)

第四章　朗读部分细解与训练

　　朗读短文是普通话水平测试的第三项。一篇短文,读前 400 个音节(但需要将第 400 个音节所在的句子读完整,超出的音节语音错误不扣分,语调通篇考虑),限时 4 分钟,共 30 分。

　　测试目的:

　　测查应试人使用普通话朗读书面作品的水平。在测查声母、韵母、声调读音标准程度的同时,重点测查连读音变、停连、语调以及流畅程度。

　　试卷构成:

　　1. 短文从《普通话水平测试用朗读作品》中选取。

　　2. 评分以朗读作品的前 400 个音节(不含标点符号和括住的音节)为限。

　　评分标准:

　　1. 语音错误,每错 1 个音节扣 0.1 分。语音错误包括:声母、韵母、声调、上声连读变调、"一、不"变调、"啊"的变读、轻声、儿化等读音错误,以及漏读、增读、颠倒读。

　　2. 声母或韵母系统性语音缺陷,视程度扣 0.5 分、1 分。

　　3. 语调偏误,略有显露扣 0.5 分,偏误明显扣 1 分,偏误严重扣 2 分。语调偏误包括:声调缺陷;句调不当,如因句调失误而导致的语气表达偏误,唱读,句子机械地一个调子;轻重不当,如词的轻重格式不当,语句重音不当。

　　4. 停连不当,视程度扣 0.5 分、1 分、2 分。停连不当包括:因停连导致的语义偏误,节律不当,字化,机械地三、五字一顿等。

　　5. 朗读不流畅(包括回读),视程度扣 0.5 分、1 分、2 分。

　　6. 超时,1 分钟以内扣 0.5 分,超时 1 分钟以上,扣 1 分。

第一节 普通话水平测试对短文朗读的要求

一、什么是朗读

朗读是一种有声语言艺术,是把视觉符号的书面语言转化为听觉符号的有声语言的再创造活动。

朗读不是机械地单纯念字、照字读音,而是要在语音规范的基础上深入地分析理解作品,以文字作品为依据,将自己的深切感受融入其中,合理地运用停连、重音、语速、句调等朗读技巧,通过有声语言塑造形象,反映生活,说明道理,再现作者的思想感情,体现原作的特有风格,给人以启发和审美享受。如果说写文章是一种创造,朗读则是一种再创造。

朗读在许多方面都发挥着它独特的作用。朗读是语文教学的重要手段,是帮助我们理解和欣赏作品的有效方式。朗读能提高我们的素养情操,是培养语感、学习普通话、提高口语表达能力的重要途径和有效方法。朗读者在朗读过程中可以进一步体会和感受普通话的语音特点,注意把握普通话语调和语音的变化规律,通过反复的朗读练习,就能逐步减少方言成分。同时,作品中优美规范的词语、句式以及语法、修辞、逻辑规律等也会潜移默化地影响朗读者,丰富朗读者的语言实践。

在普通话水平测试中,朗读是一项重要的测试内容,是对应试者普通话运用能力的一种综合检测形式。大部分应试者在此项失分相对较多,如果应试者明确朗读的基本要求,掌握朗读的基本技巧,就会取得较好的成绩。

二、"清晰、响亮、流畅"是普通话水平测试对短文朗读的基本要求

"清晰"指的是要把每一个音节的声母、韵母、声调读清楚、读完整,并且只有在这个音节读清楚、读完整之后才能去读下一个音节。读不清楚、读不完整,就会出现音节交叉现象,就会使聆听者听不清楚、听不明白,就会使朗读失去感染受众的意义。

要做到清晰,有两个要点:一是发音要准确到位,测试中有些人由于连读仓促致使字词发音不到位,甚至因为心里紧张语速过快造成吃字,这些都直接影

响到朗读的清晰程度。二是表达层次清晰，首先应该做到语气连贯停连适当。有的人没有句调分辨意识，读任何句子都是同一个调，前后没有语气连接。应该学会区分完成句与未完成句（书面上的句号和逗号）、陈述句与疑问句这些基本的句调。其次要学习揣摩重音、停顿的处理。运用恰当，就能更清晰地表达意思。

"响亮"，就是朗读的声音应该有一定的响度。朗读是靠声音来再现文字作品，因此，声音饱满响亮，以声传情，声情并茂，这样的朗读才有感染力。有气无力或自言自语式的朗读只能使人生厌，昏昏欲睡。普通话水平测试时，应该控制好响度，打开口腔，气息饱满，让声音大小适中，圆润有感染力。

"流畅"是对朗读语流方面的要求。朗读时，既不能语流速度过慢地蹦字，也不能语流速度过快仿佛在开火车，而是要语流速度适中，侃侃而谈，这样才能保证语流像涓涓溪水一样通顺流畅，而不至于出现结巴、卡壳的现象。另外，朗读作品出现添字、漏字、回读、停连不当、节奏不和谐等问题，都会影响朗读的流畅。

要做到语句流畅，必须熟悉作品，反复诵读，使作品的语言和内容烂熟于心；此外，平时要多进行朗读练习，如进行快速朗读或读一些绕口令等，这样可以使思维敏捷、口齿伶俐，能迅速提高朗读能力。

三、"生动传情"是普通话水平测试对短文朗读的最高要求

"生动传情"是作品朗读的最高境界。朗读作品的原则是忠于作品。要忠于作品，朗读前必须熟悉和理解作品，充分剖析作品，对作品形成强烈而完整的认同感，使作品的思想转化为朗读者自己的思想，使作品的情感转化为朗读者自己的情感。要做到"生动传情"，需注意以下几个方面：

（一）要理解作品

理解作品是朗读的前提，只有对作品进行精细分析，深入理解，才能把握作者的立意，准确、鲜明、生动地表达出作品的内容和情感。理解作品需从以下几方面入手：

1. 把握作品结构

首先要一句一句地仔细阅读，一遍一遍地反复思考。随着作品从头到尾的发展，感受每一个情景，领会每一个观点，弄清自然段的大意。要使作品里叙述的人物、事件在我们的脑海里活动起来，要使作品的叙事、抒情或议论首先感动

和说服我们自己。

其次要根据朗读的需要，对作品的布局、结构进行总体的设计。作品的自然段是从写作的角度形成的，朗读的结构设计是要根据朗读的需要对作品的自然段进行归并和重新划分。然后简单明了地概括出层次大意。这样，朗读者会对作品的布局、结构更加清晰，朗读才会更有条理、有层次。

2. 概括作品主题

任何作品总要说明某个问题，宣传某种观点，表示自己提倡什么，反对什么，或者寄寓着某种情感。主题就是作者的意图所在，是贯穿全篇的生命线。只有把握住作品的主题，朗读时才能与作者的思路相通，明确知道运用自己的声音重点表现什么和怎样表现。

挖掘主题还要考虑作品和作者的背景。任何作品的出现都反映、代表着一定的背景。任何作品的背景都是具体的，针对性较强，它与所表达的内容密切相关，朗读者要深入、具体地掌握背景材料。了解作者写这篇作品在哪个具体历史时期、哪种社会条件、哪个特定环境、哪种具体心境下，是如何创作的，要紧紧联系作品本身去思考。

3. 确定作品基调

基调本是音乐术语，用在朗读中是指作品的基本情调，即作品总的感情色彩和分量。

每篇作品都有其特定的感情色彩：有的昂扬有力，有的深沉坚定，有的悲愤凝重，有的喜悦明快，有的豪放舒展，有的细腻清新，有的热情颂扬，有的愤怒批判……，作为作品固有的组成部分，这些感情色彩存在于作品的字里行间，使作品整体上显现出或严厉或平实，或生动活泼或委婉含蓄的情感特色。朗读者应在深刻领会作品思想内容的前提下，尽可能全面地接受作者在作品中传递出的所有情感信息，从而准确把握基调，并在理解感受和表达的统一中，在情和声的统一中，使作品基调得到完美体现。

（二）要感受作品

感受在朗读中是指作品中词句的概念、情节的变化引起我们对客观事物的感知、体会的过程。朗读者在接受作品所反映的主观情感、客观事物时必然会有所触动有所感应，产生共鸣。朗读者要设身处地地去体验作品中那形象的描述和情感的抒发。

1. 形象感受

任何作品都渗透着作者对生活的体验和感受。朗读者要善于使作品所表现出来的人物、事件、情节、场面、景物、情绪等逐渐被我们所认识、所接受、所领会,似乎"看到"的一切都是我们已经历过或正在经历着的事情,我们正置身其中,看着、听着、感觉着、感动着。这时,文字作品背后的客观世界正展现在我们面前,活跃的形象、发展的事件、场面的气势、景物的色彩、情绪的变化都涌现出来,甚至可以触摸到、感受到。从而使我们的感情也为之所动,这样,才有可能在朗读中表达得真切、具体、生动、形象,并相当强烈地打动听众的心。

2. 情感感受

任何一篇优秀的作品,都是作者思想感情的结晶。现实生活的感触、思想感情的激动,促使作者拿起笔来在作品中予以抒发,并通过作品去教育、感染读者。要朗读好一篇作品,就要用心去体验作者在现实生活中所受到的感触和心灵的震动。只有当我们的感情被作品所激荡,当我们的心与作者所贴近,我们的朗读便不再是见字出声,而是从自己心底里发出的真情实感的倾吐,那感受过程中形成的内心激流,便会诉诸有声语言,形成飞瀑流泉,汹涌奔泻。

理解作品、感受作品是"传情"的必要前提,落实"传情"还需要具体手段。"传情"的手段主要指朗读的有关技巧。

第二节　朗读的基本技巧

朗读的基本技巧主要表现在重音、停顿、语速和语调几个方面。

一、重音

重音是指表达中那些最能体现语句目的、逻辑关系以及情感点染的词或短语,它除了通常用的重音重读的方法外,还有重音轻读等其他的显示方法,所以,"重音"的意思不能理解为"要重重地读出来的音"。重音是使表达清楚的重要一环,是真切抒发情感的重要手段。

（一）重音的类型

普通话里的重音有词重音和语句重音两种。词重音在"词的轻重格式"中已经讲过,这里我们只讲语句重音,它一般分为语法重音、强调重音和感情重音。

1. 语法重音

语法重音又叫自然重音,它是按句子语法结构的需要,重点突出句中某些语法成分的读音,它不表示任何特殊的思想感情。语法重音是有规律的,重音位置一般比较固定。

(1) 句子里的谓语常读重音。例如:

风停了,雨住了,太阳出来了。

(2) 动词后的简单宾语常读重音。例如:

可爱的小鸟和善良的水手结成了朋友。

(3) 与中心词相比,定语、状语、补语常读重音。例如:

① 风里带来些新翻的泥土的气息。

② 天空的霞光渐渐地淡下去了。

③ 他普通话说得很流利。

(4) 表示疑问和指示的代词常读重音。例如:

我说:"花生的价钱便宜,谁都可以买来吃,这就是它的好处。"

2. 强调重音

强调重音不受语法制约,它是根据语句所要表达的重点,为了强调某种特殊意义而着重强调的音。强调重音受朗读者的意愿制约,没有固定的位置,它是根据具体的语言环境和说话人的情感(或心理)变化来确定的。

强调重音一般有以下几种作用:

(1) 突出语句重点,揭示语言内涵。例如:

我知道你会唱歌。(别人不知道)

我知道你会唱歌。(不要隐瞒了)

我知道你会唱歌。(别人会不会我不知道)

我知道你会唱歌。(怎么说不会呢?)

我知道你会唱歌。(会不会其他我不知道)

由于表达目的不同,强调重音就会落在不同的词语上,所揭示的含义也就不相同,表达的效果也不一样。

(2) 表示对比、并列、递进、转折、肯定等。例如:

① 骆驼很高,羊很矮。骆驼说:"长得高多好啊";羊说:"不对,长得矮才好呢"。

② 没有一片绿叶,没有一缕炊烟,没有一粒泥土,没有一丝花香,只有水的世界,云的海洋。

③ 夜色在笑语中渐渐沉落,朋友起身告辞,没有挽留,没有送别,甚至也没有问归期。

④ 虽然天气这么冷,但是我身上还在出汗呢。

⑤ 是的,智力可以受损,但爱永远不会。

3. 感情重音

感情重音就是为了表达强烈的感情而突出读出的词或短语。大部分出现在表现内心节奏强烈、情绪激动的地方。感情重音可以使朗读的色彩丰富,充满生气,有较强的感染力。例如:

这是勇敢的海燕,在闪电之间,在怒吼的大海上高傲地飞翔。这是胜利的预言家在叫喊:——让暴风雨来得更猛烈些吧!

一般来讲,强调重音比语法重音重些,表达情绪激动时的感情重音应特别加重。有时甚至许多音节都相应地加重,形成重音群。如上例。

一句话或者一段话中总有语法重音和强调重音,一篇好的文章,好的朗读,总有一两处是感情重音,可能是感情的最高潮处,也可能是矛盾最激烈处,总之,在这样的地方加重处理,能抓住人心,整体来看起伏跌宕,富有感染力。

(二)显示重音的方法

在朗读实践中,为了准确细微地表情达意,显示重音的方法也是多种多样的。一般有下列几种:

1. 重音重读法

主要是加强音量,即有控制地呼出较强的气流,把字音发得重一些,响一些。例如:

暴风雨,暴风雨就要来了!

2. 重音轻读法

把要强调的字词减弱音势,柔和而深情地传出,用来表达爱、幸福、欣慰、陶醉、体贴的情怀,表现幽美、宁静的画面。例如:

在这幽美的夜色中,我踏着软绵绵的沙滩,沿着海边,慢慢地向前走去。海水,轻轻地抚摸着细软的沙滩,发出温柔的刷刷声。

3. 拖长音节法

把要强调词语的音节拖长些,表达真挚的感情,或表现动作的艰难、缓慢。

例如：

太阳像负着什么重担似的，一步一步努力往上面升起来。

4. 一字一顿法

在要强调的字词前后，都作必要的顿歇，以表现悲痛、深情等强烈的感情，给人以深刻的感染。例如：

为什么我的眼里常含泪水，因为我对这土地爱/得/深/沉。

总之，需要强调的重要的字词，只要读得和其他的词不一样就可以引起听者的注意，从而显示出它在表情达意上的重要性。

二、停顿

停顿是指朗读或说话时语句或词语之间的间歇。在朗读中，停顿有调节气息、显示语气、突出重点等作用，合理的停顿，可使语句结构清楚、语意鲜明，增强语言的节奏感；同时还能给人留出思索、消化、回味的时间，以更好地理解语意。

（一）停顿的类型

停顿主要可分为语法停顿和强调停顿两种类型。

1. 语法停顿

语法停顿指的是显示句子的各种语法关系的停顿。这类停顿一方面体现在句子内部的成分与成分之间，有一定规律可循。一般需要较明显停顿的有以下几种情况：

（1）主谓结构的句子，主语通常是话题，话题与陈述说明部分之间一般需要有个停顿。例如：

① 小鸟/给远航生活蒙上了一层浪漫色调。

② 这棵榕树/好像在把它的全部生命力展示给我们看。

（2）动宾或介宾结构，有时宾语较长，而动词、介词较短，会显得结构不对称，为了缩短距离，朗读时常在动词或介词后作适当的停或延处理。例如：

① 在/闽西南苍苍茫茫的崇山峻岭之中。

② 我明白了/她称自己为素食者的真正原因。

③ 落到/被卷到洋里的木板上。

（3）主谓句的前面如果有连词或修饰语时，应该在连词或修饰语与后面的主谓句之间有所停顿，否则可能出现断句错误。例如：

① 那时/天还没有亮。

② 然而/太阳在黑云里放射出光芒。

另一方面,书面形式的标点符号也代表语句层次的大小,也是朗读作品时语言停顿的重要依据。停顿时间的长短一般要根据标点符号的类型来确定。标点符号停顿的一般规律是:顿号最短,逗号较长,分号长于逗号。句末点号(包括句号、问号、感叹号)又长于分号。冒号是一种运用比较灵活的点号,它所表示的停顿一般比分号长,比句号短。句中的省略号和破折号也表示一定的停顿。可以表示为:

句号、问号、感叹号>分号、冒号>逗号>顿号

以上的规律也只是作为参考,因为有时为表达感情的需要,在没有标点的地方也可以停顿,在有标点的地方也可以不停顿。

2. 强调停顿

强调停顿不受书面标点和句子语法关系的制约,是为了强调某一事物或突出某一语意和某种特殊感情所作的停顿。它和语法停顿有时一致,有时不一致,它可以在语法停顿的基础上延长或缩短停顿的时间,也可以在没有语法停顿的地方作出停顿,它停顿的位置和时间是依据表情达意的需要来确定的。例如:

① 我看见/他很高兴。("他"高兴)

② 我看见他/很高兴。("我"高兴)

可见,不同的停顿,显示不同的语法结构,并且表达出截然不同的意思。

除了表现在单句中的强调停顿外,还有一部分表现在复句内部各分句之间内在联系上的强调停顿。主要表现在语句中的区分、呼应、并列、转换、判断等关系上。例如:

① 冬天/过去了,微风/悄悄地送来了春天。

② 在这叫喊声里,乌云听出了/愤怒的力量,热情的火焰和胜利的信心。

③ 壁画上的飞天,有的/臂挎花篮,采摘鲜花;有的/反弹琵琶,轻拨银弦;有的/倒悬身子,自天而降;有的/彩带飘拂,漫天遨游;有的/舒展双臂,翩翩起舞。

④ 清早出发的时候,天气晴朗暖和,/没想到中午突然刮起了暴风,下起了大雪,气温急剧下降。

⑤ 请你想一想,/人类一旦失去绿色的生命,我们自己还剩下什么呢? 我们呼吁,/抢救我们的大树。

（二）停顿的方式

停顿的方式有多种，有的斩钉截铁戛然而止；有的声断意连渐弱渐止。选择哪一种，要依据表情达意的需要。常用的方式有两种：

1. 落停

停顿时间较长，句尾声音顺势而落，声止气也尽。这种停顿多用在一个相对完整的意思讲完之后，句读停顿中多用在句号、问号、感叹号处。例如：

可是，没等青年人把满腹的有关人生和事业的疑难问题向班杰明讲出来，班杰明就非常客气地说道："干杯。／你可以走了。"

2. 扬停

停顿时间相对较短，停之前声音稍微上扬或持平，声虽止但气未尽。多用在一个意思还未说完，而中间又需要停顿之处。句读停顿中多用在分号、逗号、顿号处。例如：

那些／在各个工作岗位上／劳动了一天的人们，三三两两地／来到／这软绵绵的／沙滩上，他们／浴着／凉爽的海风，望着／那缀满了星星的／夜空，尽情地／说笑，尽情地／休憩。

三、语速

语速是指朗读时在一定的时间里，容纳一定数量的词语。世间一切事物的运动状态和一切人在不同情境下的思想感情总是有千差万别的。朗读短文时，要正确地表现各种不同的生活现象和人们各不相同的思想感情，就必须采取与之相适应的不同的朗读速度。例如：

麻雀从巢里跌落下来，呆呆地伏在地上，孤立无援地张开两只羽毛还未丰满的小翅膀。

我的狗慢慢向它靠近，忽然，从附近的树上飞下一只黑胸脯的老麻雀，像一颗石子似的落到狗的跟前。

以上是两种不同的动态。这不同的动态在我们心里引起的感觉是不一样的。朗读时必须体现出前者"呆呆地伏在地上……"之慢和后者"……像一颗石子似的落到狗的跟前"之快。

朗读的速度决定于作品的内容和体裁，其中内容是主要的。

（一）根据内容掌握语速

朗读时的语速须与作品的情境相适应，根据作品的不同内容因素来决定语速的快慢。

1. 不同的场面

急剧变化发展的场面宜用快读;平静、严肃的场面宜用慢读。例如:

① 起初四周围非常清静。后来忽然起了一声鸟叫。我们把手一拍,便看见一只大鸟飞了起来,接着又看见第二只,第三只。我们继续拍掌,很快地这个树林就变得很热闹了。到处都是鸟声,到处都是鸟影。

② 我们的船渐渐地逼近榕树了。我有机会看清它的真面目:是一棵大树,有数不清的丫枝,枝上又生根,有许多根一直垂到地上,伸进泥土里。一部分树枝垂到水面,从远处看,就像一棵大树斜躺在水面上一样。

2. 不同的心情

紧张、焦急、慌乱、热烈、欢畅的心情宜用快读;沉重、悲痛、缅怀、悼念、失望的心情宜用慢读。例如:

① "我要比太阳更快地回家。"我狂奔回去,站在庭院前喘气的时候,看到太阳还露着半边脸,我高兴地跳跃起来,那一天我跑赢了太阳。

② 母亲去世后,我便常站在河边,幻想着能从小河里看到母亲。她是从小河走向那个世界的,那轻轻的流水声多像母亲温柔的语声,那缓缓拍打堤岸的河水,多像母亲温柔的手。

3. 不同的谈话方式

辩论、争吵、急呼,宜用快读;闲谈、絮语,宜用慢读。例如:

① 胡适正讲得得意的时候,一位姓魏的学生突然站了起来,生气地问:"胡先生,难道说白话文就毫无缺点吗?"胡适微笑着回答说:"没有。"那位学生更加激动了:"肯定有! 白话文废话太多,打电报用字多,花钱多。"胡适的目光顿时变亮了。

② 苏东坡思索了一会儿,点点头说:"我得到了一个养生长寿古方,药只有四味,今天就赠给你吧。"

4. 不同的叙述方式

作者的抨击、斥责、控诉、雄辩,宜用快读;一般的记叙、说明、追忆,宜用慢读。例如:

① 当你在积雪初融的高原上走过,看见平坦的大地上傲然挺立这么一株或一排白杨树,难道你觉得树只是树,难道你就不想到它的朴质,严肃,坚强不屈,至少也象征了北方的农民;难道你竟一点也不联想到,在敌后的广大土地上,到

处有坚强不屈,就像这白杨树一样傲然挺立的守卫他们家乡的哨兵!

② 纽约的冬天常有大风雪,扑面的雪花不但令人难以睁开眼睛,甚至呼吸都会吸入冰冷的雪花。有时前一天晚上还是一片晴朗,第二天拉开窗帘,却已经积雪盈尺,连门都推不开了。

5. 不同的人物性格

年青、机警、泼辣的人物的言语、动作宜用快读;年老、稳重、迟钝的人物的言语、动作宜用慢读。例如:

父亲说:"你们爱吃花生么?"

我们争着答应:"爱!"

"谁能把花生的好处说出来?"

姐姐说:"花生的味美。"

哥哥说:"花生可以榨油。"

我说:"花生的价钱便宜,谁都可以买来吃,都喜欢吃。这就是它的好处。"

(二)根据体裁掌握语速

国家《普通话水平测试大纲》在选编朗读测试材料时,为了保证作品难易程度和评分标准的一致性,所选的 60 篇作品,多为记叙文和散文。其中,记叙文 23 篇,散文 21 篇,议论文 9 篇,说明文 7 篇。

散文有的以抒情为主,不写人和事;有的穿插着一些人和事。用作测试朗读作品的散文多为"抒情散文"。散文朗读的基调总体是平缓的,没有太大的起伏,朗读时宜用中等的速度、柔和的音色。朗读作品包括 1 号、3 号、5 号、8 号、9 号、12 号、14 号、16 号、17 号、18 号、22 号、24 号、25 号、30 号、31 号、38 号、48 号、49 号、57 号、58 号、59 号。

记叙文有的记事、有的记言。一般地说,记事要读得快些,记言要读得慢些。"记叙"就是讲故事。故事有开头、结尾,发生、发展、高潮、结局等。开头要用慢速,使人听得明白;中途娓娓道来;高潮到来,要用语速的变化来实现。所以,朗读还需注意语速的转换。朗读作品包括 2 号、4 号、7 号、10 号、15 号、19 号、20 号、21 号、23 号、26 号、27 号、28 号、33 号、35 号、39 号、41 号、42 号、47 号、50 号、51 号、52 号、53 号、54 号。

另外,议论文 9 篇。即作品 6 号、11 号、37 号、40 号、43 号、44 号、46 号、55 号、60 号。说明文 7 篇。即作品 13 号、29 号、31 号、34 号、36 号、45 号、56 号。

（三）朗读速度的转换

朗读任何一篇文章,都不能自始自终采用一成不变的速度。朗读者要根据作者的感情的起伏和事物的发展变化随时调整自己的朗读速度。这种在朗读过程中实现朗读速度的转换是取得朗读成功的重要一环。例如:

现在我要回家了,胸前佩带着醒目的绿黑两色的解放十字绶带,上面挂着五六枚我终身难忘的勋章,肩上还佩带着军官肩章。//到达旅馆时,没有一个人跟我打招呼。原来,我母亲在 3 年半以前就已经离开人间了。

这段话前段的内容兴奋欢娱,采用了并列句式,语气衔接很紧,语速轻快。后段描写的是作者突然发现了母亲已然去世的消息,此时语速要慢下来,而且越来越慢,音色也越来越暗,从而表现出作者难过的心情。

因此在朗读中,要根据内容合理地调换语速以及声音的高低强弱,就会使通篇文章富有节奏感,才能打动人心。

需要注意的是:读得快时,要特别注意吐字的清晰,不能为了读得快而含混不清,甚至"吃字";读得慢时,要特别注意声音的明朗实在,不能因为读得慢而显得疲疲沓沓,松松垮垮。总之,在掌握朗读的速度时要做到"快而不乱""慢而不拖"。

四、语调

语调指句子里声音高低升降的变化,其中以结尾的升降变化最为重要,一般是和句子的语气紧密结合的。朗读时,如能注意语调的升降变化,语音就有了动听的腔调,听起来便具有音乐美,也就能够更细致地表达不同的思想感情。语调变化多端,主要有以下几种:

（一）高升调

高升调多在疑问句、反诘句、短促的命令句子里使用,或者是在表示愤怒、紧张、警告、号召的句子里使用。朗读时,注意前低后高、语气上扬。例如:

① 谁能把花生的好处说出来?
② 这不是很伟大的奇观吗?
③ "什么? 地委书记?"
④ 这是不是理想的境界?

（二）降抑调

降抑调一般用在感叹句、祈使句或表示坚决、自信、赞扬、祝愿等感情的句子里。表达沉痛、悲愤的感情，一般也用这种语调。朗读时，注意调子逐渐由高降低，末字低而短。例如：

① 那醉人的绿呀！

② 啊！请把我带走吧！

③ 朋友，做生活中的有心人吧！愿一切都给你带来无限的遐思和想象。

④ 哪儿也不如故乡好！

（三）平直调

平直调一般多用在叙述、说明或表示迟疑、思索、冷淡、追忆、悼念等句子里。朗读时始终平直舒缓，没有显著的高低变化。例如：

① 读小学的时候，我的外祖母去世了。

② 我在加拿大学习期间遇到过两次募捐，那情景至今使我难以忘怀。

③ 随你处理吧！

④ 烈士们的英名和业绩将永垂不朽！

（四）曲折调

曲折调用于表示特殊的感情，如讽刺、讥笑、夸张、强调、双关、特别惊异等句子里。朗读时由高而低后高，把句子中某些特殊的音节特别加重加高或拖长，形成一种升降曲折的变化。例如：

① 它们这些海鸭呀，享受不了生活的战斗的欢乐，轰隆隆的雷声就把它们吓坏了。

② 有的人，骑在人民头上："呵，我多伟大！"

重音、停顿、语速、语调各要素，在朗读中不是孤立的，而是一个综合存在。彼此间互相配合、互相协调，才能造成抑扬顿挫的艺术效果，才能形成准确、真实、富有生命力的语音形式。

第三节　朗读部分测试指导

朗读是一种有声语言艺术，不是单纯念字、照字读音，而是要表情达意、言志传神地读。普通话水平测试朗读项测查应试人使用普通话朗读书面作品的水平，它有具体的测试要求。因此，朗读测试训练要紧扣测试要求逐步进行。

一、朗读要准确规范

（一）注意字音的准确度

按照普通话水平测试的要求，朗读项仍要测查声、韵、调读音的标准程度。读错、漏读、增读1个音节扣0.1分，声、韵系统性语音缺陷扣0.5或1分。因此，朗读时不能只注意内容和感情，而首先要读准字音。读准字音要在以下几方面下功夫：

1. 忠于作品原貌，做到"六不"

一是不添字，如把"有一天他想去看电影"读成"有一天他想着去看电影"。二是不漏字，如把"天空变成了红色"读成"天空变了红色"。三是不改字，如把"深红的颜色变成了绯红"读成"深红的颜色变成了粉红"。四是不颠倒，如把"绝无横斜逸出"读成"绝无横逸斜出"。五是不重复，如把"他们常常在和我谈话一样"读成"他们常常在和在和我谈话一样。"六是不拖腔，例如把"世界杯怎么会有如此巨大的吸引力?"读成"世界杯——怎么会——有如此——巨大的——吸引力?"。

2. 注意多音字的读音

一字多音是容易产生误读的重要原因之一，必须十分注意。例如：

他们一看那些小山，心中便觉得有了着(zhuó)落，有了依靠。他们由天上看到山上，便不知不觉地想起："明天也许就是春天了吧? 这样的温暖，今天夜里山草也许就绿起来了吧?"就是这点幻想不能一时实现，他们也并不着(zháo)急，因为这样慈善的冬天，干什么还希望别的呢!

3. 注意由字形相近或由偏旁类推引起的误读

例如：

① 他非常苦恼，坚持自己原先的主张吧，市政官员肯定会另找人修改设计；不坚持吧，又有悖(脖)自己为人的准则。

② 人类给它以生命，它毫不悭(坚)吝地把自己的艺术青春奉献给了哺育它的人。

4. 注意异读词的读音

普通话词汇中，有一部分词（或词中的语素），意义相同或基本相同，但在习惯上有两个或几个不同的读法，这些被称为"异读"。为此，国家公布了《普通话异读词审音表》，要求普通话异读词的读音以审音表为准。所以，还要掌握《审音表》中异读词的正确发音，才能达到读音规范的目的。例如：

而城市各处的真的灯火也次第亮了起来,尤其是围绕(应读 rào 不读 rǎo)在海港周围山坡上的那一片灯光,从半空倒映在乌蓝的海面上,随着波浪,晃动着,闪烁着,像一串流动着的珍珠,和那一片片密布在苍穹里的星斗互相辉映,煞是好看。

（二）注意正确运用音变规律

语流音变在朗读项中表现得最为突出和复杂,处理不好就会影响朗读的语音面貌。

1. 读准儿化音节

书面上没有标识儿化的音节,朗读项可以依据表情达意的需要,读作儿化。有些像是儿化音节,却不能读作儿化。例如：

看吧,山上的矮松越发的青黑,树尖上顶着一髻儿白花,好像日本看护妇。山尖(儿)全白了,给蓝天镶上一道银边。山坡上,有的地方雪厚点,有的地方草色还露着;这样,一道儿白,一道儿暗黄,给山们穿上一件带水纹的花衣;看着看着,这件花衣好像被风儿(fēng'ér)吹动,叫你希望看见一点(儿)更美的山的肌肤。等到快日落的时候,微黄的阳光斜射在山腰上,那点(儿)薄雪好像忽然害羞,微微露出点粉色。

2. 读准轻声音节

朗读作品中轻声音节特别多,要结合必读轻声词语表读准轻声词。例如：

没等青年人开口,班杰明就招呼道："你看我这房间,太不整洁了,请你在门外等候一分钟,我收拾一下,你再进来吧。"一边说着,班杰明就轻轻关上了房门。

3. 读准"啊"的音变(详细讲解见朗读训练)

例如：

① 最妙的是下点小雪啊(呀)。

② 幸福不喜欢喧嚣浮华,它常常在暗淡中降临。贫困中相濡以沫的一块糕饼,患难中心心相印的一个眼神,父亲一次粗糙的抚摸,女友一个温馨的字条……这都是千金难买的幸福啊(哇)。

4. 读准上声和"一、不"的变调

例如：

① 我永远追求安静的工作和简单的家庭生活。为了实现这个理想,我竭力保持宁静的环境,以免受人事的干扰和盛名的拖累。

② 莫高窟是举世闻名的艺术宝库。这里的每一尊彩塑、每一幅壁画、每一件文物,都是中国古代人民智慧的结晶。

③ 所以在这阴冷的四月里，奇迹不会发生。任凭游人扫兴和诅咒，牡丹依然安之若素。它不苟且、不俯就、不妥协、不媚俗，甘愿自己冷落自己。它遵循自己的花期自己的规律，它有权利为自己选择每年一度的盛大节日。

二、朗读要自然流畅

自然流畅就是要表达自然，不破词，不破句，不重复，不打顿；正确把握语调和语气，连贯地读下来。这是在准确的基础上要达到的进一步的要求，是熟练程度的问题。朗读测试时还需注意以下问题：

（一）克服固定腔调

固定腔调，在朗读里，指的是使用某种固定不变的声音形式，把词语纳入一种单一的格式，以不变的声音形式应万变的朗读材料，不管什么内容、什么体裁，都同样对待，从朗读中听不出什么区别。固定腔调有四类不同的类型：

一是念书腔：就是照字念音，或有字无词，或有词无句。听不出完整的句、段，毫无思想感情的流露。念书腔的主要问题是停顿多，停顿位置和时间都差不多，没有重音，语气近似。

二是唱书调：节拍一律，连休止符、符点都极少见，只是那几个音简单重复。唱书调的最大弊端是声与义隔，只闻声而不解意。只是把文字变为声音，不会产生任何感染力。

三是念经式：指那种用小而快的声音读书的方式。属于单纯背书的读法。这与朗读的要求在基本上是完全不同的。如果要朗读，就应该适当放开声音，不仅从思想感情上，而且从音律韵味上给人以美感享受。

四是朗诵式：舞台上的朗诵，那夸张、渲染的有声语言显得生动引人，不仅激情洋溢，而且音调铿锵。朗读者若不分场合、不明目的、不看内容、不管体裁，一味从声音形式上模仿这种朗诵方法，必定给朗读带来不利影响。

要打破固定腔调，使语流符合朗读规律，必须增强语感，改变言不由衷、消极被动的朗读状态，加强思想感情的运动，注意声音的变化，使有声语言充满活力。

（二）正确运用朗读技巧

普通话水平测试朗读项测试目的中特别提到，在测查声韵调读音标准程度的同时，重点测查连读音变、停连、语调以及流畅程度。所以，朗读练习要注意突出重音，停连得当，注意句调的变化，正确把握好语速节奏，用清晰响亮的声音，富有感情地把作品真切地表达出来。

1. 突出重音

例如：

十年，在历史上不过是一瞬间。只要稍加注意，人们就会发现，在这一瞬间里，各种事物都悄悄经历了自己的千变万化。

这里的"十年"和"一瞬间"可采用"重—轻"对比的重音处理法，以突出十年时光的短暂。

2. 停连得当

例如：

春天到了，可是我什么也看不见！

朗读这一句，要在"可是"后有一个较长的停顿，表示感情转折的缓冲，内心不平的呼喊。

停连得当，可以使表达更清楚明了。如果停连不当就会引起断句错误，这是测试中的大忌。这种错误的出现主要在于两点，一是在不该停延的地方停延了；二是在该停延的地方却没有停延。例如：

已经/过了大喜大悲的岁月，已经/过了伤感流泪的年华，……

在测试朗读中常常会出现相邻的两个词语中，后一个词语的前一个字常常被错误地与前一个词结合成双音节词，以使句子读破。

3. 注意语调的变化

例如：

① 中国的牛，没有成群奔跑的习惯，永远沉沉实实的，默默地工作，平心静气。这就是中国的牛！（降抑调）

② 老太太面带微笑地说："是的，一切都这么美好，我为什么不高兴呢？"（高升调）

4. 把握语速

在朗读时，适当掌握朗读的快慢，可以造成作品的情绪和气氛，增强语言的表达效果。但在普通话水平测试时，多数应试者习惯快读。其实，快读很容易出现含混不清的现象，或发音不到位，或两个音节合成一个音，或读掉了字，或读错中断后重复等。一般情况下，保持每分钟 200 多个音节的正常语速最为合适。例如：

在浩瀚无垠的沙漠里，有一片美丽的绿洲，绿洲里藏着一颗闪光的珍珠。这颗珍珠就是敦煌莫高窟。

这是一篇文艺解说词的首句,为全篇确定了平实的基调,语速要慢、稳重。

三、朗读要加强针对性训练

(一)难点音突破

1. 发音难点

在进行朗读训练时,应试者要在全面熟悉朗读材料后,准确地找出自己的发音难点,以便重点练习,各个击破。比如,辨识不清平翘舌或读不准平翘舌;前后鼻韵母难辨等,要在练习中把难点标注出来,加强记忆,反复练习。例如:

① 画卷继续展(zh)开,绿荫森森(s)的柏洞露面不太久,便来到对松(s)山(sh)。两面奇峰对峙(zh)着(zh),满山(sh)峰都是(sh)奇形怪状(zh)的老松(s),年纪怕都上(sh)千岁(s)了,颜色(s)竟那么浓,浓得好象要流下来似(sh)的。来到这(zh)儿你不妨权当一次(c)画里的写意人(r)物,坐(z)在(z)路旁的对松(s)亭里,看看山(sh)色(s),听听流水(sh)的松(s)涛。

② 现在我要回家了,胸前佩戴着醒目的绿黑两色的解放十字绶带,上面挂着五六枚我终身难忘(an ang)的勋章,肩上还佩戴着军官肩章(an ang)。

2. 读音难点

在练读过程中,应试者还要善于标出读音不确定的词,以便加强练习。例如:

很久以前,在一个漆黑的秋天的夜晚,我泛舟在西伯利亚一条阴森森的河上。船到一个转弯处,只见前面黑黢黢(hēiqūqū)的山峰下面一星火光蓦地(mòdì)一闪。

(二)长句子突破

朗读训练不要一开始就整句、整段地从头练习,以免形成"好读的句子越读越好,难读的句子照样很难"的局面。要找出难读的部分单独进行重复练习,练好后再融入原句或原段落中进行朗读。例如:

难道你又不更远一点儿想到这样枝枝叶叶靠紧团结,力求上进的白杨树,宛然象征了今天在华北平原纵横决荡用血写出新中国历史的那种精神和意志。

其中末句宾语的定语"今天在华北平原纵横决荡用血写出新中国历史的"太长,可以单独进行练习。

(三)模仿练习

普通话水平测试的朗读作品都有规范标准的朗读录音,应试者读不好的篇目,可以按照录音中的语音语调和语速节奏进行模仿练习,以增强语感,帮助提高朗读水平。

四、朗读训练

(一) 语气词"啊"的音变

"啊"在普通话中有两种用法,一是做感叹词单独使用,读作"a",声调不固定;二是做语气助词附着在句子的末尾,此时由于跟前一个音节连读,受其末尾音素的影响,语气词"啊"常常发生音变现象。在不同的语音环境中,"啊"的读音有不同的变化形式。另外"啊"的不同读音,可用相应的汉字来表示。

1. "啊"的六种音变情况

① 前面音节的末尾音素是 a、o、e、i、ü、ê 的,读作"呀"(ya)。

快去找他啊(tāya)!

你去说啊(shuōya)!

今天好热啊(rèya)!

你可要拿定主意啊(yiya)!

我来买些鱼啊(yúya)!

赶紧向他道谢啊(xièya)!

② 前面音节的末尾音素是 u(包括 ao、iao)的,读作"哇"(wa)。

你在哪里住啊(zhùwa)?

他人挺好啊(hǎowa)!

口气可真不小啊(xiǎowa)!

③ 前面音节的末尾音素是 n 的,读作"哪"(na)。

早晨的空气多清新啊(xīnna)!

多好的人啊(rénna)!

你猜得真准啊(zhǔnna)!

④ 前面音节的末尾音素是 ng 的,读作"啊"(nga)。

这幅图真漂亮啊(liàngnga)!

注意听啊(tīngnga)!

最近太忙啊(mángnga)!

⑤ 前面音节的末尾音素是-i(前)的,读作"啊"([z]a)。

今天来回几次啊(cì[z]a)!

这是谁写得字啊(zi[z]a)！

⑥ 前面音节的末尾音素是的-i(后)或 er 的,读作"啊"(ra)。

你怎么撕了一地纸啊(zhǐra)！

你有什么事儿啊(shìra)！

用汉语拼音拼写音节时,"啊"仍写作 a,不必写出音变情况。

2. 朗读下面的语料,注意"啊"的读音

训练提示:音变后的"啊"要读音自然,由前面的音节顺势而来,读音轻短。

第一组

1. 用劲儿拔啊！

2. 要努力争取啊！

3. 你还写不写啊？

4. 快来喝啊！

5. 大声读啊！

6. 快点儿走啊！

7. 真巧啊！

8. 一个好人啊！

9. 走路要小心啊！

10. 这道题真难啊！

11. 这样不成啊！

12. 请静一静啊！

13. 真重啊！

14. 这是蚕丝啊！

15. 这可是工资啊！

16. 多好的陶瓷啊！

17. 他是我的老师啊！

18. 怎么回事啊？

19. 多鲜艳的花儿啊！

第二组

1. 清晨,当第一束阳光射进舱窗时,它便敞开美丽的歌喉,唱啊唱,嘤嘤有韵,婉如春水淙淙。

2. 是啊,我们有自己的祖国,小鸟也有它的归宿,人和动物都是一样啊,哪儿也不如故乡好！

3. 只是麦收时节，门前摊了麦子，奶奶总是说：这块丑石，多占地面啊，抽空把它搬走吧。

4. 这使我们都很惊奇！这又怪又丑的石头，原来是天上的啊！

5. 今天早晨，天放晴了，太阳出来了。推开门一看，嗬！好大的雪啊！

6. 我想，不光是叔叔，我们每个人都是风筝，在妈妈手中牵着，从小放到大，再从家乡放到祖国最需要的地方去啊！

7. 然而，火光啊……毕竟……毕竟就在前头！

8. 我心中涌动的河水，激荡起甜美的浪花。我仰望一碧蓝天，心底轻声呼喊：家乡的桥啊，我梦中的桥！

9. 我想张开两臂抱住她；但这是怎样一个妄想啊。

10. 大约潭是很深的，故能蕴蓄着这样奇异的绿；仿佛蔚蓝的天融了一块在里面似的，这才这般的鲜润啊。

11. 在它看来，这狗是多么庞大的怪物啊！

12. "我调查过了，你用泥块砸那些男生，是因为他们不守游戏规则，欺负女生；你砸他们，说明你很正直善良，且有批评不良行为的勇气，应该奖励你啊！"

13. "陶……陶校长你打我两下吧！我砸的不是坏人，而是自己的同学啊……"

（二）读句训练

1. 用不同的符号标出难点音，并作朗读练习

① 现在正是枝繁叶茂的时节。这棵榕树好像在把它的全部生命力展示给我们看。那么多的绿叶，一簇堆在另一簇的上面，不留一点缝隙。翠绿的颜色明亮地在我们的眼前闪耀，似乎每一片树叶上都有一个新的生命在颤动，这美丽的南国的树！

② 我们家前院就有位叔叔，擅扎风筝，远近闻名。他扎得风筝不只体形好看，色彩艳丽，放飞得高远，还在风筝上绷一叶用蒲苇削成的膜片，经风一吹，发出"嗡嗡"的声响，仿佛是风筝的歌唱，在蓝天下播扬，给开阔的天地增添了无尽的韵味，给驰荡的童心带来几分疯狂。

③ 台湾岛上的山脉纵贯南北，中间的中央山脉犹如全岛的脊梁。西部为海拔近四千米的玉山山脉，是中国东部的最高峰。全岛约有三分之一的地方是平地，其余为山地。岛内有缎带般的瀑布，蓝宝石似的湖泊，四季常青的森林和果

园,自然景色十分优美。西南部的阿里山和日月潭,台北市郊的大屯山风景区,都是闻名世界的游览胜地。

2. 读下面的句子,要求:发音准确,声音洪亮,吐字清楚,不添字,不漏字,按标点符号要求进行恰当的停顿

① 西部地区是华夏文明的重要发源地。秦皇汉武以后,东西方文化在这里交汇融合,从而有了丝绸之路的驼铃声声,佛院深寺的暮鼓晨钟。敦煌莫高窟是世界文化史上的一个奇迹,它在继承汉晋艺术传统的基础上,形成了自己兼收并蓄的恢宏气度,展现出精美绝伦的艺术形式和博大精深的文化内涵。秦始皇兵马俑、西夏王陵、楼兰古国、布达拉宫、三星堆、大足石刻等历史文化遗产,同样为世界所瞩目,成为中华文化重要的象征。

② 鸣沙山东麓是平均高度为十七米的崖壁。在一千六百多米长的崖壁上,凿有大小洞窟七百余个,形成了规模宏伟的石窟群。其中四百九十二个洞窟中,共有彩色塑像两千一百余尊,各种壁画共四万五千多平方米。莫高窟是我国古代无数艺术匠师留给人类的珍贵文化遗产。

③ 我不由得停住了脚步。从未见过开得这样盛的藤萝,只见一片辉煌的淡紫色,像一条瀑布,从空中垂下,不见其发端,也不见其终极,只是深深浅浅的紫,仿佛在流动,在欢笑,在不停地生长。紫色的大条幅上,泛着点点银光,就像迸溅的水花。仔细看时,才知那是每一朵紫花中的最浅淡的部分,在和阳光互相挑逗。

(三) 短文朗读训练

1. 按照普通话的音变规律,读好下列短文

没有一片绿叶,没有一缕炊烟,没有一粒泥土,没有一丝花香,只有水的世界,云的海洋。

一阵台风袭过,一只孤单的小鸟无家可归,落到被卷到洋里的木板上,乘流而下,姗姗而来,近了,近了!……

忽然,小鸟张开翅膀,在人们头顶盘旋了几圈,"噗啦"一声落到了船上。许是累了?还是发现了"新大陆"?水手撵它它不走,抓它,它乖乖地落在掌心。可爱的小鸟和善良的水手结成了朋友。

瞧,它多美丽,娇巧的小嘴,啄理着绿色的羽毛,鸭子样的扁脚,呈现出春草的鹅黄。水手们把它带到舱里,给它"搭铺",让它在船上安家落户,每天,把分到的一塑料桶淡水匀给它喝,把从祖国带来的鲜美的鱼肉分给它吃,天长日久,小鸟和水手的感情日趋笃厚。清晨,当第一束阳光射进舷窗时,它便敞开美丽的歌喉,唱啊唱,嘤嘤有韵,婉如春水淙淙。人类给它以生命,它毫不悭吝地把自己的艺术青春奉献给了哺育它的人。可能都是这样?艺术家们的青春只会献给尊敬他们的人。

小鸟给远航生活蒙上了一层浪漫色调,返航时,人们爱不释手,恋恋不舍地想把它带到异乡。可小鸟憔悴了,给水,不喝!喂肉,不吃!油亮的羽毛失去了光泽。是啊,我//们有自己的祖国,小鸟也有它的归宿,人和动物都是一样啊,哪儿也不如故乡好!

慈爱的水手们决定放开它,让它回到大海的摇篮去,回到蓝色的故乡去。离别前,这个大自然的朋友与水手们留影纪念。它站在许多人的头上,肩上,掌上,胳膊上,与喂养过它的人们,一起融进那蓝色的画面……

2. 读下列短文,要求:通顺流畅,且能读出句子的不同语气、语调

一天,爸爸下班回到家已经很晚了,他很累也有点儿烦,他发现五岁的儿子靠在门旁正等着他。

"爸,我可以问您一个问题吗?"

"什么问题?""爸,您一小时可以赚多少钱?""这与你无关,你为什么问这个问题?"父亲生气地说。

"我只是想知道,请告诉我,您一小时赚多少钱?"小孩儿哀求道。"假如你一定要知道的话,我一小时赚二十美金。"

"哦,"小孩儿低下了头,接着又说,"爸,可以借我十美金吗?"父亲发怒了:"如果你只是要借钱去买毫无意义的玩具的话,给我回到你的房间睡觉去。好好想想为什么你会那么自私。我每天辛苦工作,没时间和你玩儿小孩子的游戏。"

小孩儿默默地回到自己的房间关上门。

父亲坐下来还在生气。后来,他平静下来了。心想他可能对孩子太凶了——或许孩子真的很想买什么东西,再说他平时很少要过钱。

父亲走进孩子的房间:"你睡了吗?""爸,还没有,我还醒着。"孩子回答。

"我刚才可能对你太凶了,"父亲说。"我不应该发那么大的火儿——这是你要的十美金。""爸,谢谢您。"孩子高兴地从枕头下拿出一些被弄皱的钞票,慢慢地数着。

"为什么你已经有钱了还要?"父亲不解地问。

"因为原来不够,但现在凑够了。"孩子回答:"爸,我现在有二十美金了,我可以向您买一个小时的时间吗? 明天请早一点儿回家——我想和您一起吃晚餐。"

3. 结合朗读技巧读下列短文,要求:能读出长句中的停顿和句中的轻重缓急,且依据文章的思想内容,恰当而自然地带着感情去朗读

读书人是幸福人

谢 冕

我常想读书人是世间幸福人,因为他除了拥有现实的世界之外,还拥有另一个更为浩瀚也更为丰富的世界。现实的世界是人人都有的,而后一个世界却为读书人所独有。由此我想,那些失去或不能阅读的人是多么的不幸,他们的丧失是不可补偿的。世间有诸多的不平等,财富的不平等,权力的不平等,而阅读能力的拥有或丧失却体现为精神的不平等。

一个人的一生,只能经历自己拥有的那一份欣悦,那一份苦难,也许再加上他亲自闻知的那一些关于自身以外的经历和经验。然而,人们通过阅读,却能进入不同时空的诸多他人的世界。这样,具有阅读能力的人,无形间获得了超越有限生命的无限可能性。阅读不仅使他多识了草木虫鱼之名,而且可以上溯远古下及未来,饱览存在的与非存在的奇风异俗。

更为重要的是,读书加惠于人们的不仅是知识的增广,而且还在于精神的感化与陶冶。人们从读书学做人,从那些往哲先贤以及当代才俊的著述中学得他们的人格。人们从《论语》中学得智慧的思考,从《史记》中学得严肃的历史精神,从《正气歌》中学得人格的刚烈,从马克思学得人世//的激情,从鲁迅学得批判精神,从托尔斯泰学得道德的执着。歌德的诗句刻写着睿智的人生,拜伦的诗句呼唤着奋斗的热情。一个读书人,一个有机会拥有超乎个人生命体验的幸运人。

态度创造快乐

一位访美中国女作家,在纽约遇到一位卖花的老太太。老太太穿着破旧,身体虚弱,但脸上的神情却是那样祥和兴奋。女作家挑了一朵花说:"看起来,你很高兴。"老太太面带微笑地说:"是的,一切都这么美好,我为什么不高兴呢?""对烦恼,你倒真能看得开。"女作家又说了一句。没料到,老太太的回答更令女作家大吃一惊:"耶稣在星期五被钉上十字架时,是全世界最糟糕的一天,可三天后就是复活节。所以,当我遇到不幸时,就会等待三天,这样一切就恢复正常了。"

"等待三天",多么富于哲理的话语,多么乐观的生活方式。它把烦恼和痛苦抛下,全力去收获快乐。

沈从文在"文革"期间,陷入了非人的境地。可他毫不在意,他在咸宁时给他的表侄、画家黄永玉写信说:"这里的荷花真好,你若来……"身陷苦难却仍为荷花的盛开欣喜赞叹不已,这是一种趋于澄明的境界,一种旷达洒脱的胸襟,一种面临磨难坦荡从容的气度,一种对生活童子般的热爱和对美好事物无限向往的生命情感。

由此可见,影响一个人快乐的,有时并不是困境及磨难,而是一个人的心态。如果把自己浸泡在积极、乐观、向上的心态中,快乐必然会//占据你的每一天。

喜　悦

王　蒙

高兴,这是一种具体的被看得到摸得着的事物所唤起的情绪。它是心理的,更是生理的。它容易来也容易去,谁也不应该对它视而不见失之交臂,谁也不应该总是做那些使自己不高兴也使旁人不高兴的事。让我们说一件最容易做也最令人高兴的事吧,尊重你自己,也尊重别人,这是每一个人的权利,我还要说这是每一个人的义务。

快乐,它是一种富有概括性的生存状态、工作状态。它几乎是先验的,它来自生命本身的活力,来自宇宙、地球和人间的吸引,它是世界的丰富、绚丽、阔大、悠久的体现。快乐还是一种力量,是埋在地下的根脉。消灭一个人的快乐比挖掘掉一棵大树的根要难得多。

欢欣,这是一种青春的、诗意的情感。它来自面向着未来伸开双臂奔跑的冲力,它来自一种轻松而又神秘、朦胧而又隐秘的激动,它是激情即将到来的预兆,它又是大雨过后的比下雨还要美妙得多也久远得多的回味……

喜悦,它是一种带有形而上色彩的修养和境界。与其说它是一种情绪,不如说它是一种智慧、一种超拔、一种悲天悯人的宽容和理解,一种饱经沧桑的充实和自信,一种光明的理性,一种坚定//的成熟,一种战胜了烦恼和庸俗的清明澄澈。它是一潭清水,它是一抹朝霞,它是无边的平原,它是沉默的地平线。多一点儿、再多一点儿喜悦吧,它是翅膀,也是归巢。它是一杯美酒,也是一朵永远开不败的莲花。

4. 读下列短文,要求:语言流畅,语气连贯,使作品的思想内容与朗读者的感情融为一体,产生较强的感染力

一个美丽的故事

张玉庭

有个塌鼻子的小男孩儿,因为两岁时得过脑炎,智力受损,学习起来很吃力。打个比方,别人写作文能写二三百字,他却只能写三五行。但即便这样的作文,他同样能写得很动人。

那是一次作文课,题目是《愿望》。他极其认真地想了半天,然后极认真地写,那作文极短。只有三句话:我有两个愿望,第一个是,妈妈天天笑眯眯地看着我说:"你真聪明,"第二个是,老师天天笑眯眯地看着我说:"你一点儿也不笨。"

于是,就是这篇作文,深深地打动了他的老师,那位妈妈式的老师不仅给了他最高分,在班上带感情地朗读了这篇作文,还一笔一画地批道:你很聪明,你的作文写得非常感人,请放心,妈妈肯定会格外喜欢你的,老师肯定会格外喜欢你的,大家肯定会格外喜欢你的。

捧着作文本,他笑了,蹦蹦跳跳地回家了,像只喜鹊。但他并没有把作文本拿给妈妈看,他是在等待,等待着一个美好的时刻。

那个时刻终于到了,是妈妈的生日——一个阳光灿烂的星期天:那天,他起得特别早,把作文本装在一个亲手做的美丽的大信封里,等着妈妈醒来。妈妈刚刚睁眼醒来,他就笑眯眯地走到妈妈跟前说:"妈妈,今天是您的生日,我要//送给您一件礼物。"

果然,看着这篇作文,妈妈甜甜地涌出了两行热泪,一把搂住小男孩儿,搂得很紧很紧。

是的,智力可以受损,但爱永远不会。

永远的记忆

苦 伶

　　小学的时候,有一次我们去海边远足,妈妈没有做便饭,给了我十块钱买午餐。好像走了很久,很久,终于到海边了,大家坐下来便吃饭,荒凉的海边没有商店,我一个人跑到防风林外面去,级任老师要大家把吃剩的饭菜分给我一点儿。有两三个男生留下一点儿给我,还有一个女生,她的米饭拌了酱油,很香。我吃完的时候,她笑眯眯地看着我,短头发,脸圆圆的。

　　她的名字叫翁香玉。

　　每天放学的时候,她走的是经过我们家的一条小路,带着一位比她小的男孩儿,可能是弟弟。小路边是一条清澈见底的小溪,两旁竹阴覆盖,我总是远远地跟在她后面,夏日的午后特别炎热,走到半路她会停下来,拿手帕在溪水里浸湿,为小男孩儿擦脸。我也在后面停下来,把肮脏的手帕弄湿了擦脸,再一路远远跟着她回家。

　　后来我们家搬到镇上去了,过几年我也上了中学。有一天放学回家,在火车上,看见斜对面一位短头发、圆圆脸的女孩儿,一身素净的白衣黑裙。我想她一定不认识我了。火车很快到站了,我随着人群挤向门口,她也走近了,叫我的名字。这是她第一次和我说话。

　　她笑眯眯的,和我一起走过月台。以后就没有再见过//她了。

　　这篇文章收在我出版的《少年心事》这本书里。

　　书出版后半年,有一天我忽然收到出版社转来的一封信,信封上是陌生的字迹,但清楚地写着我的本名。

　　信里面说她看到了这篇文章心里非常激动,没想到在离开家乡,漂泊异地这么久之后,会看见自己仍然在一个人的记忆里,她自己也深深记得这其中的每一幕,只是没想到越过遥远的时空,竟然另一个人也深深记得。

语言的魅力

　　在繁华的巴黎大街的路旁,站着一个衣衫褴褛、头发斑白、双目失明的老人。他不像其他乞丐那样伸手向过路行人乞讨,而是在身旁立一块木牌,上面写着:"我什么也看不见!"街上过往的行人很多,看了木牌上的字都无动于衷,有的还淡淡一笑,便姗姗而去了。

这天中午,法国著名诗人让·彼浩勒也经过这里。他看看木牌上的字,问盲老人:"老人家,今天上午有人给你钱吗?"

盲老人叹息着回答:"我,我什么也没有得到。"说着,脸上的神情非常悲伤。

让·彼浩勒听了,拿起笔悄悄地在那行字的前面添上了"春天到了,可是"几个字,就匆匆地离开了。

晚上,让·彼浩勒又经过这里,问那个盲老人下午的情况。盲老人笑着回答说:"先生,不知为什么,下午给我钱的人多极了!"让·彼浩勒听了,摸着胡子满意地笑了。

"春天到了,可是我什么也看不见!"这富有诗意的语言,产生这么大的作用,就在于它有非常浓厚的感情色彩。是的,春天是美好的,那蓝天白云,那绿树红花,那莺歌燕舞,那流水人家,怎么不叫人陶醉呢?但这良辰美景,对于一个双目失明的人来说,只是一片漆黑。当人们想到这个盲老人,一生中竟连万紫千红的春天//都不曾看到,怎能不对他产生同情之心呢?

附录：

普通话水平测试用朗读作品 50 篇及语音提示

1. 白杨礼赞

茅 盾

那是力争上游的一种树，笔直的干，笔直的枝。它的干呢，通常是丈把高，像是加以人工似的，一丈以内，绝无旁枝；它所有的桠枝呢，一律向上，而且紧紧靠拢，也像是加以人工似的，成为一束，绝无横斜逸出；它的宽大的叶子也是片片向上，几乎没有斜生的，更不用说倒垂了；它的皮，光滑而有银色的晕圈，微微泛出淡青色。这是虽在北方的风雪的压迫下却保持着倔强挺立的一种树！哪怕只有碗来粗细罢，它却努力向上发展，高到丈许，两丈，参天耸立，不折不挠，对抗着西北风。

这就是白杨树，西北极普通的一种树，然而决不是平凡的树！

它没有婆娑的姿态，没有屈曲盘旋的虬枝，也许你要说它不美丽，——如果美是专指"婆娑"或"横斜逸出"之类而言，那么白杨树算不得树中的好女子；但是它却是伟岸，正直，朴素，严肃，也不缺乏温和，更不用提它的坚强不屈与挺拔，它是树中的伟丈夫！当你在积雪初融的高原上走过，看见平坦的大地上傲然挺立这么一株或一排白杨树，难道你就只觉得树只是树，难道你就不想到它的朴质，严肃，坚强不屈，至少也象征了北方的农民；难道你竟一点儿也不联想到，在敌后的广大土//地上，到处有坚强不屈，就像这白杨树一样傲然挺立的守卫他们家乡的哨兵！难道你又不更远一点想到这样枝枝叶叶靠紧团结，力求上进的白杨树，宛然象征了今天在华北平原纵横决荡用血写出新中国历史的那种精神和意志。

朗读提示：

这是一篇抒情散文，适合用中等语速，柔和的音色，明亮的实声来体现"赞颂"之情。

语音提示：

干 gàn	似的 shìde	桠枝 yāzhī
片片 piànpiàn	晕圈 yùnquān	挠 náo
然而 rán'ér	婆娑 pósuō	虬 qiú

女子 nǚzǐ　　　　　丈夫 zhàngfu　　　　　血 xuè

2. 差别

两个同龄的年轻人同时受雇于一家店铺，并且拿同样的薪水。

可是一段时间后，叫阿诺德的那个小伙子青云直上，而那个叫布鲁诺的小伙子却仍在原地踏步。布鲁诺很不满意老板的不公正待遇。终于有一天他到老板那儿发牢骚了。老板一边耐心地听着他的抱怨，一边在心里盘算着怎样向他解释清楚他和阿诺德之间的差别。

"布鲁诺先生，"老板开口说话了，"您现在到集市上去一下，看看今天早上有什么卖的。"

布鲁诺从集市上回来向老板汇报说，今早集市上只有一个农民拉了一车土豆在卖。

"有多少？"老板问。

布鲁诺赶快戴上帽子又跑到集上，然后回来告诉老板一共四十袋土豆。

"价格是多少？"

布鲁诺又第三次跑到集上问来了价格。

"好吧，"老板对他说，"现在请您坐到这把椅子上一句话也不要说，看看阿诺德怎么说。"

阿诺德很快就从集市上回来了。向老板汇报说到现在为止只有一个农民在卖土豆，一共四十口袋，价格是多少多少；土豆质量很不错，他带回来一个让老板看看。这个农民一个钟头以后还会弄来几箱西红柿，据他看价格非常公道。昨天他们铺子的西红柿卖得很快，库存已经不//多了。他想这么便宜的西红柿，老板肯定会要进一些的，所以他不仅带回了一个西红柿做样品，而且把那个农民也带来了，他现在正在外面等回话呢。

此时老板转向了布鲁诺，说："现在您肯定知道为什么阿诺德的薪水比您高了吧！"

朗读提示：

这是一片记叙文，整篇作品对话较多，可以通过语速的转换和语调表现不同人物的语气。

语音提示：

差别 chābié　　　　　牢骚 láo·sāo　　　　　抱怨 bào·yuàn

什么 shénme　　　　　多少 duōshao　　　　　质量 zhìliàng
弄 nòng

3. 丑石

贾平凹

　　我常常遗憾我家门前的那块丑石：它黑黝黝地卧在那里，牛似的模样；谁也不知道是什么时候留在这里的，谁也不去理会它。只是麦收时节，门前摊了麦子，奶奶总是说：这块丑石，多占地面呀，抽空把它搬走吧。

　　它不像汉白玉那样的细腻，可以刻字雕花，也不像大青石那样的光滑，可以供来浣纱捶布。它静静地卧在那里，院边的槐阴没有庇覆它，花儿也不再在它身边生长。荒草便繁衍出来，枝蔓上下，慢慢地，它竟锈上了绿苔、黑斑。我们这些做孩子的，也讨厌起它来，曾合伙要搬走它，但力气又不足；虽时时咒骂它，嫌弃它，也无可奈何，只好任它留在那里了。

　　终有一日，村子里来了一个天文学家。他在我家门前路过，突然发现了这块石头，眼光立即就拉直了。他再没有离开，就住了下来；以后又来了好些人，都说这是一块陨石，从天上落下来已经有二三百年了，是一件了不起的东西。不久便来了车，小心翼翼地将它运走了。

　　这使我们都很惊奇，这又怪又丑的石头，原来是天上的啊！它补过天，在天上发过热、闪过光，我们的先祖或许仰望过它，它给了他们光明、向往、憧憬；而它落下来了，在污土里，荒草里，一躺就//是几百年了！

　　我感到自己的无知，也感到了丑石的伟大，我甚至怨恨它这么多年竟会默默地忍受着这一切！而我又立即深深地感到它那种不屈于误解、寂寞的生存的伟大。

朗读提示：

　　这是一篇抒情散文，适合中等语速，语调较为平淡，音色要柔和。朗读时可充分利用其中的轻声词体现抑扬顿挫的美感。

语音提示：

黑黝黝 hēiyǒuyǒu（口语一般读 hēiyōuyōu）

似的 shìde	模样 múyàng	多 duō
供来 gōnglái	浣纱 huànshā	庇覆 bìfù
繁衍 fányǎn	立即 lìjí	给 gěi
枝蔓 zhīmàn	什么 shénme	憧憬 chōngjǐng

4. 达瑞的故事

[德]博多·舍费尔

在达瑞八岁的时候,有一天他想去看电影。因为没有钱,他想是向爸妈要钱,还是自己挣钱。最后他选择了后者。他自己调制了一种汽水,向过路的行人出售。可那时正是寒冷的冬天,没有人买,只有两个人例外——他的爸爸和妈妈。

他偶然有一个和非常成功的商人谈话的机会。当他对商人讲述了自己的"破产史"后,商人给了他两个重要的建议:一是尝试为别人解决一个难题;二是把精力集中在你知道的、你会的和你拥有的东西上。

这两个建议很关键。因为对于一个八岁的孩子而言,他不会做的事情很多。于是他穿过大街小巷,不停地思考:人们会有什么难题,他又如何利用这个机会?

一天,吃早饭时父亲让达瑞去取报纸。美国的送报员总是把报纸从花园篱笆的一个特制的管子里塞进来。假如你想穿着睡衣舒舒服服地吃早饭和看报纸,就必须离开温暖的房间,冒着寒风,到花园去取。虽然路短,但十分麻烦。

当达瑞为父亲取报纸的时候,一个主意诞生了。当天他就按响邻居的门铃,对他们说,每个月只需付给他一美元,他就每天早上把报纸塞到他们的房门底下。大多数人都同意了,很快他有//了七十多个顾客。一个月后,当他拿到自己赚的钱时,觉得自己简直是飞上了天。

很快他又有了新的机会,他让他的顾客每天把垃圾袋放在门前,然后由他早上运到垃圾桶里,每个月加一美元。之后他还想出了许多孩子赚钱的办法,并把它集结成书,书名为《儿童挣钱的二百五十个主意》。为此,达瑞十二岁时就成了畅销书作家,十五岁有了自己的谈话节目,十七岁就拥有了几百万美元。

朗读提示:

这是一篇记叙文,适合中速,根据内容适当的转换语速,读出文中的抑扬顿挫。

语音提示:

调制 tiáozhì	汽水 qìshuǐ	偶然 ǒurán
篱笆 líba	主意 zhǔyi("主"读35)	塞 sāi

舒舒服服 shūshūfúfú(口语一般读 shūshūfūfū) 　　当天 dàngtiān

5. 第一场雪

峻　青

这是入冬以来,胶东半岛上第一场雪。

雪纷纷扬扬,下得很大。开始还伴着一阵儿小雨,不久就只见大片大片的雪花,从彤云密布的天空中飘落下来。地面上一会儿就白了。冬天的山村,到了夜里就万籁俱寂,只听得雪花簌簌地不断往下落,树木的枯枝被雪压断了,偶尔咯吱一声响。

大雪整整下了一夜。今天早晨,天放晴了,太阳出来了。推开门一看,嗬!好大的雪啊!山川、河流、树木、房屋,全都罩上了一层厚厚的雪,万里江山,变成了粉妆玉砌的世界。落光了叶子的柳树上挂满了毛茸茸亮晶晶的银条儿;而那些冬夏常青的松树和柏树上,则挂满了蓬松松沉甸甸的雪球儿。一阵风吹来,树枝轻轻地摇晃,美丽的银条儿和雪球儿簌簌地落下来,玉屑似的雪末儿随风飘扬,映着清晨的阳光,显出一道道五光十色的彩虹。

大街上的积雪足有一尺多深,人踩上去,脚底下发出咯吱咯吱的响声。一群群孩子在雪地里堆雪人,掷雪球儿。那欢乐的叫喊声,把树枝上的雪都震落下来了。

俗话说,"瑞雪兆丰年"。这个话有充分的科学根据,并不是一句迷信的成语。寒冬大雪,可以冻死一部分越冬的害虫;融化了的水渗进土层深处,又能供应//庄稼生长的需要。我相信这一场十分及时的大雪,一定会促进明年春季作物,尤其是小麦的丰收。有经验的老农把雪比做是"麦子的棉被"。冬天"棉被"盖得越厚,明春麦子就长得越好,所以又有这样一句谚语:"冬天麦盖三层被,来年枕着馒头睡"。

我想,这就是人们为什么把及时的大雪称为"瑞雪"的道理吧。

朗读提示:

这是一篇抒情散文,适用中等语速。文中的儿化和轻声以及叠音词比较多,可以使音色柔和,从而把对第一场雪的惊喜之情表现出来。

语音提示:

彤云 tóngyún　　　　簌簌 sùsù　　　　　　压断 yāduàn
咯吱 gēzhī　　　　　粉妆玉砌 fěnzhuāng-yùqì　听得 tīngdé

一会儿 yīhuìr	堆 duī	掷 zhì
毛茸茸 máoróngróng 或 máorōngrōng		柏树 bǎishù
沉甸甸 chéndiàndiàn 或 chéndiāndiān		玉屑 yùxiè
似的 shìde	供应 gōngyìng	枕 zhěn

6. 繁星

巴 金

　　我爱月夜,但我也爱星天。从前在家乡七八月的夜晚在庭院里纳凉的时候,我最爱看天上密密麻麻的繁星。望着星天,我就会忘记一切,仿佛回到了母亲的怀里似的。

　　三年前在南京我住的地方有一道后门,每晚我打开后门,便看见一个静寂的夜。下面是一片菜园,上面是星群密布的蓝天。星光在我们的肉眼里虽然微小,然而它使我们觉得光明无处不在。那时候我正在读一些天文学的书,也认得一些星星,好像它们就是我的朋友,它们常常在和我谈话一样。

　　如今在海上,每晚和繁星相对,我把它们认得很熟了。我躺在舱面上,仰望天空。深蓝色的天空里悬着无数半明半昧的星。船在动,星也在动,它们是这样低,真是摇摇欲坠呢! 渐渐地我的眼睛模糊了,我好像看见无数萤火虫在我的周围飞舞。海上的夜是柔和的,是静寂的,是梦幻的。我望着许多认识的星,我仿佛看见它们在对我眨眼,我仿佛听见它们在小声说话。这时我忘记了一切。在星的怀抱中我微笑着,我沉睡着。我觉得自己是一个小孩子,现在睡在母亲的怀里了。

　　有一夜,那个在哥伦波上船的英国人指给我看天上的巨人。他用手指着://那四颗明亮的星是头,下面的几颗是身子,这几颗是手,那几颗是腿和脚,还有三颗星算是腰带。经他这一番指点,我果然看清楚了那个天上的巨人。看,那个巨人还在跑呢!

　　朗读提示:

　　这是一篇抒情散文,朗读时语速适中,音色柔和,声音可以虚一些以体现星夜的柔和之美。

　　语音提示:

似的 shìde	地方 dìfang	然而 rán'ér
模糊 móhu		

7. 风筝畅想曲

李恒瑞

假日到河滩上转转,看见许多孩子在放风筝。一根根长长的引线,一头系在天上,一头系在地上,孩子同风筝都在天与地之间悠荡,连心也被悠荡得恍恍惚惚了,好像又回到了童年。

儿时的放风筝,大多是自己的长辈或家人编扎的,几根削得很薄的篾,用细纱线扎成各种鸟兽的造型,糊上雪白的纸片,再用彩笔勾勒出面孔与翅膀的图案。通常扎得最多的是"老雕"、"美人儿"、"花蝴蝶"等。

我们家前院就有位叔叔,擅扎风筝,远近闻名。他扎的风筝不只体型好看,色彩艳丽,放飞得高远,还在风筝上绷一叶用蒲苇削成的膜片,经风一吹,发出"嗡嗡"的声响,仿佛是风筝的歌唱,在蓝天下播扬,给开阔的天地增添了无尽的韵味,给驰荡的童心带来几分疯狂。

我们那条胡同的左邻右舍的孩子们放的风筝几乎都是叔叔编扎的。他的风筝不卖钱,谁上门去要,就给谁,他乐意自己贴钱买材料。

后来,这位叔叔去了海外,放风筝也渐与孩子们远离了。不过年年叔叔给家乡写信,总不忘提起儿时的放风筝。香港回归之后,他在家信中说到,他这只被故乡放飞到海外的风筝,尽管飘荡游弋,经沐风雨,可那线头儿一直在故乡和//亲人手中牵着,如今飘得太累了,也该要回归到家乡和亲人身边来了。

是的。我想,不光是叔叔,我们每个人都是风筝,在妈妈手中牵着,从小放到大,再从家乡放到祖国最需要的地方去啊!

朗读提示:

这是一篇抒情散文,适合中速,音色柔和。

语音提示:

风筝 fēngzheng	系 jì	编扎 biānzā
削 xiāo	很薄 báo	勾勒 gōulè
游弋 yóuyì	尽管 jǐnguǎn	乐意 lèyì
胡同 hútòngr		

8. 父亲的爱

[美]艾尔玛·邦贝克

爸不懂得怎样表达爱,使我们一家人融洽相处的是我妈。他只是每天上班下班,而妈则把我们做过的错事开列清单,然后由他来责骂我们。

有一次我偷了一块糖果,他要我把它送回去,告诉卖糖的说是我偷来的,说我愿意替他拆箱卸货作为赔偿。但妈妈却明白我只是个孩子。

我在运动场打秋千跌断了腿,在前往医院的途中一直抱着我的,是我妈。爸把汽车停在急诊室门口,他们叫他驶开,说那空位是留给紧急车辆停放的。爸听了便叫嚷道:"你以为这是什么车? 旅游车?"

在我生日会上,爸总是显得有些不大相称。他只是忙于吹气球,布置餐桌,做杂务。把插着蜡烛的蛋糕推过来让我吹的,是我妈。

我翻阅照相册时,人们总是问:"你爸爸是什么样子的?"天晓得! 他老是忙着替别人拍照。妈和我笑容可掬地一起拍的照片,多得不可胜数。

我记得妈有一次叫他教我骑自行车。我叫他别放手,但他却说是应该放手的时候了。我摔倒之后,妈跑过来扶我,爸却挥手要她走开。我当时生气极了,决心要给他点儿颜色看。于是我马上爬上自行车,而且自己骑给他看。他只是微笑。

我念大学时,所有的家信都是妈写的。他//除了寄支票外,还寄过一封短柬给我,说因为我不在草坪上踢足球了,所以他的草坪长得很美。

每次我打电话回家,他似乎都想跟我说话,但结果总是说:"我叫你妈来接。"

我结婚时,掉眼泪的是我妈。他只是大声擤了一下鼻子,便走出房间。

我从小到大都听他说:"你到哪里去? 什么时候回家? 汽车有没有汽油? 不,不准去。"爸完全不知道怎样表达爱。除非……

会不会是他已经表达了,而我却未能察觉?

朗读提示:

这是一篇记叙文,语速适中,根据内容变换语速和语调、语气,凸显父母不同的爱的方式以及作者感情的变化。

语音提示:

相处 xiāngchǔ   告诉 gàosu   卸货 xièhuò

明白 míngbai　　　诊室 zhěnshì　　　　空位 kòngwèi

什么 shénme　　　相称 xiāngchèn　　　别人 bié·rén

笑容可掬 xiàoróng-kějū　　　　　　　短柬 duǎnjiǎn

擤 xǐng　　　　不可胜数 bùkě-shèngshǔ

9. 国家荣誉感

冯骥才

一个大问题一直盘踞在我脑袋里：

世界杯怎么会有如此巨大的吸引力？除去足球本身的魅力之外，还有什么超乎其上而更伟大的东西？

近来观看世界杯，忽然从中得到了答案：是由于一种无上崇高的精神情感——国家荣誉感！

地球上的人都会有国家的概念，但未必时时都有国家的感情。往往人到异国，思念家乡，心怀故国，这国家概念就变得有血有肉，爱国之情来得非常具体。而现代社会，科技昌达，信息快捷，事事上网，世界真是太小太小，国家的界限似乎也不那么清晰了。再说足球正在快速世界化，平日里各国球员频繁转会，往来随意，致使越来越多的国家联赛都具有国际的因素。球员们不论国籍，只效力于自己的俱乐部，他们比赛时的激情中完全没有爱国主义的因子。

然而，到了世界杯大赛，天下大变。各国球员都回国效力，穿上与光荣的国旗同样色彩的服装。在每一场比赛前，还高唱国歌以宣誓对自己祖国的挚爱与忠诚。一种血缘情感开始在全身的血管里燃烧起来，而且立刻热血沸腾。

在历史时代，国家间经常发生对抗，好男儿戎装卫国。国家的荣誉往往需要以自己的生命去换//取。但在和平时代，唯有这种国家之间大规模对抗性的大赛，才可以唤起那种遥远而神圣的情感，那就是：为祖国而战！

朗读提示：
这是一篇议论文，声音要明亮清晰，突出作者的观点，注意语句重音。

语音提示：

脑袋里 nǎodai·lǐ　　　什么 shénme　　　　而 ér

国家 guó　　　　　似乎 sìhū　　　　　然而 rán'ér

挚爱 zhì'ài　　　　有血有肉 yǒuxiěyǒuròu　　血缘 xuèyuán

血管 xuèguǎn　　　热血沸腾 rèxuèfèiténg

10. 海滨仲夏夜

峻 青

夕阳落山不久,西方的天空,还燃烧着一片橘红色的晚霞。大海,也被这霞光染成了红色,而且比天空的景色更要壮观。因为它是活动的,每当一排排波浪涌起的时候,那映照在浪峰上的霞光,又红又亮,简直就像一片片霍霍燃烧着的火焰,闪烁着,消失了。而后面的一排,又闪烁着,滚动着,涌了过来。

天空的霞光渐渐地淡下去了,深红的颜色变成了绯红,绯红又变为浅红。最后,当这一切红光都消失了的时候,那突然显得高而远了的天空,则呈现出一片肃穆的神色。最早出现的启明星,在这蓝色的天幕上闪烁起来了。它是那么大,那么亮,整个广漠的天幕上只有它在那里放射着令人注目的光辉,活像一盏悬挂在高空的明灯。

夜色加浓,苍空中的"明灯"越来越多了。而城市各处的真的灯火也次第亮了起来,尤其是围绕在海港周围山坡上的那一片灯光,从半空倒映在乌蓝的海面上,随着波浪,晃动着,闪烁着,像一串流动着的珍珠,和那一片片密布在苍穹里的星斗互相辉映,煞是好看。

在这幽美的夜色中,我踏着软绵绵的沙滩,沿着海边,慢慢地向前走去。海水,轻轻地抚摸着细软的沙滩,发出温柔的//刷刷声。晚来的海风,清新而又凉爽。我的心里,有着说不出的兴奋和愉快。

夜风轻飘飘地吹拂着,空气中飘荡着一种大海和田禾相混合的香味儿,柔软的沙滩上还残留着白天太阳炙晒的余温。那些在各个工作岗位上劳动了一天的人们,三三两两地来到这软绵绵的沙滩上,他们浴着凉爽的海风,望着那缀满了星星的夜空,尽情地说笑,尽情地休憩。

朗读提示:

这是一篇抒情性散文,抒情色彩浓厚,适用中速,音色要柔和,特别把握好重音、语速、停连等因素。

语音提示:

因为 yīn·wèi	涌 yǒng	绯红 fēihóng
注目 zhùmù	倒映 dàoyìng	互相 hùxiāng
兴奋 xīngfèn	混合 hùnhé	炙晒 zhìshài

休憩 xiūqì

11. 海洋与生命

童裳亮

生命在海洋里诞生绝不是偶然的,海洋的物理和化学性质,使它成为孕育原始生命的摇篮。

我们知道,水是生物的重要组成部分,许多动物组织的含水量在百分之八十以上,而一些海洋生物的含水量高达百分之九十五。水是新陈代谢的重要媒介,没有它,体内的一系列生理和生物化学反应就无法进行,生命也就停止。因此,在短时期内动物缺水要比缺少食物更加危险。水对今天的生命是如此重要,它对脆弱的原始生命,更是举足轻重了。生命在海洋里诞生,就不会有缺水之忧。

水是一种良好的溶剂。海洋中含有许多生命所必需的无机盐,如氯化钠、氯化钾、碳酸盐、磷酸盐,还有溶解氧。原始生命可以毫不费力地从中吸取它所需要的元素。

水具有很高的热容量,加之海洋浩大,任凭夏季烈日曝晒,冬季寒风扫荡,它的温度变化却比较小。因此,巨大的海洋就像是天然的"温箱",是孕育原始生命的温床。

阳光虽然为生命所必需,但是阳光中的紫外线却有扼杀原始生命的危险。水能有效吸收紫外线。因而又为原始生命提供了天然的"屏障"。

这一切都是原始生命得以产生和发展的必要条件。//

朗读提示:

这是一篇说明文,适合中速,语气平和,态度客观明朗,通过抑扬顿挫表现出事物性质特点。

语音提示:

氯化钠 lùhuànà	曝晒 pùshài	为生命所必须 wéi
扼杀 èshā	提供 tígōng	

12. 和时间赛跑

林清玄

读小学的时候,我的外祖母去世了。外祖母生前最疼爱我,我无法排除自己的忧伤,每天在学校的操场上一圈儿又一圈儿地跑着,跑得累倒在地上,扑在草坪上痛哭。

那哀痛的日子,断断续续地持续了很久,爸爸妈妈也不知道如何安慰我。他们知道与其骗我说外祖母睡着了,还不如对我说实话:外祖母永远不会回来了。

"什么是永远不会回来呢?"我问着。

"所有时间里的事物,都永远不会回来。你的昨天过去,它就永远变成昨天,你不能再回到昨天。爸爸以前也和你一样小,现在也不能回到你这么小的童年了;有一天你会长大,你会像外祖母一样老;有一天你度过了你的时间,就永远不会回来了。"爸爸说。

爸爸等于给我一个谜语,这谜语比课本上的"日历挂在墙壁,一天撕去一页,使我心里着急"和"一寸光阴一寸金,寸金难买寸光阴"还让我感到可怕,也比作文本上的"光阴似箭,日月如梭"更让我觉得有一种说不出的滋味。

时间过得那么飞快,使我的小心眼儿里不只是着急,还有悲伤。有一天我放学回家,看到太阳快落山了,就下决心说:"我要比太阳更快地回家。"我狂奔回去,站在庭院前喘气的时候,看到太阳//还露着半边脸,我高兴地跳跃起来,那一天我跑赢了太阳。以后我就时常做那样的游戏,有时和太阳赛跑,有时和西北风比快,有时一个暑假才能做完的作业,我十天就做完了;那时我三年级,常常把哥哥五年级的作业拿来做。每一次比赛胜过时间,我就快乐得不知道怎么形容。

如果将来我有什么要教给我的孩子,我会告诉他:假若你一直和时间比赛,你就可以成功!

朗读提示:

这是一篇散文,有人物对话,有心理活动,感情变化也很突出,用适当的语速、语气、语调和重音有感情地朗读。

语音提示:

一圈儿 yīquānr　　　着急 zháojí　　　心眼儿里 xīnyǎnr·lǐ

13. 胡适的白话电报

三十年代初,胡适在北京大学任教授。讲课时他常常对白话文大加称赞,引起一些只喜欢文言文而不喜欢白话文的学生的不满。

一次,胡适正讲得得意的时候,一位姓魏的学生突然站了起来,生气地问:"胡先生,难道说白话文就毫无缺点吗?"胡适微笑着回答说:"没有。"那位学生更加激动了:"肯定有! 白话文废话太多,打电报用字多,花钱多。"胡适的目光顿时变亮了。轻声地解释说:"不一定吧! 前几天有位朋友给我打来电报,请我去政府部门工作,我决定不去,就回电拒绝了。复电是用白话写的,看来也很省字。请同学们根据我这个意思,用文言文写一个回电,看看究竟是白话文省字,还是文言文省字?"胡教授刚说完,同学们立刻认真地写了起来。

十五分钟过去,胡适让同学举手,报告用字的数目,然后挑了一份用字最少的文言电报稿,电文是这样写的:

"才疏学浅,恐难胜任,不堪从命。"白话文的意思是:学问不深,恐怕很难担任这个工作,不能服从安排。

胡适说,这份写得确实不错,仅用了十二个字。但我的白话电报却只用了五个字:

"干不了,谢谢!"

胡适又解释说:"'干不了'就有才疏学浅、恐难胜任的意思;'谢谢'既//对朋友的介绍表示感谢,又有拒绝的意思。所以,废话多不多,并不看它是文言文还是白话文,只要注意选用字词,白话文是可以比文言文更省字的。"

朗读提示:

这是一篇记叙文,注意用不同的语速和语调对比把两个对话者的身份、态度表现出来。利用重音凸出语意。

语音提示:

学生 xuésheng　　　微笑着 wēixiàozhe　　　谢谢 xièxie
看看 kànkan

14. 火光

[俄]柯罗连科

很久以前,在一个漆黑的秋天的夜晚,我泛舟在西伯利亚一条阴森森的河上。船到一个转弯处,只见前面黑黢黢的山峰下面一星火光蓦地一闪。

火光又明又亮,好像就在眼前……

"好啦,谢天谢地!"我高兴地说,"马上就到过夜的地方啦!"

船夫扭头朝身后的火光望了一眼,又不以为然地划起桨来。

"远着呢!"

我不相信他的话,因为火光冲破朦胧的夜色,明明在那儿闪烁。不过船夫是对的,事实上,火光的确还远着呢。

这些黑夜的火光的特点是:驱散黑暗,闪闪发亮,近在眼前,令人神往。乍一看,再划几下就到了……其实却还远着呢!……

我们在漆黑如墨的河上又划了很久。一个个峡谷和悬崖,迎面驶来,又向后移去,仿佛消失在茫茫的远方,而火光却依然停在前头,闪闪发亮,令人神往——依然是这么近,又依然是那么远……

现在,无论是这条被悬崖峭壁的阴影笼罩的漆黑的河流,还是那一星明亮的火光,都经常浮现在我的脑际,在这以前和在这以后,曾有许多火光,似乎近在咫尺,不止使我一人心驰神往。可是生活之河却仍然在那阴森森的两岸之间流着,而火光也依旧非常遥远。因此,必须加劲划桨……

然而,火光啊……毕竟……毕竟就//在前头!……

朗读提示:

这是一篇抒情散文,语速适中,音色柔和,用语速和语调、语气的变换显示文章的节奏。

语音提示:

黑黢黢 hēiqūqū	蓦地 mòdì	乍一看 zhàyīkàn
然而 rán'ér	因为 yīn·wèi	

15. 济南的冬天

老 舍

对于一个在北平住惯的人,像我,冬天要是不刮风,便觉得是奇迹;济南的冬天是没有风声的。对于一个刚由伦敦回来的人,像我,冬天要能看得见日光,便觉得是怪事;济南的冬天是响晴的。自然,在热带的地方,日光是永远那么毒,响亮的天气,反有点儿叫人害怕。可是,在北方的冬天,而能有温晴的天气,济南真得算个宝地。

设若单单是有阳光,那也算不了出奇。请闭上眼睛想:一个老城,有山有水,全在天底下晒着阳光,暖和安适地睡着,只等春风来把它们唤醒,这是不是理想的境界?小山整把济南围了个圈儿,只有北边缺着点口儿。这一圈小山在冬天特别可爱,好像是把济南放在一个小摇篮里,它们安静不动地低声地说:

"你们放心吧,这儿准保暖和。"济南的人们在冬天是面上含笑的。他们一看那些小山,心中便觉得有了着落,有了依靠。他们由天上看到山上,便不知不觉地想起:"明天也许就是春天了吧? 这样的温暖,今天夜里山草也许就绿起来了吧?"就是这点幻想不能一时实现,他们也并不着急,因为这样慈善的冬天,干什么还希望别的呢!

最妙的是下点小雪呀。看吧,山上的矮松越发的青黑,树尖儿上//顶着一髻儿白花,好像日本看护妇。山尖儿全白了,给蓝天镶上一道银边。山坡上,有的地方雪厚点儿,有的地方草色还露着;这样,一道儿白,一道儿暗黄,给山们穿上一件带水纹儿的花衣;看着看着,这件花衣好像被风儿吹动,叫你希望看见一点儿更美的山的肌肤。等到快日落的时候,微黄的阳光斜射在山腰上,那点薄雪好像忽然害羞,微微露出点儿粉色。就是下小雪吧,济南是受不住大雪的,那些小山太秀气。

朗读提示:

这是一篇抒情散文,语速适中,重音不适合重读,音色要柔和,从而读出作者对济南的冬天之喜爱。文章是用较为典型的北方方言写成的,轻声、儿化特别多,朗读时尤其要注意。

语音提示:

觉得 jué·dé	真得 zhēnděi	地方 dìfang
暖和 nuǎnhuo	缺着点口儿 quēzhediǎnkǒur	这儿 zhèr
着落 zhuóluò	着急 zháojí	什么 shénme
髻儿 jìr	看护妇 kānhùfù	薄雪 báoxuě
风儿 fēng'ér		

16. 家乡的桥

郑　莹

纯朴的家乡村边有一条河,曲曲弯弯,河中架一弯石桥,弓样的小桥横跨两岸。

每天,不管是鸡鸣晓月,日丽中天,还是月华泻地,小桥都印下串串足迹,洒落串串汗珠。那是乡亲为了追求多棱的希望,兑现美好的遐想。弯弯小桥,不时荡过轻吟低唱,不时露出舒心的笑容。

因而,我稚小的心灵,曾将心声献给小桥:你是一弯银色的新月,给人间普照光辉；你是一把闪亮的镰刀，割刈着欢笑的花果；你是一根晃悠悠的扁担，挑起了彩色的明天！哦，小桥走进我的梦中。

我在飘泊他乡的岁月，心中总涌动着故乡的河水，梦中总看到弓样的小桥。当我访南疆探北国，眼帘闯进座座雄伟的长桥时，我的梦变得丰满了，增添了赤橙黄绿青蓝紫。

三十多年过去，我带着满头霜花回到故乡，第一紧要的便是去看望小桥。

啊！小桥呢？小桥躲起来？河中一道长虹，浴着朝霞熠熠闪光。哦，雄浑的大桥敞开胸怀，汽车的呼啸、摩托的笛音、自行车的叮铃，合奏着进行交响乐；南来的钢筋、花布，北往的柑橙、家禽，绘出交流欢跃图……

啊！蜕变的桥，传递了家乡进步的消息，透露了家乡富裕的声音。时代的春风，美好的追求，我蓦地记起儿时唱//给小桥的歌，哦，明艳艳的太阳照耀了，芳香甜蜜的花果捧来了，五彩斑斓的岁月拉开了！

我心中涌动的河水，激荡起甜美的浪花。我仰望一碧蓝天，心底轻声呼喊：家乡的桥啊，我梦中的桥！

朗读提示：

这是一篇抒情散文，感情充沛，抒情意味极浓，要根据作者感情的增进及时调整语速语调，重音不适合重读，拉长重读音节或者重音轻读都可以使音色柔和，表现出作者的激情。

语音提示：

曲曲弯弯 qūqūwānwān	横跨 héngkuà	多棱 duōléng
兑现 duìxiàn	遐想 xiáxiǎng	轻吟低唱 yín
给 gěi	割刈 gēyì	扁担 biǎndan
晃悠悠 huàngyōuyōu	漂泊 piāobó	熠熠 yìyì
蜕变 tuìbiàn	蓦地 mòdì	露出 lùchū

17. 坚守你的高贵

游宇明

三百多年前，建筑设计师莱伊恩受命设计了英国温泽市政府大厅。他运用工程力学的知识，依据自己多年的实践，巧妙地设计了只用一根柱子支撑的大厅天花板。一年以后，市政府权威人士进行工程验收时，却说只用一根柱子支撑天花板太危险，要求莱伊恩再多加几根柱子。

　　莱伊恩自信只要一根坚固的柱子足以保证大厅安全,他的"固执"惹恼了市政官员,险些被送上法庭。他非常苦恼,坚持自己原先的主张吧,市政官员肯定会另找人修改设计;不坚持吧,又有悖自己为人的准则。矛盾了很长一段时间,莱伊恩终于想出了一条妙计,他在大厅里增加了四根柱子,不过这些柱子并未与天花板接触,只不过是装装样子。

　　三百多年过去了,这个秘密始终没有被人发现。直到前两年,市政府准备修缮大厅的天花板,才发现莱伊恩当年的"弄虚作假"。消息传出后,世界各国的建筑专家和游客云集,当地政府对此也不加掩饰,在新世纪到来之际,特意将大厅作为一个旅游景点对外开放,旨在引导人们崇尚和相信科学。

　　作为一名建筑师,莱伊恩并不是最出色的。但作为一个人,他无疑非常伟大。这种//伟大表现在他始终恪守着自己的原则,给高贵的心灵一个美丽的住所,哪怕是遭遇到最大的阻力,也要想办法抵达胜利。

　　朗读提示:

　　这是一篇记叙文,语速适中,用重音和停顿等技巧表现文章的语意重点、脉络和层次。

　　语音提示:

固执 gùzhi	有悖 yǒubèi	装装 zhuāngzhuang
修缮 xiūshàn	恪守 kèshǒu	弄虚作假 nòngxūzuòjiǎ
支撑 zhīchēng		

18. 金子

　　自从传言有人在萨文河畔散步时无意发现了金子后,这里便常有来自四面八方的淘金者。他们都想成为富翁,于是寻遍了整个河床,还在河床上挖出很多大坑,希望借助它们找到更多的金子。的确,有一些人找到了,但另外一些人因为一无所得而只好扫兴归去。

　　也有不甘心落空的,便驻扎在这里,继续寻找。彼得·弗雷特就是其中一员。他在河床附近买了一块没人要的土地,一个人默默地工作。他为了找金子,已把所有的钱都押在这块土地上。他埋头苦干了几个月,直到土地全变成了坑坑洼洼,他失望了——他翻遍了整块土地,但连一丁点儿金子都没看见。

　　六个月后,他连买面包的钱都没有了。于是他准备离开这儿到别处去谋生。

就在他即将离去的前一个晚上,天下起了倾盆大雨,并且一下就是三天三夜。雨终于停了,彼得走出小木屋,发现眼前的土地看上去好像和以前不一样:坑坑洼洼已被大水冲刷平整,松软的土地上长出一层绿茸茸的小草。

"这里没找到金子,"彼得忽有所悟地说,"但这土地很肥沃,我可以用来种花,并且拿到镇上去卖给那些富人,他们一定会买些花装扮他们华丽的客厅。//如果真是这样的话,那么我一定会赚许多钱。有朝一日我也会成为富人……"

于是他留了下来。彼得花了不少精力培育花苗,不久田地里长满了美丽鲜艳的各色鲜花。

五年以后,彼得终于实现了他的梦想——成了一个富翁。"我是唯一的一个找到真金的人!"他时常不无骄傲地告诉别人,"别人在这儿找不到金子后便远远地离开,而我的'金子'是在这块上地里,只有诚实的人用勤劳才能采集到。"

朗读提示:

这是一篇记叙文,语速适中。注意外国人名要按汉字的读音读。

语音提示:

河畔 hépàn	富翁 fùwēng	驻扎 zhùzhā
即将 jíjiāng	一丁点儿 yīdīngdiǎnr	这儿 zhèr
而且 érqiě	绿茸茸 lùróngróng 或 lùrōngrōng	
别人 bié·rén	告诉 gàosu	

19. 捐诚

青 白

我在加拿大学习期间遇到过两次募捐,那情景至今使我难以忘怀。

一天,我在渥太华的街上被两个男孩子拦住去路。他们十来岁,穿得整整齐齐,每人头上戴着个做工精巧、色彩鲜艳的纸帽,上面写着"为帮助患小儿麻痹的伙伴募捐。"其中的一个,不由分说就坐在小凳上给我擦起皮鞋来,另一个则彬彬有礼地发问:"小姐,您是哪国人?喜欢渥太华吗?""小姐,在你们国家有没有小孩儿患小儿麻痹?谁给他们医疗费?"一连串的问题,使我这个有生以来头一次在众目睽睽之下让别人擦鞋的异乡人,从近乎狼狈的窘态中解脱出来。我们像朋友一样聊起天儿来……

几个月之后，也是在街上。一些十字路口处或车站坐着几位老人。他们满头银发，身穿各种老式军装，上面布满了大大小小形形色色的徽章、奖章，每人手捧一大束鲜花，有水仙、石竹、玫瑰及叫不出名字的，一色雪白。匆匆过往的行人纷纷止步，把钱投进这些老人身旁的白色木箱内，然后向他们微微鞠躬，从他们手中接过一朵花。

我看了一会儿，有人投一两元，有人投几百元，还有人掏出支票填好后投进木箱。那些老军人毫不注意人们捐多少钱，一直不//停地向人们低声道谢。同行的朋友告诉我，这是为纪念二次大战中参战的勇士，募捐救济残废军人和烈士遗孀，每年一次；认捐的人可谓踊跃，而且秩序井然，气氛庄严。

有些地方，人们还耐心地排着队。我想，这是因为他们都知道：正是这些老人们的流血牺牲换来了包括他们信仰自由在内的许许多多。

我两次把那微不足道的一点儿钱捧给他们，只想对他们说声"谢谢"。

朗读提示：

这是一篇记叙文，语速适中，用句中的重音和停顿以及变换的语调使文章抑扬顿挫有节奏。

语音提示：

麻痹 mábì　　　　　睽睽 kuíkuí　　　　　玫瑰 méi·guī

一会儿 yīhuìr　　　　多少 duō·shǎo　　　　同行 tóngxíng

救济 jiùjì　　　　　而且 érqiě　　　　　气氛 qì·fēn

流血 liúxuè

20. 课不能停

刘墉

纽约的冬天常有大风雪，扑面的雪花不但令人难以睁开眼睛，甚至呼吸都会吸入冰冷的雪花。有时前一天晚上还是一片晴朗，第二天拉开窗帘，却已经积雪盈尺，连门都推不开了。

遇到这样的情况，公司、商店常会停止上班，学校也通过广播，宣布停课。但令人不解的是，惟有公立小学，仍然开放。只见黄色的校车，艰难地在路边接孩子，老师则一大早就口中喷着热气，铲去车子前后的积雪，小心翼翼地开车去学校。

据统计,十年来纽约的公立小学只因为超级暴风雪停过七次课。这是多么令人惊讶的事。犯得着在大人都无须上班的时候让孩子去学校吗?小学的老师也太倒霉了吧?

于是,每逢大雪而小学不停课时,都有家长打电话去骂。妙的是,每个打电话的人,反应全一样——先是怒气冲冲地责问,然后满口道歉,最后笑容满面地挂上电话。原因是,学校告诉家长:

在纽约有许多百万富翁,但也有不少贫困的家庭。后者白天开不起暖气,供不起午餐,孩子的营养全靠学校里免费的中饭,甚至可以多拿些回家当晚餐。学校停课一天,穷孩子就受一天冻,挨一天饿,所以老师们宁愿自己苦一点儿,也不能停课。//

或许有家长会说:何不让富裕的孩子在家里,让贫穷的孩子去学校享受暖气和营养午餐呢?

学校的答复是:我们不愿让那些穷苦的孩子感到他们是在接受救济,因为施舍的最高原则是保持受施者的尊严。

朗读提示:

这是一篇记叙文,语速适中,利用合适的重音、停顿和语调、语气表现出抑扬顿挫的节奏。

语音提示:

盈尺 yíngchǐ	仍然 réngrán	多么 duōme
犯得着 fàndezháo	挨饿 ái'è	供 gōng
宁愿 nìngyuàn	当晚餐 dàng	救济 jiùjì
因为 yīn·wèi		

21. 莲花和樱花

严文井

十年,在历史上不过是一瞬间。只要稍加注意,人们就会发现:在这一瞬间里,各种事物都悄悄经历了自己的千变万化。

这次重新访日,我处处感到亲切和熟悉,也在许多方面发觉了日本的变化。就拿奈良的一个角落来说吧,我重游了为之感受很深的唐招提寺,在寺内各处匆匆走了一遍,庭院依旧,但意想不到还看到了一些新的东西。其中之一,就是近几年从中国移植来的"友谊之莲"。

在存放鉴真遗像的那个院子里,几株中国莲昂然挺立,翠绿的宽大荷叶正迎风而舞,显得十分愉快。开花的季节已过,荷花朵朵已变为莲蓬累累。莲子的颜色正在由青转紫,看来已经成熟了。

我禁不住想:"因"已转化为"果"。

中国的莲花开在日本,日本的樱花开在中国,这不是偶然。我希望这样一种盛况延续不衰。可能有人不欣赏花,但决不会有人欣赏落在自己面前的炮弹。

在这些日子里,我看到了不少多年不见的老朋友,又结识了一些新朋友。大家喜欢涉及的话题之一,就是古长安和古奈良。那还用得着问吗,朋友们缅怀过去,正是瞩望未来。瞩目于未来的人们必将获得未来。

我不例外,也希望一个美好的未来。

为//了中日人民之间的友谊,我将不浪费今后生命的每一瞬间。

朗读提示:

这是一篇抒情散文,语速适中,音色柔和,声音不要太实,利用句中的重音、停顿把文章的节奏读出来。

语音提示:

瞬间 shùnjiān	发觉 fājué	角落 jiǎoluò
昂然 ángrán	累累 léiléi	禁不住 jīnbuzhù
结识 jiéshí	用得着 yòngdezháo	瞩望 zhǔwàng

22. 绿

朱自清

梅雨潭闪闪的绿色招引着我们,我们开始追捉她那离合的神光了。揪着草,攀着乱石,小心探身下去,又鞠躬过了一个石穹门,便到了汪汪一碧的潭边了。

瀑布在襟袖之间,但是我的心中已没有瀑布了。我的心随潭水的绿而摇荡。那醉人的绿呀!仿佛一张极大极大的荷叶铺着,满是奇异的绿呀。我想张开两臂抱住她,但这是怎样一个妄想啊。

站在水边,望到那面,居然觉着有些远呢!这平铺着,厚积着的绿,着实可爱。她松松地皱缬着,像少妇拖着的裙幅;她滑滑的明亮着,像涂了"明油"一般,有鸡蛋清那样软,那样嫩;她又不杂些尘滓,宛然一块温润的碧玉,只清清的一色——但你却看不透她！

我曾见过北京什刹海拂地的绿杨,脱不了鹅黄的底子,似乎太淡了。我又曾见过杭州虎跑寺近旁高峻而深密的"绿壁",丛叠着无穷的碧草与绿叶的,那又似乎太浓了。其余呢,西湖的波太明了,秦淮河的也太暗了。可爱的,我将什么来比拟你呢?我怎么比拟得出呢?大约潭是很深的,故能蕴蓄着这样奇异的绿;仿佛蔚蓝的天融了一块在里面似的,这才这般的鲜润啊。

那醉人的绿呀！我若能裁你以为带,我将赠给那轻盈的//舞女,她必能临风飘举了。我若能挹你以为眼,我将赠给你那善歌的盲妹,她必能明眸善睐了。我舍不得你,我怎舍得你呢?我用手拍着你,抚摩着你,如同一个十二三岁的小姑娘。我又掬你入口,便是吻着她了。我送你一个名字,我从此叫你"女儿绿",好吗?

我第二次到仙岩的时候,我不禁惊诧于梅雨潭的绿了。

朗读提示：

这是一篇抒情意味极浓的散文,语速适中,音色柔和,句中重音不适合重读,拖长重读音节或者重音轻读都可,配合停顿和语调,把作者的喜爱之情表现出来。但需要注意感情不能太夸张。

语音提示：

石穹门 shíqióngmén	襟袖 jīnxiù	皱缬 zhòuxié
裙幅 qúnfú	尘滓 chénzǐ	居然 jūrán
什刹海 shíchàhǎi	拂地 fúdì	比拟 bǐnǐ
蕴蓄 yùnxù	轻盈 qīngyíng	挹 yì
明眸善睐 míngmóu-shànlài	掬 jū	着实 zhuóshí
不禁 bùjīn		

23. 落花生

许地山

我们家的后园有半亩空地,母亲说:"让它荒着怪可惜的,你们那么爱吃花生,就开辟出来种花生吧。"我们姐弟几个都很高兴,买种,翻地,播种,浇水,没过几个月,居然收获了。

母亲说:"今晚我们过一个收获节,请你们父亲也来尝尝我们的新花生,好不好?"我们都说好。母亲把花生做成了好几样食品,还吩咐就在后园的茅亭里过这个节。

晚上天色不太好,可是父亲也来了,实在很难得。

父亲说:"你们爱吃花生吗?"

我们争着答应:"爱!"

"谁能把花生的好处说出来?"

姐姐说:"花生的味美。"

哥哥说:"花生可以榨油。"

我说:"花生的价钱便宜,谁都可以买来吃,都喜欢吃。这就是它的好处。"

父亲说:"花生的好处很多,有一样最可贵:它的果实埋在地里,不像桃子、石榴、苹果那样,把鲜红嫩绿的果实高高地挂在枝头上,使人一见就生爱慕之心。你们看它矮矮地长在地上,等到成熟了,也不能立刻分辨出来它有没有果实,必须挖出来才知道。"

我们都说是,母亲也点点头。

父亲接下去说:"所以你们要像花生,它虽然不好看,可是很有用,不是外表好看而没有实用的东西。"

我说:"那么,人要做有用的人,不要做只讲体面,而对别人没有好处的人了。"//

父亲说:"对。这是我对你们的希望。"

我们谈到夜深才散。花生做的食品都吃完了,父亲的话却深深地印在我的心上。

朗读提示:

这是一篇记叙文,语速适中。对话多,注意根据每个人物的年龄、身份等特点在语气语调语速等方面予以区别。短句多,注意使用合适的停连方式。

语音提示:

空地 kòngdì	园 yuán	播种 bōzhǒng
居然 jūrán	尝尝 chángchang	吩咐 fēnfu
榨油 zhàyóu	便宜 piányi	虽然 suīrán
体面 tǐ·miàn		

24. 麻雀

[俄]屠格涅夫

我打猎归来,沿着花园的林阴路走着。狗跑在我前边。

突然,狗放慢脚步,蹑足潜行,好像嗅到了前边有什么野物。

我顺着林阴路望去,看见了一只嘴边还带黄色、头上生着柔毛的小麻雀。

风猛烈地吹打着林阴路上的白桦树,麻雀从巢里跌落下来,呆呆地伏在地上,孤立无援地张开两只羽毛还未丰满的小翅膀。

我的狗慢慢向它靠近。忽然,从附近一棵树上飞下一只黑胸脯的老麻雀,像一颗石子似的落到狗的跟前。老麻雀全身倒竖着羽毛,惊恐万状,发出绝望、凄惨的叫声,接着向露出牙齿、大张着的狗嘴扑去。

老麻雀是猛扑下来救护幼雀的。它用身体掩护着自己的幼儿……但它整个小小的身体因恐怖而战栗着,它小小的声音也变得粗暴嘶哑,它在牺牲自己!

在它看来,狗该是多么庞大的怪物啊!然而,它还是不能站在自己高高的、安全的树枝上……一种比它的理智更强烈的力量,使它从那儿扑下身来。

我的狗站住了,向后退了退……看来,它也感到了这种力量。

我赶紧唤住惊慌失措的狗,然后我怀着崇敬的心情,走开了。

是啊,请不要见笑。我崇敬那只小小的、英勇的鸟儿,我崇敬它那种爱的冲动和力量。

爱,我想,比//死和死的恐惧更强大。只有依靠它,依靠这种爱,生命才能维持下去,发展下去。

朗读提示:

这是一篇记叙文,朗读时要注意在语速方面要有所变化,节奏上以紧张型为主,渗入少量舒缓型语句,构成循环往复的节奏特点。

语音提示:

林阴 línyīn	蹑足潜行 nièzú-qiánxíng	白桦 báihuà
胸脯 xiōngpú	战栗 zhànlì	似的 shìde
然而 rán'ér	鸟儿 niǎo'ér	

25. 迷途笛音

那年我六岁。离我家仅一箭之遥的小山坡旁,有一个早已被废弃的采石场,双亲从来不准我去那儿,其实那儿风景十分迷人。

一个夏季的下午,我随着一群小伙伴偷偷上那儿去了。就在我们穿越了一条孤寂的小路后,他们却把我一个人留在原地,然后奔向"更危险的地带"了。

等他们走后,我惊慌失措地发现,再也找不到要回家的那条孤寂的小道了。像只无头的苍蝇,我到处乱钻,衣裤上挂满了芒刺。太阳已经落山,而此时此刻,家里一定开始吃晚餐了,双亲正盼着我回家……想着想着,我不由得背靠着一棵树,伤心地呜呜大哭起来……

突然,不远处传来了声声柳笛。我像找到了救星,急忙循声走去。一条小道边的树桩上坐着一位吹笛人,手里还正削着什么。走近细看,他不就是被大家称为"乡巴佬儿"的卡廷吗?

"你好,小家伙儿,"卡廷说,"看天气多美,你是出来散步的吧?"

我怯生生地点点头,答道:"我要回家了。"

"请耐心等上几分钟,"卡廷说,"瞧,我正在削一支柳笛,差不多就要做好了,完工后就送给你吧!"

卡廷边削边不时把尚未成形的柳笛放在嘴里试吹一下。没过多久,一支柳笛便递到我手中。我俩在一阵阵清脆悦耳的笛音//中,踏上了归途……

当时,我心中只充满感激,而今天,当我自己也成了祖父时,却突然领悟到他用心之良苦! 那天当他听到我的哭声时,便判定我一定迷了路,但他并不想在孩子面前扮演"救星"的角色,于是吹响柳笛以便让我能发现他,并跟着他走出困境! 卡廷先生以乡下人的纯朴,保护了一个小男孩强烈的自尊。

朗读提示:

这是一篇记叙文,语速适中,文中的对话要根据人物身份、年龄、心理等特点在语速、语调等方面予以表现。

语音提示:

卡廷 kǎtíng	奔 bēn	循声 xúnshēng
削 xiāo	怯生生 qièshēngshēng	差不多 chà·bùduō
角色 juésè	先生 xiānsheng	我俩 wǒliǎ

26. 莫高窟

在浩瀚无垠的沙漠里,有一片美丽的绿洲,绿洲里藏着一颗闪光的珍珠。这颗珍珠就是敦煌莫高窟。它坐落在我国甘肃省敦煌市三危山和鸣沙山的怀抱中。

鸣沙山东麓是平均高度为十七米的崖壁。在一千六百多米长的崖壁上,凿有大小洞窟七百余个,形成了规模宏伟的石窟群。其中四百九十二个洞窟中,共有彩色塑像两千一百余尊,各种壁画共四万五千多平方米。莫高窟是我国古代无数艺术匠师留给人类的珍贵文化遗产。

莫高窟的彩塑,每一尊都是一件精美的艺术品。最大的有九层楼那么高,最小的还不如一个手掌大。这些彩塑个性鲜明,神态各异。有慈眉善目的菩萨,有威风凛凛的天王,还有强壮勇猛的力士……

莫高窟壁画的内容丰富多彩,有的是描绘古代劳动人民打猎、捕鱼、耕田、收割的情景,有的是描绘人们奏乐、舞蹈、演杂技的场面,还有的是描绘大自然的美丽风光。其中最引人注目的是飞天。壁画上的飞天,有的臂挎花篮,采摘鲜花;有的反弹琵琶,轻拨银弦;有的倒悬身子,自天而降;有的彩带飘拂,漫天遨游;有的舒展着双臂,翩翩起舞。看着这些精美动人的壁画,就像走进了//灿烂辉煌的艺术殿堂。

莫高窟里还有一个面积不大的洞窟——藏经洞。洞里曾藏有我国古代的各种经卷、文书、帛画、刺绣、铜像等共六万多件。由于清朝政府腐败无能,大量珍贵的文物被外国强盗掠走。仅存的部分经卷,现在陈列于北京故宫等处。

莫高窟是举世闻名的艺术宝库。这里的每一尊彩塑、每一幅壁画、每一件文物,都是中国古代人民智慧的结晶。

朗读提示:

这是一篇说明文,语气平和,语速适中,利用重音和停顿表现出文章的节奏和层次。第一段最后一句应在"敦煌市"后面停顿。第三段中"最大的"、"最小的"后面停顿。文中有多处排比,注意用重音、语速和语调等技巧把排比句的特点读出来,切忌语势平板缺少变化。

语音提示:

浩瀚 hàohàn　　　无垠 wúyín　　　东麓 lù
崖壁 yábì　　　彩塑 cǎisù　　　凛凛 lǐnlǐn
有的 yǒude　　　弦 xián　　　帛画 bóhuà
掠 lüè

27. 牡丹的拒绝

张抗抗

其实你在很久以前并不喜欢牡丹,因为它总被人作为富贵膜拜。后来你目睹了一次牡丹的落花,你相信所有的人都会为之感动:一阵清风徐来,娇艳鲜嫩的盛期牡丹忽然整朵整朵地坠落,铺撒一地绚丽的花瓣。那花瓣落地时依然鲜艳夺目,如同一只奉上祭坛的大鸟脱落的羽毛,低吟着壮烈的悲歌离去。

牡丹没有花谢花败之时,要么烁于枝头,要么归于泥土,它跨越萎顿和衰老,由青春而死亡,由美丽而消遁。它虽美却不吝惜生命,即使告别也要展示给人最后一次的惊心动魄。

所以在这阴冷的四月里,奇迹不会发生。任凭游人扫兴和诅咒,牡丹依然安之若素。它不苟且、不俯就、不妥协、不媚俗,甘愿自己冷落自己。它遵循自己的花期、自己的规律,它有权利为自己选择每年一度的盛大节日。它为什么不拒绝寒冷?

天南海北的看花人,依然络绎不绝地涌入洛阳城。人们不会因牡丹的拒绝而拒绝它的美。如果它再被贬谪十次,也许它就会繁衍出十个洛阳牡丹城。

于是你在无言的遗憾中感悟到,富贵与高贵只是一字之差。同人一样,花儿也是有灵性的,更有品位之高低。品位这东西为气为魂为//筋骨为神韵,只可意会。你叹服牡丹卓而不群之姿,方知品位是多么容易被世人忽略或是漠视的美。

朗读提示:

这是一篇抒情散文,语速适中,音色柔和,利用重音和停顿显示出文章的节奏来。

语音提示:

因为 yīn·wèi	膜拜 móbài	铺撒 pūsǎ
为之 wèizhī	为气 wéiqì	低吟 dīyín
烁 shuò	萎顿 wěidùn	消遁 xiāodùn
吝惜 lìnxī	即使 jíshǐ	苟且 gǒuqiě
俯就 fǔjiù	媚俗 mèisú	贬谪 biǎnzhé
繁衍 fányǎn		

28.“能吞能吐”的森林

森林涵养水源,保持水土,防止水旱灾害的作用非常大。据专家测算,一片十万亩面积的森林,相当于一个两百万立方米的水库,这正如农谚所说的:“山上多栽树,等于修水库。雨多它能吞,雨少它能吐。”

说起森林的功劳,那还多得很。它除了为人类提供木材及许多种生产、生活的原料之外,在维护生态环境方面也是功劳卓著,它用另一种“能吞能吐”的特殊功能孕育了人类。因为地球在形成之初,大气中的二氧化碳含量很高,氧气很少,气温也高,生物是难以生存的。大约在四亿年之前,陆地才产生了森林。森林慢慢将大气中的二氧化碳吸收,同时吐出新鲜氧气,调节气温:这才具备了人类生存的条件,地球上才最终有了人类。

森林,是地球生态系统的主体,是大自然的总调度室,是地球的绿色之肺。森林维护地球生态环境的这种"能吞能吐"的特殊功能是其他任何物体都不能取代的。然而,由于地球上的燃烧物增多,二氧化碳的排放量急剧增加,使得地球生态环境急剧恶化,主要表现为全球气候变暖,水分蒸发加快,改变了气流的循环,使气候变化加剧,从而引发热浪、飓风、暴雨、洪涝及干旱。

为了//使地球的这个"能吞能吐"的绿色之肺能恢复健壮,以改善生态环境,抑制全球变暖,减少水旱等自然灾害,我们应该大力造林、护林,使每一座荒山都绿起来。

朗读提示:

这是一篇说明文,语速适中偏慢一点,以便能让人听清楚,并且能表现出文章的层次。

语音提示:

提供 tígōng	卓著 zhuózhù	新鲜 xīn·xiān
调度室 diàodùshì	调节 tiáojié	飓风 jùfēng

29. 朋友和其他

杏林子

朋友即将远行。

暮春时节,又邀了几位朋友在家小聚。虽然都是极熟的朋友,却是终年难得一见,偶尔电话里相遇,也无非是几句寻常话。一锅小米稀饭,一碟大头菜,一盘自家酿制的泡菜,一只巷口买回的烤鸭,简简单单,不像请客,倒像家人团聚。

其实,友情也好,爱情也好,久而久之都会转化为亲情。

说也奇怪,和新朋友会谈文学、谈哲学、谈人生道理等等,和老朋友却只话家常,柴米油盐,细细碎碎,种种琐事。很多时候,心灵的契合已经不需要太多的言语来表达。

朋友新烫了个头,不敢回家见母亲,恐怕惊骇了老人家,却欢天喜地来见我们,老朋友颇能以一种趣味性的眼光欣赏这个改变。

年少的时候,我们差不多都在为别人而活,为苦口婆心的父母活,为循循善诱的师长活,为许多观念、许多传统的约束力而活。年岁逐增,渐渐挣脱外在的限制与束缚,开始懂得为自己活,照自己的方式做一些自己喜欢的事,不在乎别人的批评意见,不在乎别人的诋毁流言,只在乎那一份随心所欲的舒坦自然。偶尔,也能够纵容自己放浪一下,并且有一种恶作剧的窃喜。

就让生命顺其自然,水到渠成吧,犹如窗前的//乌桕,自生自落之间,自有一份圆融丰满的喜悦。春雨轻轻落着,没有诗,没有酒,有的只是一份相知相属的自在自得。

夜色在笑语中渐渐沉落,朋友起身告辞,没有挽留,没有送别,甚至也没有问归期。

已经过了大喜大悲的岁月,已经过了伤感流泪的年华,知道了聚散原来是这样的自然和顺理成章,懂得这点,便懂得珍惜每一次相聚的温馨,离别便也欢喜。

朗读提示:

这是一篇抒情散文,语速适中,娓娓道来。最后一段在"已经"断句。

语音提示:

即将 jíjiāng　　　　　极熟 jíshú　　　　相 xiāng

巷口 xiàngkǒu　　　　契合 qìhé　　　　惊骇 jīnghài

循循善诱 xúnxún-shànyòu　　颇 pō　　　　挣脱 zhèngtuō

束缚 shùfù　　　　　　诋毁 dǐhuǐ　　　舒坦 shūtan

相知相属 xiāngzhī-xiāngzhǔ　自在自得 zìzài-zìdé

乌桕 wūjiù

30. 散步

莫怀戚

我们在田野散步:我,我的母亲,我的妻子和儿子。

母亲本不愿出来的。她老了,身体不好,走远一点儿就觉得很累。我说,正因为如此,才应该多走走。母亲信服地点点头,便去拿外套。她现在很听我的话,就像我小时候很听她的话一样。

这南方初春的田野,大块小块的新绿随意地铺着,有的浓,有的淡,树上的嫩芽也密了,田里的冬水也咕咕地起着水泡。这一切都使人想着一样东西——生命。

我和母亲走在前面,我的妻子和儿子走在后面。小家伙突然叫起来:"前面是妈妈和儿子,后面也是妈妈和儿子。"我们都笑了。

后来发生了分歧:母亲要走大路,大路平顺;我的儿子要走小路,小路有意思。不过,一切都取决于我。我的母亲老了,她早已习惯听从她强壮的儿子;我的儿子还小,他还习惯听从他高大的父亲;妻子呢,在外面,她总是听我的。一霎时我感到了责任的重大。我想找一个两全的办法,找不出;我想拆散一家人,分成两路,各得其所,终不愿意。我决定委屈儿子,因为我伴同他的时日还长。我说:"走大路。"

但是母亲摸摸孙儿的小脑瓜,变了主意:"还是走小路吧。"她的眼随小路望去:那里有金色的菜花,两行整齐的桑树,//尽头一口水波粼粼的鱼塘。"我走不过去的地方,你就背着我。"母亲对我说。

这样,我们在阳光下,向着那菜花、桑树和鱼塘走去。到了一处,我蹲下来,背起了母亲;妻子也蹲下来,背起了儿子。我和妻子都是慢慢地,稳稳地,走得很仔细,好像我背上的同她背上的加起来,就是整个世界。

朗读提示:

这是一篇记叙文,语速适中,根据人物特点处理语气、语调和语速。

语音提示:

母亲 mǔ·qīn	嫩芽 nènyá	分歧 fēnqí
孙儿 sūn'er	背起 bēiqǐ	
主意 zhǔyi("主"变调为35)		水波粼粼 shuǐbō-línlín

31. 神秘的"无底洞"

罗伯特·罗威尔

地球上是否真的存在"无底洞"? 按说地球是圆的,由地壳、地幔和地核三层组成,真正的"无底洞"是不应存在的,我们所看到的各种山洞、裂口、裂缝,甚至火山口也都只是地壳浅部的一种现象。然而中国一些古籍却多次提到海外有个深奥莫测的无底洞。事实上地球上确实有这样一个"无底洞"。

它位于希腊亚各斯古城的海滨。由于濒临大海,大涨潮时,汹涌的海水便会排山倒海般地涌入洞中,形成一股湍湍的急流。据测,每天流入洞内的海水量达三万多吨。奇怪的是,如此大量的海水灌入洞中,却从来没有把洞灌满。曾有人怀疑,这个"无底洞"会不会就像石灰岩地区的漏斗、竖井、落水洞一类的地形。然而从十二世纪三十年代以来，人们就做了多种努力企图寻找它的出口，却都是枉费心机。

为了揭开这个秘密，一九五八年美国地理学会派出一考察队，他们把一种经久不变的带色染料溶解在海水中，观察染料是如何随着海水一起沉下去。接着又察看了附近海面以及岛上的各条河、湖，满怀希望地寻找这种带颜色的水，结果令人失望。难道是海水量太大把有色水稀释得太淡，以致无法发现？//

至今谁也不知道为什么这里的海水会没完没了地"漏"下去，这个"无底洞"的出口又在哪里，每天大量的海水究竟都流到哪里去了？

朗读提示：

这是一篇说明文，语速适中偏慢，利用重音、停顿等朗读技巧把文章的层次和节奏读出来。文中音译的地名用汉字的读音读出。

语音提示：

地壳 dìqiào	地幔 dìmàn	地核 dìhé
濒临 bīnlín	湍湍 tuāntuān	然而 rán'ér
枉费心机 wǎngfèi-xīnjī	企图 qǐtú	结果 jiéguǒ
涨潮 zhǎngcháo	什么 shénme	

32. 世间最美的坟墓

[奥]茨威格

我在俄国见到的景物再没有比托尔斯泰墓更宏伟、更感人的。

完全按照托尔斯泰的愿望，他的坟墓成了世间最美的，给人印象最深刻的坟墓。它只是树林中的一个小小的长方形土丘，上面开满鲜花——没有十字架，没有墓碑，没有墓志铭，连托尔斯泰这个名字也没有。

这位比谁都感到受自己的声名所累的伟人，却像偶尔被发现的流浪汉，不为人知的士兵，不留名姓地被人埋葬了。谁都可以踏进他最后的安息地，围在四周稀疏的木栅栏是不关闭的——保护列夫·托尔斯泰得以安息的没有任何别的东西，惟有人们的敬意；而通常，人们却总是怀着好奇，去破坏伟人墓地的宁静。

这里，逼人的朴素禁锢住任何一种观赏的闲情，并且不容许你大声说话。风儿俯临，在这座无名者之墓的树木之间飒飒响着，和暖的阳光在坟头嬉戏；冬天，白雪温柔地覆盖这片幽暗的土地。无论你在夏天或冬天经过这儿，你都想像不到,这个小小的、隆起的长方体里安放着一位当代最伟大的人物。

然而,恰恰是这座不留姓名的坟墓,比所有挖空心思用大理石和奢华装饰建造的坟墓更扣人心弦。在今天这个特殊的日子//里,到他的安息地来的成百上千人中间,没有一个有勇气,哪怕仅仅从这幽暗的土丘上摘下一朵花留作纪念。人们重新感到,世界上再没有比托尔斯泰最后留下的、这座纪念碑式的朴素坟墓,更打动人心的了。

朗读提示:

这是一篇记叙文,语速适中,利用重音、停顿、语调等朗读技巧使文章抑扬顿挫富有节奏感。

语音提示:

不为人知 bùwéirénzhī	木栅栏 mùzhàlan	禁锢 jìngù
俯临 fǔlín	飒飒 sàsà	嬉戏 xīxì
心弦 xīnxián		

33. 苏州园林

叶圣陶

我国的建筑,从古代的宫殿到近代的一般住房,绝大部分是对称的,左边怎么样,右边怎么样。苏州园林可绝不讲究对称,好像故意避免似的。东边有了一个亭子或者一道回廊,西边决不会来一个同样的亭子或者一道同样的回廊。这是为什么?我想,用图画来比方,对称的建筑是图案画,不是美术画,而园林是美术画,美术画要求自然之趣,是不讲究对称的。

苏州园林里都有假山和池沼。

假山的堆叠,可以说是一项艺术而不仅是技术。或者是重峦叠嶂,或者是几座小山配合着竹子花木,全在乎设计者和匠师们生平多阅历,胸中有丘壑,才能使浏览者攀登的时候忘却苏州城市,只觉得身在山间。

至于池沼,大多引用活水。有些园林池沼宽敞,就把池沼作为全园的中心,其他景物配合着布置。水面假如成河道模样,往往安排桥梁。假如安排两座以上的桥梁,那就一座一个样,决不雷同。

池沼或河道的边沿很少砌齐整的石岸,总是高低屈曲任其自然。还在那儿布置几块玲珑的石头,或者种些花草。这也是为了取得从各个角度看都成一幅画的效果。池沼里养着金鱼或各色鲤鱼,夏秋季节荷花或睡莲开//放,浏览者看"鱼戏莲叶"间，又是入画的一景。

朗读提示：

这是一篇说明文，语速适中偏慢一点，注意重音及停顿以显示文章的语意和层次。文中翘舌音声母字比较多。

语音提示：

对称 duìchèn　　似的 shìde　　　堆叠 duīdié

重峦叠嶂 chóngluán-diézhàng　　丘壑 qiūhè

池沼 chízhǎo　　边沿 biānyán　　砌 qì

34. 泰山极顶

杨　朔

泰山极顶看日出，历来被描绘成十分壮观的奇景。有人说：登泰山而看不到日出，就像一出大戏没有戏眼，味儿终究有点寡淡。

我去爬山那天，正赶上个难得的好天，万里长空，云彩丝儿都不见。素常烟雾腾腾的山头，显得眉目分明。同伴们都欣喜地说："明天早晨准可以看见日出了。"我也是抱着这种想头，爬上山去。

一路从山脚往上爬，细看山景，我觉得挂在眼前的不是五岳独尊的泰山，却像一幅规模惊人的青绿山水画，从下面倒展开来。在画卷中最先露出的是山根底那座明朝建筑岱宗坊，慢慢地便现出王母池、斗母宫、经石峪。山是一层比一层深，一叠比一叠奇，层层叠叠，不知还会有多深多奇，万山丛中，时而点染着极其工细的人物。王母池旁的吕祖殿里有不少尊明塑，塑着吕洞宾等一些人，姿态神情是那样有生气，你看了，不禁会脱口赞叹说："活啦。"

画卷继续展开，绿阴森森的柏洞露面不太久，便来到对松山。两面奇峰对峙着，满山峰都是奇形怪状的老松，年纪怕都有上千岁了，颜色竟那么浓，浓得好像要流下来似的。来到这儿，你不妨权当一次画里的写意人物，坐在路旁的对松亭里，看看山色，听听流//水和松涛。

一时间，我又觉得自己不仅是在看画卷，却又像是在零零乱乱翻着一卷历史稿本。

朗读提示：

这是一篇散文，语速适中，音色柔和，注意重音、停顿，文中地名比较多，注意读准确。

语音提示：

味儿 wèir　　　　　云彩丝儿 yúncaisīr　　　想头 xiǎngtou

腾腾 téngténg　　　岱宗坊 dàizōngfāng　　不禁 bùjīn

柏洞 bǎidòng　　　对峙 duìzhì　　　　　权当 quándāng

不妨 bùfáng

35. 陶行知的"四块糖果"

育才小学校长陶行知在校园看到学生王友用泥块砸自己班上的同学，陶行知当即喝止了他，并令他放学后到校长室去。无疑，陶行知是要好好教育这个"顽皮"的学生。那么他是如何教育的呢？

放学后，陶行知来到校长室，王友已经等在门口准备挨训了。可一见面，陶行知却掏出一块糖果送给王友，并说："这是奖给你的，因为你按时来到这里，而我却迟到了。"王友惊疑地接过糖果。

随后，陶行知又掏出一块糖果放到他手里，说："这第二块糖果也是奖给你的，因为当我不让你再打人时，你立即就住手了，这说明你很尊重我，我应该奖你。"王友更惊疑了，他眼睛睁得大大的。

陶行知又掏出第三块糖果塞到王友手里，说："我调查过了，你用泥块砸那些男生，是因为他们不守游戏规则，欺负女生；你砸他们，说明你很正直善良，且有批评不良行为的勇气，应该奖励你啊！"王友感动极了，他流着眼泪后悔地喊道："陶……陶校长你打我两下吧！我砸的不是坏人，而是自己的同学啊……"

陶行知满意地笑了，他随即掏出第四块糖果递给王友，说："为你正确地认识错误，我再奖给你一块糖果，只可惜我只有这一块糖果了。我的糖果//没有了，我看我们的谈话也该结束了吧！"说完，就走出了校长室。

朗读提示：

这是一篇记叙文，语速适中，吐字清楚，根据人物特点处理语速和语气语调。

语音提示：

陶行知 táoxíngzhī　　当即 dāngjí　　　　喝止 hèzhǐ

挨训 áixùn　　　　　立即 lìjí　　　　　随即 suíjí

奖给 jiǎnggěi

36. 天才的造就

刘燕敏

在里约热内卢的一个贫民窟里,有一个男孩子,他非常喜欢足球,可是又买不起,于是就踢塑料盒,踢汽水瓶,踢从垃圾箱里拣来的椰子壳。他在胡同里踢,在能找到的任何一片空地上踢。

有一天,当他在一处干涸的水塘里猛踢一个猪膀胱时,被一位足球教练看见了。他发现这个男孩儿踢得很像是那么回事,就主动提出要送给他一个足球。小男孩儿得到足球后踢得更卖劲了。不久,他就能准确地把球踢进远处随意摆放的一个水桶里。

圣诞节到了,孩子的妈妈说:"我们没有钱买圣诞礼物送给我们的恩人,就让我们为他祈祷吧。"

小男孩儿跟随妈妈祈祷完毕,向妈妈要了一把铲子便跑了出去。他来到一座别墅前的花园里,开始挖坑。

就在他快要挖好坑的时候,从别墅里走出一个人来,问小孩儿在干什么,孩子抬起满是汗珠的脸蛋儿,说:"教练,圣诞节到了,我没有礼物送给您,我愿给您的圣诞树挖一个树坑。"

教练把小男孩儿从树坑里拉上来,说,我今天得到了世界上最好的礼物。明天你就到我的训练场去吧。

三年后,这位十七岁的男孩儿在第六届足球锦标赛上独进二十一球,为巴西第一次捧回了金杯。一个原//来不为世人所知的名字——贝利,随之传遍世界。

朗读提示:

这是一篇记叙文,短句较多,朗读时注意停顿,用句中的重音显示情感,根据人物特点处理好对话。音译词按照汉字的读音读。

语音提示:

干涸 gānhé	送给 sònggěi	水桶里 shuǐtǒng•lǐ
祈祷 qídǎo	不为世人所知 wéi	

37. 我的母亲独一无二

[法]罗曼·加里

　　记得我十三岁时，和母亲住在法国东南部的耐斯城。母亲没有丈夫，也没有亲戚，够清苦的，但她经常能拿出令人吃惊的东西，摆在我面前。她从来不吃肉，一再说自己是素食者。然而有一天，我发现母亲正仔细地用一小块碎面包擦那给我煎牛排用的油锅。我明白了她称自己为素食者的真正原因。

　　我十六岁时，母亲成了耐斯市美蒙旅馆的女经理。这时，她更忙碌了。一天，她瘫在椅子上，脸色苍白，嘴唇发灰。马上找来医生，做出诊断：她摄取了过多的胰岛素。直到这时我才知道母亲多年一直对我隐瞒的疾痛——糖尿病。

　　她的头歪向枕头一边，痛苦地用手抓挠胸口。床架上方，则挂着一枚我一九三二年赢得耐斯市少年乒乓球冠军的银质奖章。

　　啊，是对我的美好前途的憧憬支撑着她活下去，为了给她那荒唐的梦至少加一点真实的色彩，我只能继续努力，与时间竞争，直至一九三八年我被征入空军。巴黎很快失陷，我辗转调到英国皇家空军。刚到英国就接到了母亲的来信。这些信是由在瑞士的一个朋友秘密地转到伦敦，送到我手中的。

　　现在我要回家了，胸前佩带着醒目的绿黑两色的解放十字绶//带，上面挂着五六枚我终身难忘的勋章，肩上还佩带着军官肩章。到达旅馆时，没有一个人跟我打招呼。原来，我母亲在三年半以前就已经离开人间了。

　　在她死前的几天中，她写了近二百五十封信，把这些信交给她在瑞士的朋友，请这个朋友定时寄给我。就这样，在母亲死后的三年半的时间里，我一直从她身上吸取着力量和勇气——这使我能够继续战斗到胜利那一天。

朗读提示：

　　这是一篇记叙文，语速适中，短句较多，利用重音和停顿使文章抑扬顿挫有节奏感，根据情节适当变换语速显示作者的情感变化。音译词读汉字的读音。

语音提示：

然而 rán'ér	摄取 shèqǔ	枕头 zhěntou
抓挠 zhuānao	憧憬 chōngjǐng	支撑 zhīchēng

38. 我的信念

[波兰] 玛丽·居里

生活对于任何人都非易事, 我们必须有坚韧不拔的精神。最要紧的, 还是我们自己要有信心。我们必须相信, 我们对每一件事情都具有天赋的才能, 并且, 无论付出任何代价, 都要把这件事完成。当事情结束的时候, 你要能问心无愧地说:"我已经尽我所能了。"

有一年的春天, 我因病被迫在家里休息数周。我注视着我的女儿们所养的蚕正在结茧, 这使我很感兴趣。望着这些蚕执著地、勤奋地工作, 我感到我和它们非常相似。像它们一样, 我总是耐心地把自己的努力集中在一个目标上。我之所以如此, 或许是因为有某种力量在鞭策着我——正如蚕被鞭策着去结茧一般。

近五十年来, 我致力于科学研究, 而研究, 就是对真理的探讨。我有许多美好快乐的记忆。少女时期我在巴黎大学, 孤独地过着求学的岁月; 在后来献身科学的整个时期, 我丈夫和我专心致志, 像在梦幻中一般, 坐在简陋的书房里艰辛地研究, 后来我们就在那里发现了镭。

我永远追求安静的工作和简单的家庭生活。为了实现这个理想, 我竭力保持宁静的环境, 以免受人事的干扰和盛名的拖累。

我深信, 在科学方面我们有对事业而不//是对财富的兴趣。我的唯一奢望是在一个自由国家中, 以一个自由学者的身份从事研究工作。

我一直沉醉于世界的优美之中, 我所热爱的科学也不断增加它崭新的远景。我认定科学本身就具有伟大的美。

朗读提示:

这是一篇议论文, 语速适中, 声音明朗清晰, 语气要坚定, 利用语句重音表明作者的论证观点。

语音提示:

结茧 jiéjiǎn　　　　执著 zhízhuó　　　　奢望 shēwàng

39. 我为什么当教师

[美] 彼得·基·贝得勒

我为什么非要教书不可? 是因为我喜欢当教师的时间安排表和生活节奏。

七、八、九三个月给我提供了进行回顾、研究、写作的良机,并将三者有机融合,而善于回顾、研究和总结正是优秀教师素质中不可缺少的成分。

干这行给了我多种多样的"甘泉"去品尝,找优秀的书籍去研读,到"象牙塔"和实际世界里去发现。教学工作给我提供了继续学习的时间保证,以及多种途径、机遇和挑战。

然而,我爱这一行的真正原因,是爱我的学生。学生们在我的眼前成长、变化。当教师意味着亲历"创造"过程的发生——恰似亲手赋予一团泥土以生命,没有什么比目睹它开始呼吸更激动人心的了。

权利我也有了:我有权利去启发诱导,去激发智慧的火花,去问费心思考的问题,去赞扬回答的尝试,去推荐书籍,去指点迷津。还有什么别的权利能与之相比呢?

而且,教书还给我金钱和权利之外的东西,那就是爱心。不仅有对学生的爱,对书籍的爱,对知识的爱,还有教师才能感受到的对"特别"学生的爱。这些学生,有如冥顽不灵的泥块,由于接受了老师的炽爱才勃发了生机。

所以,我爱教书,还因为,在那些勃发生机的"特别"学//生身上,我有时发现自己和他们呼吸相通,忧乐与共。

朗读提示:

这是一篇议论文,语速适中,声音明朗清晰,语气坚定,运用语句重音标明作者的论点。

语音提示:

教书 jiāoshū	教师 jiàoshī	教学 jiàoxué
提供 tígōng	然而 rán'ér	恰似 qiàsì
赋予 fùyǔ	权利 quánlì	炽爱 chì'ài
冥顽不灵 míwán-bùlíng		

40. 西部文化和西部开发

中国西部我们通常是指黄河与秦岭相连一线以西,包括西北和西南的十二个省、市、自治区。这块广袤的土地面积为五百四十六万平方公里,占国土总面积的百分之五十七;人口二点八亿,占全国总人口的百分之二十三。

西部是华夏文明的源头。华夏祖先的脚步是顺着水边走的:长江上游出土过元谋人牙齿化石,距今约一百七十万年;黄河中游出土过蓝田人头盖骨,距今约七十万年。这两处古人类都比距今约五十万年的北京猿人资格更老。

西部地区是华夏文明的重要发源地,秦皇汉武以后,东西方文化在这里交汇融合,从而有了丝绸之路的驼铃声声,佛院深寺的暮鼓晨钟。敦煌莫高窟是世界文化史上的一个奇迹,它在继承汉晋艺术传统的基础上,形成了自己兼收并蓄的恢宏气度,展现出精美绝伦的艺术形式和博大精深的文化内涵。秦始皇兵马俑、西夏王陵、楼兰古国、布达拉宫、三星堆、大足石刻等历史文化遗产,同样为世界所瞩目,成为中华文化重要的象征。

西部地区又是少数民族及其文化的集萃地,几乎包括了我国所有的少数民族。在一些偏远的少数民族地区,仍保留//了一些久远时代的艺术品种,成为珍贵的"活化石",如纳西古乐、戏曲、剪纸、刺绣、岩画等民间艺术和宗教艺术。特色鲜明、丰富多彩,犹如一个巨大的民族民间文化艺术宝库。

我们要充分重视和利用这些得天独厚的资源优势,建立良好的民族民间文化生态环境,为西部大开发做出贡献。

朗读提示:

这是一篇说明文,语速适中偏慢,语气平和,态度客观明朗,利用重音和停顿读出文章的层次。文中数字和地名较多,注意读准确。

语音提示:

广袤 guǎngmào　　　元谋人 yuánmóurén　　　三星堆 duī
兼收并蓄 jiānshōu-bìngxù　　　　　　　　集萃地 jícuìdì
几乎 jīhū

41. 香港:最贵的一棵树

舒　乙

在湾仔,香港最热闹的地方,有一棵榕树,它是最贵的一棵树,不光在香港,在全世界,都是最贵的。

树,活的树,又不卖何言其贵? 只因它老,它粗,是香港百年沧桑的活见证,香港人不忍看着它被砍伐,或者被移走,便跟要占用这片山坡的建筑者谈条件:可以在这儿建大楼盖商厦,但一不准砍树,二不准挪树,必须把它原地精心养起来,成为香港闹市中的一景。太古大厦的建设者最后签了合同,占用这个大山坡建豪华商厦的先决条件是同意保护这棵老树。

树长在半山坡上,计划将树下面的成千上万吨山石全部掏空取走,腾出地方来盖楼,把树架在大楼上面,仿佛它原本是长在楼顶上似的。建设者就地造了一个直径十八米、深十米的大花盆,先固定好这棵老树,再在大花盆底下盖楼。光这一项就花了两千三百八十九万港币,堪称是最昂贵的保护措施了。

太古大厦落成之后,人们可以乘滚动扶梯一次到位,来到太古大厦的顶层,出后门,那儿是一片自然景色。一棵大树出现在人们面前,树干有一米半粗,树冠直径足有二十多米,独木成林,非常壮观,形成一座以它为中心的小公园,取名叫"榕圃"。树前面//插着铜牌,说明原由。此情此景,如不看铜牌的说明,绝对想不到巨树根底下还有一座宏伟的现代大楼。

朗读提示:

这是一篇记叙文,语速适中,语气平和,利用重音和停顿显示出节奏,从而不致于读得平淡无味。

语音提示:

湾仔 wānzǎi　　　　树冠 shùguān　　　　底下 dǐ·xià

42. 鸟的天堂

巴　金

我们的船渐渐地逼近榕树了:我有机会看清它的真面目:是一棵大树,有数不清的丫枝,枝上又生根,有许多根一直垂到地上,伸进泥土里。一部分树枝垂到水面,从远处看,就像一棵大树斜躺在水面上一样。

现在正是枝繁叶茂的时节。这棵榕树好像在把它的全部生命力展示给我们看。那么多的绿叶,一簇堆在另一簇的上面,不留一点儿缝隙。翠绿的颜色明亮地在我们的眼前闪耀,似乎每一片树叶上都有一个新的生命在颤动,这美丽的南国的树!

船在树下泊了片刻,岸上很湿,我们没有上去。朋友说这里是"鸟的天堂",有许多鸟在这棵树上做窝,农民不许人去捉它们。我仿佛听见几只鸟扑翅的声音,但是等到我的眼睛注意地看那里时,我却看不见一只鸟的影子,只有无数的树根立在地上,像许多根木桩。地是湿的,大概涨潮时河水常常冲上岸去。"鸟的天堂"里没有一只鸟,我这样想到。船开了,一个朋友拨着船,缓缓地流到河中间去。

第二天,我们划着船到一个朋友的家乡去,就是那个有山有塔的地方。从学校出发,我们又经过那"鸟的天堂"。

这一次是在早晨,阳光照在水面上,也照在树梢上。一切都//显得非常光明。我们的船也在树下泊了片刻。

起初四周围非常清静。后来忽然起了一声鸟叫。我们把手一拍,便看见一只大鸟飞了起来,接着又看见第二只,第三只。我们继续拍掌,很快地这个树林就变得很热闹了。到处都是鸟声,到处都是鸟影。大的,小的,花的,黑的,有的站在枝上叫,有的飞起来,在扑翅膀。

朗读提示:

这是一篇抒情散文,语速适中,音色柔和,利用语句重音和停顿表现出作者的情感,最后一段的语速要慢慢变快。

语音提示:

簇 cù	堆 duī	缝隙 fèngxì
泊 bó	大概 dàgài	涨潮 zhǎngcháo
拨 bō	早晨 zǎo·chén	

43. 野草

夏　衍

有这样一个故事。

有人问:世界上什么东西的气力最大?回答纷纭得很,有的说"象",有的说"狮",有人开玩笑似的说:是"金刚",金刚有多少气力,当然大家全不知道。

结果,这一切答案完全不对,世界上气力最大的,是植物的种子。一粒种子所可以显现出来的力,简直是超越一切。

人的头盖骨,结合得非常致密与坚固,生理学家和解剖学者用尽了一切的方法,要把它完整地分出来,都没有这种力气。后来忽然有人发明了一个方法,就是把一些植物的种子放在要剖析的头盖骨里,给它以温度与湿度,使它发芽。一发芽,这些种子便以可怕的力量,将一切机械力所不能分开的骨骼,完整地分开了。植物种子的力量之大,如此如此。

这,也许特殊了一点儿,常人不容易理解。那么,你看见过笋的成长吗?你看见过被压在瓦砾和石块下面的一棵小草的生长吗?它为着向往阳光,为着达成它的生之意志,不管上面的石块如何重,石与石之间如何狭,它必定要曲曲折折地,但是顽强不屈地透到地面上来。它的根往土壤钻,它的芽往地面挺,这是一种不可抗拒的力,阻止它的石块,结果也被它掀翻,一粒种子的力量之大,如//此如此。

没有一个人将小草叫做"大力士",但是它的力量之大,的确是世界无比。这种力是一般人看不见的生命力。只要生命存在,这种力就要显现。上面的石块,丝毫不足以阻挡。因为它是一种"长期抗战"的力;有弹性,能屈能伸的力;有韧性,不达目的不止的力。

朗读提示:

这是一篇抒情散文,语速适中,语句重音不适合重读,可以拖长重读音节或者重音轻读,都可以显示出文章的语意。

语音提示:

什么 shénme	纷纭 fēnyún	似的 shìde
结果 jiéguǒ	解剖 jiěpōu	剖析 pōuxī
瓦砾 wǎlì	往 wǎng	土壤 tǔrǎng

44. 赠你四味长寿药

蒲昭和

有一次,苏东坡的朋友张鹗拿着一张宣纸来求他写一幅字,而且希望他写一点儿关于养生方面的内容。苏东坡思索了一会儿,点点头说:"我得到了一个养生长寿古方,药只有四味,今天就赠给你吧。"于是,东坡的狼毫在纸上挥洒起来,上面写着:"一曰无事以当贵,二曰早寝以当富,三曰安步以当车,四曰晚食以当肉。"

这哪里有药?张鹗一脸茫然地问。苏东坡笑着解释说,养生长寿的要诀,全在这四句里面。

所谓"无事以当贵",是指人不要把功名利禄、荣辱过失考虑得太多,如能在情志上潇洒大度,随遇而安,无事以求,这比富贵更能使人终其天年。

"早寝以当富",指吃好穿好、财货充足,并非就能使你长寿。对老年人来说,养成良好的起居习惯,尤其是早睡早起,比获得任何财富更加宝贵。

"安步以当车",指人不要过于讲求安逸、肢体不劳,而应多以步行来替代骑马乘车,多运动才可以强健体魄,通畅气血。

"晚食以当肉",意思是人应该用已饥方食、未饱先止代替对美味佳肴的贪吃无厌。他进一步解释,饿了以后才进食,虽然是粗茶淡饭,但其香甜可口会胜过山珍;如果饱了还要勉强吃,即使美味佳肴摆在眼前也难以//下咽。

苏东坡的四味"长寿药",实际上是强调了情志、睡眠、运动、饮食四个方面对养生长寿的重要性,这种养生观点即使在今天仍然值得借鉴。

朗读提示:

这是一篇记叙文,语速适中,用语句重音和停顿、语调等表现出文意。文中的文言较多,注意读音和断句。

语音提示:

一会儿 yīhuìr	赠给 zènggěi	当贵 dàngguì
寝 qǐn	已饥方食 yǐjīfāngshí	勉强 miǎnqiǎng
佳肴 jiāyáo	即使 jíshǐ	

45. 站在历史的枝头微笑

[美]本杰明·拉什

人活着,最要紧的是寻觅到那片代表着生命绿色和人类希望的丛林,然后选一高高的枝头站在那里观览人生,消化痛苦,孕育歌声,愉悦世界!

这可真是一种潇洒的人生态度,这可真是一种心境爽朗的情感风貌。

站在历史的枝头微笑,可以减免许多烦恼。在那里,你可以从众生相所包含的甜酸苦辣、百味人生中寻找你自己;你境遇中的那点儿苦痛,也许相比之下,再也难以占据一席之地;你会较容易地获得从不悦中解脱灵魂的力量,使之不致变得灰色。

人站得高些,不但能有幸早些领略到希望的曙光,还能有幸发现生命的立体的诗篇。每一个人的人生,都是这诗篇中的一个词、一个句子或者一个标点。你可能没有成为一个美丽的词,一个引人注目的句子,一个惊叹号,但你依然是这生命的立体诗篇中的一个音节、一个停顿、一个必不可少的组成部分。这足以使你放弃前嫌,萌生为人类孕育新的歌声的兴致,为世界带来更多的诗意。

最可怕的人生见解,是把多维的生存图景看成平面。因为那平面上刻下的大多是凝固了的历史——过去的遗迹;但活着的人们,活得却是充满着新生智慧的,由//不断逝去的"现在"组成的未来。人生不能像某些鱼类躺着游,人生也不能像某些兽类爬着走,而应该站着向前行,这才是人类应有的生存姿态。

朗读提示:

这是一篇议论文,语速适中,声音明朗清晰,利用语句重音突出作者的观点。

语音提示：

众生相 zhòngshēngxiàng   相比 xiāngbǐ

46. 中国的宝岛——台湾

中国的第一大岛、台湾省的主岛台湾，位于中国大陆架的东南方，地处东海和南海之间，隔着台湾海峡和大陆相望。天气晴朗的时候，站在福建沿海较高的地方，就可以隐隐约约地望见岛上的高山和云朵。

台湾岛形状狭长，从东到西，最宽处只有一百四十多公里；由南至北，最长的地方约有三百九十多公里。地形像一个纺织用的梭子。

台湾岛上的山脉纵贯南北，中间的中央山脉犹如全岛的脊梁。西部为海拔近四千米的玉山山脉，是中国东部的最高峰。全岛约有三分之一的地方是平地，其余为山地。岛内有缎带般的瀑布，蓝宝石似的湖泊，四季常青的森林和果园，自然景色十分优美。西南部的阿里山和日月潭，台北市郊的大屯山风景区，都是闻名世界的游览胜地。

台湾岛地处热带和温带之间，四面环海，雨水充足，气温受到海洋的调剂，冬暖夏凉，四季如春，这给水稻和果木生长提供了优越的条件。水稻、甘蔗、樟脑是台湾的"三宝"。岛上还盛产鲜果和鱼虾。

台湾岛还是一个闻名世界的"蝴蝶王国"。岛上的蝴蝶共有四百多个品种，其中有不少是世界稀有的珍贵品种。岛上还有不少鸟语花香的蝴//蝶谷，岛上居民利用蝴蝶制作的标本和艺术品，远销许多国家。

朗读提示：

这是一篇说明文，但又有抒情的意味，语速适中，音色柔和，读出重音和停顿。

语音提示：

梭子 suōzi   犹如 yóurú   脊梁 jǐliang
湖泊 húpō   地处 dìchǔ   调剂 tiáojì
提供 tígōng

47. 中国的牛

小　思

对于中国的牛，我有着一种特别尊敬的感情。

留给我印象最深的,要算在田垄上的一次"相遇"。

一群朋友郊游,我领头在狭窄的阡陌上走,怎料迎面来了几头耕牛,狭道容不下人和牛,终有一方要让路。它们还没有走近,我们已经预计斗不过畜牲,恐怕难免踩到田地泥水里,弄得鞋袜又泥又湿了。正踟蹰的时候,带头的一头牛,在离我们不远的地方停下来,抬起头看看,稍迟疑一下,就自动走下田去。一队耕牛,全跟着它离开阡陌,从我们身边经过。

我们都呆了,回过头来,看着深褐色的牛队,在路的尽头消失,忽然觉得自己受了很大的恩惠。

中国的牛,永远沉默地为人做着沉重的工作。在大地上,在晨光或烈日下,它拖着沉重的犁,低头一步又一步,拖出了身后一列又一列松土,好让人们下种。等到满地金黄或农闲时候,它可能还得担当搬运负重的工作;或终日绕着石磨,朝同一方向,走不计程的路。

在它沉默的劳动中,人便得到应得的收成。

那时候,也许,它可以松一肩重担,站在树下,吃几口嫩草。偶尔摇摇尾巴,摆摆耳朵,赶走飞附身上的苍蝇,已经算是它最闲适的生活了。

中国的牛,没有成群奔跑的习//惯,永远沉沉实实的,默默地工作,平心静气。这就是中国的牛!

朗读提示:

这是一篇抒情散文,语速适中,音色柔和,注意语句重音和停顿。

语音提示:

田垄 tiánlǒng	阡陌 qiānmò	弄得 nòngde
踟蹰 chíchú	嫩草 nèncǎo	

48. 住的梦

老 舍

不管我的梦想能否成为事实,说出来总是好玩儿的:

春天,我将要住在杭州。二十年前,旧历的二月初,在西湖我看见了嫩柳与菜花,碧浪与翠竹。由我看到的那点儿春光,已经可以断定,杭州的春天必定会教人整天生活在诗与图画之中。所以,春天我的家应当是在杭州。

夏天,我想青城山应当算作最理想的地方。在那里,我虽然只住过十天,可是它的幽静已拴住了我的心灵。在我所看见过的山水中,只有这里没有使我失望。到处都是绿,目之所及,那片淡而光润的绿色都在轻轻地颤动,仿佛要流入空中与心中似的。这个绿色会像音乐,涤清了心中的万虑。

秋天一定要住北平。天堂是什么样子,我不知道,但是从我的生活经验去判断,北平之秋便是天堂。论天气,不冷不热。论吃的,苹果、梨、柿子、枣儿、葡萄,每样都有若干种。论花草,菊花种类之多,花式之奇,可以甲天下。西山有红叶可见,北海可以划船——虽然荷花已残,荷叶可还有一片清香。衣食住行,在北平的秋天,是没有一项不使人满意的。

冬天,我还没有打好主意,成都或者相当的合适,虽然并不怎样和暖,可是为了水仙,素心腊梅,各色的茶花,仿佛就受一点儿寒//冷,也颇值得去了。昆明的花也多,而且天气比成都好,可是旧书铺与精美而便宜的小吃远不及成都那么多。好吧,就暂这么规定:冬天不住成都便住昆明吧。

在抗战中,我没能发国难财。我想,抗战胜利以后,我必能阔起来。那时候,假若飞机减价,一二百元就能买一架的话,我就自备一架,择黄道吉日慢慢地飞行。

朗读提示:

这是一篇抒情散文,语速适中,音色柔和,用语句重音和停顿的朗读技巧显示文章的节奏。

语音提示:

嫩柳 nènliǔ	应当 yīngdāng	涤清 díqīng
葡萄 pú•táo	相当 xiāngdāng	主意 zhǔyi

49. 紫藤萝瀑布

宗　璞

我不由得停住了脚步。

从未见过开得这样盛的藤萝,只见一片辉煌的淡紫色,像一条瀑布,从空中垂下,不见其发端,也不见其终极,只是深深浅浅的紫,仿佛在流动,在欢笑,在不停地生长。紫色的大条幅上,泛着点点银光,就像迸溅的水花。仔细看时,才知那是每一朵紫花中的最浅淡的部分,在和阳光互相挑逗。

这里除了光彩,还有淡淡的芳香。香气似乎也是浅紫色的,梦幻一般轻轻地笼罩着我。忽然记起十多年前,家门外也曾有过一大株紫藤萝,它依傍一株枯槐爬得很高,但花朵从来都稀落,东一穗西一串伶仃地挂在树梢,好像在察颜观色,试探什么。后来索性连那稀零的花串也没有了。园中别的紫藤花架也都拆掉,改种了果树。那时的说法是,花和生活腐化有必然关系。我曾遗憾地想:这里再看不见藤萝花了。

过了这么多年,藤萝又开花了,而且开得这样盛,这样密,紫色的瀑布遮住了粗壮的盘虬卧龙般的枝干,不断地流着,流着,流向人的心底。

花和人都会遇到各种各样的不幸,但是生命的长河是无止境的。我抚摸了一下那小小的紫色的花舱,那里满装了生命的酒酿,它张满了帆,在这//闪光的花的河流上航行。它是万花中的一朵,也正是由每一个一朵,组成了万花灿烂的流动的瀑布。

在这浅紫色的光辉和浅紫色的芳香中,我不觉加快了脚步。

朗读提示:

这是一篇抒情散文,语速适中,音色柔和,声音不需要太实,语句重音也可以选用拖长音节和重音轻读的方式。

语音提示:

发端 fāduān	条幅 tiáofú	迸溅 bèngjiàn
互相 hùxiāng	依傍 yībàng	穗 suì
伶仃 língdīng	虬 qiú	帆 fān

50. 最糟糕的发明

林光如

在一次名人访问中,被问及上个世纪最重要的发明是什么时,有人说是电脑,有人说是汽车,等等。但新加坡的一位知名人士却说是冷气机。他解释,如果没有冷气,热带地区如东南亚国家,就不可能有很高的生产力,就不可能达到今天的生活水准。他的回答实事求是,有理有据。

看了上述报道,我突发奇想:为什么没有记者问:"二十世纪最糟糕的发明是什么?"其实二零零二年十月中旬,英国的一家报纸就评出了"人类最糟糕的发明"。获此"殊荣"的,就是人们每天大量使用的塑料袋。

诞生于上个世纪三十年代的塑料袋,其家族包括用塑料制成的快餐饭盒、包装纸、餐用杯盘、饮料瓶、酸奶杯、雪糕杯等等。这些废弃物形成的垃圾,数量多、体积大、重量轻、不降解,给治理工作带来很多技术难题和社会问题。

比如,散落在田间、路边及草丛中的塑料餐盒,一旦被牲畜吞食,就会危及健康甚至导致死亡。填埋废弃塑料袋、塑料餐盒的土地,不能生长庄稼和树木,造成土地板结。而焚烧处理这些塑胶垃圾,则会释放出多种化学有毒气体,其中一种称为二噁英的化合物,毒性极大。

此外,在生产塑料袋、塑料餐盒的//过程中使用的氟里昂,对人体免疫系统和生态环境造成的破坏也极为严重。

朗读提示:

这是一篇议论文,语速适中,利用语句重音和停顿以及语气语调等朗读技巧使文章富有抑扬顿挫的节奏感。

语音提示:

什么 shénme	牲畜 shēngchù	板结 bǎnjié
焚烧 fénshāo	二噁英 èr'èyīng	氟利昂 fúlì'áng

第五章 命题说话部分细解与测试指导

命题说话是普通话水平测试的第四项,限时 3 分钟,共 40 分。

测试目的:

测查应试人在无文字凭借的情况下说普通话的水平,重点测查语音标准程度,词汇、语法规范程度和自然流畅程度。

试卷结构:

说话题目从《普通话水平测试用话题》中选取。每份试卷有两个话题,由应试人从中选一个话题,自己连续说一段话。

评分标准:

从语音标准程度、词汇语法规范程度和自然流畅程度三个方面评定。

1. 语音标准程度,共 25 分。分六档:

一档:语音标准,或极少有失误(无方音,语音失误在 3 次以下)。扣 0 分、1 分、2 分。

二档:语音错误在 10 次以下,有方音但不明显(有少量的语音缺陷,略有语调偏误)。扣 3 分、4 分。

三档:语音失误在 10 次以下,但方音比较明显(语音缺陷较多,语调偏误比较明显);或者语音错误在 11～15 次之间,有方音但不明显。扣 5 分、6 分。

四档:语音错误在 11～20 次之间,方音比较明显。扣 7 分、8 分。

五档:语音错误超过 20 次,方音明显。扣 9 分、10 分、11 分。

六档:语音错误很多,方音很重。扣 12 分、13 分、14 分。

注:语音标准程度确定为二档或二档以下,即使总分在 96 分以上,也不能进入一级甲等;如果确定为五档,即使总分在 87 分以上,也不能进入二级甲等。

以上情况都要在级内降等。

2. 词汇语法规范程度,共 10 分。分三档

一档:词汇、语法规范。扣 0 分。

二档:词汇、语法出现 1～3 次不规范情况。扣 0.5 分、1 分、2 分。

三档:词汇、语法出现 4 次以上不规范情况。扣 3 分、4 分。

3. 自然流畅程度,共 5 分。分三档:

一档:语言自然流畅。扣 0 分。

二档:语言基本流畅,口语化较差,有背稿子的语调。扣 0.5 分、1 分。

三档:语言不连贯,语调生硬,或者全程背稿子式说话。扣 2 分、3 分。

4. 加扣分。

(1) 缺时。说话不足 3 分钟,酌情扣分。录音开头空白 10 秒不扣分,以后出现空白每持续 10 秒扣 0.5 分,1 分钟扣 3 分。说话不满 30 秒,本测试项成绩计为 0 分。

(2) 无效话语。累计占时扣分,每 10 秒加扣 0.5 分,1 分钟加扣 3 分。有效话语不满 30 秒,本测试项成绩计为 0 分。

注:无效话语包括:习惯性的"嗯……"、"那个……"等与测试话题毫不相关的话语;多次简单重复相同的语句;以背诵他人的稿子代替说话。

(3) 离题。

说话内容与话题多少有些联系的,一般不扣离题分。离题持续 1 分钟起扣 2 分,以后每 30 秒加扣 1 分,全程离题扣 6 分。

第一节　普通话水平测试命题说话的特点

"命题说话"部分是普通话水平测试的最后一项,这部分主要考察应试人没有文字凭借在自然状态下说普通话的能力和所能达到的规范程度,同时还包含了对应试人思维应变能力的考察。这项测试综合了前三项的内容,最能体现出应试人普通话的真实水平。能用标准的普通话自然流畅地表达,是普通话学习的最终目的和最高要求。

命题说话部分的特点可以归纳为一个"说"字,具体表现为:

1. 侧重于语音的考查

命题说话是随机抽题，应试人围绕着给定的话题连续说 3 分钟的话。测试的重点在于"说"，偏重于语音是否标准，用词是否丰富得当，语法是否规范，语流是否自然通畅等等。对与文章结构相关的，如立意是否新颖，中心是否很突出，语句是否优美，是否有较高的艺术性没有刻意的要求。所以，命题说话不是文化水平、作文水平的考核，也不是口才的评估，是用普通话说话的能力的考查，应试人没有必要对说话这项测试产生惧怕心理。

2. 表达口语化

说话就是把自己想到的关于某个题目的内容有条理地说出来，是口语表达，要求语调自然，要按照日常口语的语音、语调说话，不要带着朗读或背诵，甚至是演讲的腔调。这个要求看似不高，实际上对于方言区的应试人来说，做起来却是有一定的难度的，因此，应试人在平常就要养成说普通话的习惯。需要强调指出的是，进行说话准备时，不要把说话材料写成书面材料，因为写出来的东西往往会进行修改，而往往就是在修改中改掉了口语表达的特点。

3. 说话单向性

测试中的说话是"自言自语"式的单向说话，没有交流的对象。应试人可以假想一个倾诉对象，把想说的内容说出来。

4. 对时间有要求

测试中的说话有时间要求，不得少于 3 分钟。

第二节　命题说话部分测试指导

命题说话部分是普通话水平测试中最重要的一项，分值最高，也最能体现应试人的普通话水平，对测试等级的影响极大，因此应试人应该对此项测试予以足够的重视。测试时要注意以下几点：

一、注意语音面貌

"语音面貌"是一个人说普通话时语音系统的总体情况，即通常所说的一个人说话时是否具有普通话的"韵味"。有的应试人说普通话时发音也挺标准，吐字也清晰,"方言语调"也不太明显,但是就是缺少普通话的"韵味",语音面貌不是很好。因此,说普通话时不仅要力求声韵调发音到位,还要注意语流音变、吐字归音,注意克服方言语调的影响,做到音量适中,强弱适度,快慢有别,使语流清晰稳健又富有抑扬顿挫的变化。

二、符合口语表达的特点

命题说话部分要求表达口语化,因此在用词、句式、语调以及语速等方面要有所选择。

1. 用词得体

用词得体,包括符合口语表达的习惯,要尽量少用或者不用书面语。一般说来口语词指日常说话用得多的词,书面语词指书面上用得多的词。口语词和书面语词相比,有其特有的风格——生动、自然、生活化、有亲切感。例如:"本人来自山东",可以说"我是山东人",这样的表达自然,有亲切感,符合口语的语境。用词得体还包括摈弃方言词汇、克服方言语气。由于普通话词汇标准是开放的,它不断地从方言中吸收富有表现力的词汇来丰富、完善自己的词汇系统,普通话水平测试允许应试人使用较为常用的新词语和方言词语。

2. 句式得当

说话是口语表达,有着口语表达特有的句式特点,即尽量用短句少用长句。短句是比较简短的句子,结构层次单一不复杂,很少使用关联词语,对语序的要求较松散,经常使用追加和插说的方法来补足语意,语气词比较多。长句的字数多,结构层次也复杂,在口语中很难一口气说完,意思表达容易断断续续,听起来也容易感到吃力。测试的说话部分是由测评员听录音来评判的,由于看不到应试人,测评员更多的是凭借应试人语音的抑扬顿挫进行评判,所以,长句尤其不适合在命题说话部分使用。

3. 话语自然流畅

话语是否自然流畅,表现为:提顿是否恰当,语气是否连贯,有没有无意义的重复,有无过多的无意义的口头禅,是否在不必要的地方加了语气词,语调是否自然,有无装腔作势矫揉造作的毛病等。

4. 语速要适当

这也是话语自然的重要表现。正常语速大约每分钟 240 个音节,如果根据内容、情景、语气的要求偶尔 10 来个音节稍快、稍慢也应视为正常。语速过快,容易导致发音时口腔打不开、复韵母动程不够和归音不到位；而语速过慢，容易导致语流凝滞，话语不够连贯。有人为了不在声韵调上出错，说话的时候一个字、一个字地往外挤，听起来就会非常生硬。因而，过快和过慢的语速都应该努力避免。

三、说话内容的准备技巧——三段法

普通话水平测试命题说话部分一共有 30 个话题，大致可以归纳为记叙描述类、说明介绍类、议论评说类。见下表：

类　别	篇　目
记叙描述类	1. 我的愿望（或理想）　3. 我尊敬的人　5. 童年的记忆 7. 难忘的旅行　8. 我的朋友　15. 我的假日生活 16. 我的成长之路　20. 我的家乡（或熟悉的地方） 29. 我向往的地方
说明介绍类	2. 我的学习生活　4. 我喜爱的动物（或植物）　6. 我喜爱的职业 9. 我喜爱的文学（或其他）艺术形式　11. 我的业余生活 12. 我喜欢的季节（或天气）　18. 我知道的风俗　19. 我和体育 22. 我喜欢的节日　23. 我所在的集体（学校、机关、公司等） 26. 我喜欢的明星（或其他知名人士）　27. 我喜爱的书刊 30. 购物（消费）的感受
议论评说类	10. 谈谈卫生与健康　13. 学习普通话的体会　14. 谈谈服饰 17. 谈谈科技发展与社会生活　21. 谈谈美食 24. 谈谈社会公德（或职业道德）　25. 谈谈个人修养 28. 谈谈对环境保护的认识

可以看出，不管是哪种类型的话题，都和我们的日常生活密切相关。因此，在准备话题时，尽量做到"用事例说话"，说自己的亲身经历，或者是了解的他人的事例，甚至是想象出来的事例都可以，总之是让自己有话说。切忌一味地罗列词语、空喊口号，以致无话可说，说不下去。

抽到题目后，首先认真审题，抓住题目中的关键词语。然后围绕着关键词语采用"三段法"展开叙述。所谓"三段法"即把整个叙述分为三个段落。第一段点题，第二段举事例，第三段总结语。例如：

记叙描述类话题，如《我的理想》：

第一段　我的理想有很多,随着年龄的增长,我的理想总是在不断地变化着。

第二段　举事例说明每个阶段的理想及产生的原因。

第三段　我现在的理想是什么,我要怎么做。

说明介绍类话题,如《我的学习生活》:

第一段　进入大学以来,我的学习生活和中学相比有了更多自由支配的时间,可以针对自己的人生目标自主地安排学习生活。

第二段　我的人生目标是什么,举事例说明为实现目标是怎样做的。

第三段　总结目标完成的情况,还需要做哪些努力。

议论评说类话题,如《谈谈卫生与健康》:

第一段　概括地说一下卫生与健康的关系,提出自己的观点。

第二段　结合社会热点或身边发生的事,说明卫生与健康的关系,支持自己的观点。

第三段　总结。再次强调自己的观点,并提出建议。

其中第二段举事例说明是最重要的一段,不仅使说话人有话可说,而且能让说话人弹性地把握好说话的时间。如果一个事例足够长,那么就讲一个事例,否则就讲两个、三个。说话部分对时间的要求是必须说满 3 分钟,而且也只有 3 分钟的时间,超过 3 分钟计算机没有任何记录,所以,说话人可以利用第二段弹性地掌控好时间。当然,如果是一段有头有尾的叙述就更完美了。

有相当多的应试人在抽到试卷后先看说话题目,然后就开始打草稿。这种方法非常不可取。首先,准备时间有限,如果把时间都耗费在说话题目上,忽略了前三项题目的准备,一旦测试中出现了拿不准的字词,或者朗读不流畅,都会影响应试人的心理,进而影响水平的正常发挥;其次,前面提到,说话要求表达口语化,而一旦把文字写下来,我们的习惯会自然地斟酌词句,下意识里已经把口语的色彩淡化了。另外还有一种情况,如果在短短的准备时间里没能把 500～600 字的草稿写完,测试时应试人往往会因为对草稿的依赖而大脑一片空白,导致说不下去。

所以,我们建议抽到试卷后,首先按顺序从前往后把前三项快速浏览一遍。熟悉字、词,如有拿不准或者不认识的字赶紧查字典并简单做一下记录。了解朗读材料的大体内容,从而把握好语气、语调,确保朗读流畅不读破句。然后对说话题目采用三段法进行准备,在脑海中理清思路,简单地写一个提纲,把每一段或每一件事例的关键词写下来,在脑海中按照提纲及每段的关键词理顺一下就可以了。

另外需要说明的是,以上对 30 个话题的分类只是一个大概的分类。如果说的角度不同、内容不同,就完全可以兼类。有的题目既可以从介绍、说明的角度谈,也可以从叙述、描写的角度说,还可以在介绍或叙述描写中穿插议论。总之,可以准备好自己喜欢并且有话可说的事例,按需要合理安排即可。

主要参考书目

1. 黄伯荣、廖序东主编. 现代汉语. 北京:高等教育出版社,2007.

2. 国家语委普通话培训测试中心编制. 普通话水平测试实施纲要. 北京:商务印书馆,2004.

3. 尹建国主编. 普通话培训与测试. 北京:语文出版社,2003.

4. 肖涵编著. 普通话语音教程. 海口:南海出版公司,1992.

5. 陈燕、孔滕文主编. 普通话水平测试培训教程. 济南:山东教育出版社,2005.

6. 吴弘毅主编. 实用播音教程. 北京:中国传媒大学出版社,2001.

7. 邵敬敏主编. 现代汉语通论. 上海:上海教育出版社,2001.

8. 吴宗济主编. 现代汉语语音概要. 北京:华语教学出版社,1992.

9. 张静主编. 普通话语音训练教程. 济南:山东大学出版社,2008.

10. 尹建国主编. 普通话培训与测试. 北京:北京师范大学出版集团,2010.

后 记

　　普通话水平测试是在校大学生和有关行业从业人员必须参加的国家级资格认证考试。为了指导应试人员备考和适应教师教学的需要,我们编写了这本《普通话水平测试细解与培训》。编写体例依据普通话水平测试的题型而定,按题型设立章节,对普通话水平测试作了详细的讲解和分析,并结合测试中常出现的问题作了相应的指导。

　　本书的特点是"精讲多练"。理论讲述简明扼要,通俗易懂;练习丰富多样并且加注拼音;详细分析难点音并总结归纳出简单易行的突破技巧,具有较强的针对性、指导性和实用性。本书所用字、词、朗读篇章、说话题目绝大部分都出自《普通话水平测试实施纲要》。

　　本书由富有多年普通话教学经验和测试经验的一线教师、国家级普通话测评员或省级普通话测评员编撰,具体分工如下:

　　第一章、第二章第一、二节、第五章,由周晓静编写;第二章第三、五节、第三章第二节,由冯晶编写;第二章第二节"声母训练"及附录、第四节,由孟琳编写;第二章第六节、第三章第三节及附录,由郑丽娜编写;第三章第一节,由张静编写;第四章,由陈燕编写。全书由周晓静统编定稿。

　　在编写过程中,我们参阅了相关教材、论著,并从中选取了部分适用的训练材料,谨向有关作者表示诚挚的谢意。

　　由于编者水平有限,疏漏谬误难免,敬请专家、读者批评指正。

编者

2012 年 8 月